長崎県立大学シリーズ
大学と地域 **4**
University & Region
Faculty of Global and Media Studies

国際社会学部編集委員会編

"越境"するヒト・モノ・メディア

――国際社会学部

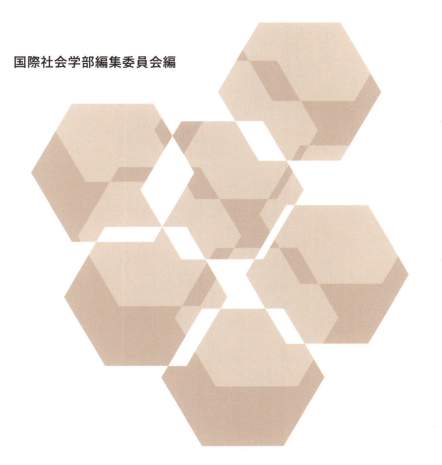

はじめに

国際社会学部 学部長　**森田　均**

　長崎県立大学国際社会学部は、国際社会学科のみを擁する一学部一学科の体制である。2016年4月に学部学科改組によってこの体制になる前の組織は、国際情報学部の国際交流学科と情報メディア学科というそれぞれ県立長崎シーボルト大学(1999年開学)に設置された学科である。県立2大学を統合して新たな「長崎県立大学」(2008年開学)となった際には国際情報学部のままであったが、8年を経て新たな教育研究組織となっている。

　国際社会学部は、国際社会及びメディアに関する知識と実践力を身に付け、グローバルな視野での課題解決能力及び情報発信能力を有する人材の育成を教育目標としている。具体的には以下のような分野で活躍できる人材である。

- 政治、経済、社会をグローバルな視野でとらえ、地域社会や国際社会で活躍できる人材
- 高いコミュニケーション能力と情報収集・分析及び批判的・論理的思考能力を備え、自治体や企業の国際部門・マスコミ・多国籍企業等で活躍できる人材
- 東アジア地域に対する広い知見を深め、東アジア諸国を中心とした国際交流の推進や社会の発展に寄与できる人材
- 国際社会に関する知識を有し、教員として活躍できる人材

　他大学の一般的な「国際社会学部」と異なる点は、英文名称の方に明確である。本学部は、「Faculty of Global and Media Studies」であり、「Global Studies」と「Media Studies」を融合させている。

国際社会学部の卒業生には学士（国際社会学）の学位が授与される。この学位は、次のような能力を得た証である。

- 国際社会の構造、現状及び動向について基本的な知識を修得し、現代社会における諸問題を多面的に理解する能力
- グローバル化する現代社会の諸課題を自ら発見し、解決に導く能力
- メディアに関する基礎知識を修得し、自らの意見を発信する能力
- 国際感覚と高い外国語能力に裏づけられたコミュニケーション能力を有し、地域社会や国際社会のために積極的に働きかけができる能力

　国際社会学部では、上記のような教育目標を実現するため、次のような方針に基づきカリキュラムを編成している。

- 国際社会に関する知識を修得させるため、入門科目として国際関係やメディア社会に関する基礎的な科目を配置する。
- 国際社会が直面する問題の理解を目指し、基幹科目として国際政治学、国際経済学、メディア社会学、マスコミュニケーション論等の学術的知識を修得させる科目を配置する。
- 国際社会を多角的に分析・考察できるように、発展科目としてグローバル社会の研究、地域研究、メディア研究に関する科目を配置する。

　この他にも、外国語教育については、全学教育科目及び専門教育において英語または中国語を必修とし、コミュニケーション能力の向上のため、外国語による授業、留学生との討論、発表等の科目を配置しているのが学部教育の特徴である。
　学生たちは、外国語について高い目標を達成するために研鑽に励み、様々なバックグラウンドやナショナリティを有する教員たちから講義、演習、ゼミ、卒業論

文などの形態による教育を受けている。教員には専門的な業績を背景とする研究者の他に、新聞社やテレビ局などの現場経験の豊富な実務家を多数有している。ナショナリティは日本が多数派ではあるものの、中国、韓国、そしてネイティブ・スピーカーの特任教員を入れるとイギリス、カナダ、南アフリカと多彩である。

　本書は、以上のような国際社会学部の特徴を凝縮させて広く一般へご紹介するために編集したものである。第一部では、「メディア・スタディーズ」としてメディア社会学やマスコミュニケーション論関連の論稿をまとめた。第二部「グローバル・スタディーズ」には、国際関係論や地域研究を中心とする論稿が並んでいる。

　もちろん、本書のタイトルが『"越境"するヒト・モノ・メディア』であることを充分に意識してメディア・スタディーズの論稿はグローバルへ、グローバル・スタディーズの論稿はメディアへと"越境"している。

　なお本書の論稿は、前・学部長（2016年4月の学部開設から2019年3月まで）の村上雅通名誉教授による次のような企画意図に基づき、学部教員が執筆したものである。

　　EUへの難民流入、自由貿易協定締結、地上波テレビのインターネット放送など、人、物、メディアの"越境"が続いている。一方では各地に台頭する国家主義による"越境"の減速も指摘されている。こうした"越境"の実態と今後の在りようを、長崎からの視点で捉える。

　ここに、新規の論稿二編を加えて長崎県立大学国際社会学部の完成年度に本書を刊行いたします。

"越境"するヒト・モノ・メディア

はじめに

森田　均・・・・・・・・・・・・・・・1

第Ⅰ部 メディア・スタディーズ

"越境"するメディア
　―どのように越境できるのか

森田　均・・・・・・・・・・・・・・・8

情報・メディア、越境と融合の軌跡と行方、知識社会の可能性と課題

金村　公一・・・・・・・・・・・・・・34

越境する日韓中の若者文化
　アイドル現象と女子力

吉光　正絵・・・・・・・・・・・・・・62

越境する市場、融合しない価値観
　～グローバル化と現代中国～

鈴木　暁彦・・・・・・・・・・・・・・98

明治期の国内移住
　～与論の民の軌跡～

井上　佳子・・・・・・・・・・・・・・134

第Ⅱ部 グローバル・スタディーズ

国際コミュニケーションの視点から考える"越境"

賈　曦・・・・・・・・・・・・・・・164

越境するヒト・消えるマネー「香港・ドバイ・対馬」
　―ゲートウェイ都市の政治経済論―

小原　篤次・・・・・・・・・・・・・192

農民戸籍から都市戸籍への「越境」
　―中国社会の変貌

祁　建民・・・・・・・・・・・・・230

EUに越境する難民の現状と課題

荻野　晃・・・・・・・・・・・・・264

イギリスはなぜEU離脱を決めたのか

笠原　敏彦・・・・・・・・・・・・・294

あとがき
　シリーズ「大学と地域」刊行にあたって

プロジェクトチーム・・・・・・・・・・・・・327

執筆者の紹介・・・・・・・・・・・・・・・・・・・・・・・330

第Ⅰ部
メディア・スタディーズ

"越境"するメディア
——どのように越境できるのか

国際社会学科　森田　均

越境した電車　——線路は続くよどこまでも

　ITS世界会議とは、高度交通システム（Intelligent Transport System）の研究・開発者とメーカー、事業者、行政、利用者が一堂に会する世界最大のイベントである。2013年には東京で開催された。筆者は、ここでブース出展、論文発表、そして遠隔ショーケースと呼ばれる技術展示も行った。題名は「長崎市の路面電車におけるLRV位置情報配信システム」で、10月16〜17日、各日14時〜15時に走行中の長崎電気軌道株式会社の路面電車車内からインターネット経由で会場の東京ビッグサイトまで生中継を実施した。

　この技術展示では、長崎電気軌道の軌道内敷設の光ファイバーとWi-Fi網を介してTVUPack（スターコミュニケーションズ）による圧縮技術を用いて長崎市内を走行中の車両から東京ビッグサイトまでHD映像のインターネット経由ライブ中継を行い、電車の軌道が情報網として機能することを実証したものである。写真1は、学長を「主賓」としてカメラやマイクを持って中継を実施している長崎県立大の学生たちである。筆者が東京ビッグサイトで待っている（写真3）と、見事な映像が飛び込んできて、会場の観客が一挙に集まりだした。（写真4）路面電車の軌道は、文字通り走行区域を限定するもので、首都圏その他の鉄道網のように連絡会社線など存在しない。長崎電気軌道ならば長崎市内から越境など不可能である。ところがインターネット経由による情報通信ならば、ボーダーレスとなる。計画した当初にま

写真1 学生スタッフのインタビューに応じる前学長

写真2 電鉄原爆殉難者追悼碑

写真3 ステージ（客席側から撮影）

写真4 客席（ステージ側から撮影）

ず意識したのは、写真2に掲出した電鉄原爆殉難者追悼碑であった。第二次世界大戦末期に勤労動員等で男女の学生が路面電車の運転手や車掌として乗務していた。そして多くの学生が原爆の犠牲となった。21世紀となり犠牲となった方々と同じ年代の学生たちが技術展示のために協力してくれることになった。この電車は、軌道を越えて映像伝達を実施する。ぜひ一緒に乗車して頂きたかった。

メディアはどのように越境するのか

　こうして路面電車は、"越境"できた。電気通信技術によって映像情報としてボーダーを越えたのである。それでは、本章の主題となっているメディアはどうなのか。筆者は、モビリティ（乗物、移動体）もメディアだ、と提唱しているが、ここではこの話題に突入しない。通常考えられるように、情報通信メディアの"越境"が主題となる。前世紀には、日本の衛星放送が隣国でも受信できることを文化侵略と非難

されたことがあった。ヨーロッパでは国境を越えた放送が「東」と呼ばれた地域を激変させる要因の一つとなった。たいへん興味深いテーマである。国境は最大の境界線であるが、これからこの章で検討するのは「県境」だ。しかし、政治的行政的なボーダーではない。「放送対象地域」という言葉を使う、県域放送にとっての「県境」である。

　インターネット経由の伝送実験とは異なり、県域放送が放送として"越境"することは無い。放送が越境すると法的な問題になる。それでも、放送としてではなく番組、コンテンツ、イシューと様々な単位で県境を越えることがある。近年は、総務省などの主導で海外展開を図る事例もある。以降は、筆者の研究テーマがITSへと結実するまでの基礎となったメディア論の中で、長崎県におけるテレビ研究の成果について述べて行く。

長崎県におけるテレビ放送の特異日

　筆者のテレビ研究は、1999（平成11）年3月に長崎県へ移住して以降の日常的なテレビ視聴体験を端緒としている。2001（平成13）年8月9日午前10時45分からNHK長崎放送局の総合テレビで「平成13年・長崎平和祈念式典」が始まった。式典は粛々と行われ、献花となって内閣総理大臣が歩き始めたところで画面に一瞬のゆらぎがあった。同時に表示された時刻は10時55分。そもそも長崎の平和式典をテレビで視聴していたのは、同一時間帯に地上波の全チャンネルが同一内容となるという現象に興味を抱いたためであった。この段階ではまだ特別な機材を準備することもなく、予備調査もせず単純に放送を視聴することから何かを発見しようと考えていた。従って順次チャンネルを切り替えながら視聴していた中で10時55分の映像がNHKであったのは偶然である。番組終了後にインターネット上でテレビ番組情報を公開しているWebで確認したところ、NHKの特別番組は長崎のみが10時45分開始でその他の地域は10時55分に始まったことが判明した。

　その後は単純な視聴のみを続けていたが、2004（平成16）年には式典時間のみ

全チャンネルの番組をビデオ録画した。2003(平成15)年の式典で被爆者代表の平和への誓いが初めて手話によって発表された翌年にあたり、長崎のテレビ各局が画面にどのような配慮を行うのか比較するためであった。この年、各局が式典を中継した中で、テレビ長崎(KTN)のみが長崎市長による「平和宣言」と被爆者代表による「平和への誓い」の場面でワイプによって枠を確保し手話通訳者を同一画面上に映し出していた。後述するように式典には手話通釈者が配置されており、テレビ画面でも遠景には時折見えることもあった。このようにして同一内容であっても各局の番組には差異があることが判明した。

　前後するが、2002(平成14)年には長崎におけるもう一つの特異日の存在に気づいた。10月7日の長崎くんち奉納踊の中継である。それ以前の年が土曜日と日曜日であったため当日の新聞でテレビ番組欄を見ただけでは気づくことが出来なかった。平日であればNHKと地上波4局のうち3局がやはり同一時間帯同一内容となることがある。

　長崎に生まれ育つかあるいは長年在住していれば常識であるようなこのようなメディア環境ではあるが、テレビ放送に特異日が最大で年2回もあるということは地域的な特徴でもあり多メディア多チャンネル化が進んだ状況においてメディア研究の対象としても興味深い。こうした経緯から、20世紀末に移住したメディア論の研究者として現象を記録し差異を検討する作業に入った。

手法:新聞でテレビを調査する

　当然のことであるが、テレビ番組は放送されている時が「現在」であり、それを固定するために録画をする。事前に電子番組表などから放送時間帯のデータを抽出し、8月6日、8月9日、10月7日の関連番組を録画した。2004(平成16)年は前述したように8月9日の式典時間帯のみであり、2005(平成17)年及び2006(平成18)年は式典と同日のローカル・ニュースのみをVHSビデオテープに録画した。なお、ここまでの段階では機器の経年劣化によって録画できていない事態などが発生している。

2007年から2010年の間は全チャンネル全放送時間をチューナーボード経由でパソコンのハードディスクに収録することができた。この年から科研費による研究プロジェクトが始まったからである。「戦争と原爆の記憶に関するテレビ・メディア環境の多面的内容分析研究」(科学研究費平成19～21年度萌芽研究、研究代表者：杉山あかし)では、当該年度中、東京、広島、福岡、長崎において8月1日から15日まで地上波テレビ放送(NHK総合+民放4系列)を全日録画し新たな内容分析の手法獲得を目指すものである。これによって、これまで独自に行ってきた研究で用いた録画機材とは別系統のものを確保することができた。録画作業で装置レベルの相互補完が実現でき、研究内容では歴史的経緯を映像分析に接合させるという新たな目標を設定することができた。

　各収録日における基本的な方針は以下の通りである。

- ●8月6日：広島平和記念式典に関して長崎におけるローカル・テレビ局の報道内容を調査し記録する。長崎においては「長崎は同じ被爆地として8月6日の広島をどう見ているか」という視点から資料収集を行う。
- ●8月9日：長崎平和祈念式典に関して長崎におけるローカル・テレビ局の報道内容を調査し記録する。広島においては「広島は同じ被爆地として8月9日の長崎をどう見ているか」という視点から資料収集を行う。
- ●10月7日：長崎県内においては8月9日と同様に通常ならばほとんどのローカル・テレビ局が同一時間に同一内容の番組編成とするほどのメディア・イベントとして長崎くんちの中継番組をビデオ録画する。加えて8月と同様に各種メディアの報道内容も調査し記録する。政府首脳も列席する重要な式典として全国中継される平和祈念式典とは異なり、ローカル枠でさえも曜日によっては中継を行わない局もあり天候にも左右されるなど対極的な性格を有するコンテンツとして比較対象とした。

ビデオが現在の記録であるとすれば、それでは、過去の番組を検討するにはど

うしたら良いのか。放送番組のアーカイブは整備が進んでいるが、特定の日の全チャンネルを映像として視聴することはまず不可能である。そこで過去の新聞のテレビ・ラジオ欄に掲載された番組表を利用することにした。しかしながら、この番組表はあくまでも予定が記されたものであり放送した記録ではない。一方で約50年に渡る期間を同一の媒体から調査できるという利点がある。さらに他地域での放送実態などを把握するには、当該地域の地方紙を比較対象とすることができる。本研究では長崎新聞、中国新聞、西日本新聞、朝日新聞（東京本社版）に掲載されたテレビ番組表を調査した。対象期間は、テレビ放送が始まった1953（昭和28）年から現在までそれぞれ8月6日、8月9日、10月7日を発行日とするか、あるいは当該月日のテレビ番組表が掲載されている年月日の朝刊である。

中国新聞と長崎新聞はそれぞれ平和式典が行われる地域の県紙的役割も担うブロック紙あるいは県紙であり、8月6日の広島と8月9日の長崎を記録し発信する役割を担っている。図表1には過去の式典当日における両紙の発行状況をまとめた。

図表1 平和式典当日が新聞休刊日にあたる場合の独自発行状況

	1979年8月6日			1984年8月6日			1990年8月6日		
媒体	長崎新聞	中国新聞	朝日新聞	長崎新聞	中国新聞	朝日新聞	長崎新聞	中国新聞	朝日新聞
状態	休刊	発行	休刊	休刊	発行	休刊	休刊	発行	休刊
	1976年8月9日			1998年8月10日			2004年8月9日		
媒体	長崎新聞	中国新聞	朝日新聞	長崎新聞	中国新聞	朝日新聞	長崎新聞	中国新聞	朝日新聞
状態	休刊	休刊	休刊	発行	休刊	休刊	発行	休刊	休刊

中国新聞は新聞休刊日の翌日にあたり他社が休むことになっても8月6日の日付がある新聞は必ず発行している。一方で長崎新聞は、他社と同様に1976（昭和51）年8月9日の朝刊を休刊としている。この時期は夕刊を発行していたためにこうした措置となったものと考えられる。1993（平成5）年に夕刊を廃止してから8月9日が休刊日に設定されたのは2004（平成16）年であるが、新聞は発行している。なお1998（平成10）年は8月10日が休刊日に設定されたが、長崎新聞は「新聞発行のお知らせ」として次のような社告を8月9日付朝刊一面に記している。

"越境"するメディア — どのように越境できるのか　13

8月10日付の各社の一般紙朝刊は休刊となっています。9日は「長崎原爆の日」ですので、被爆県の県紙である本紙は通常通り発行します。

　同様の社告は2003（平成15）年8月10日もあり、このときは「ながさき夢総体　完全報道」のため新聞を発行すると述べている。

　西日本新聞は九州のブロック紙であると同時に地方紙として福岡のテレビ放送を把握するために対象とした。キー局の状況を知るために使用したのが朝日新聞である。

　新聞のテレビ番組表は、東京ニュース通信社と日刊編集センターによって配信されている。前者は1973（昭和48）年から配信を開始し、本論文関連では中国新聞と西日本新聞が使用している。後者は、1985（昭和60）年に朝日新聞と配信契約を締結した。長崎新聞も後者の配信を受けている。

　配信元が重複するのなら、同じ結果しか得られないのではないかという危惧もあったが、ローカル放送は各地によって異なるはずなので地域による差異は番組表にも反映されていると考えられる。この基本方針に沿って、各地域の新聞に掲載された番組表によってテレビ番組の過去を遡る通時的な軸と同日各地の差異を把握する共時的な軸を把握できるという仮説を立てた。

　なおこの他に、新聞社とテレビ局の社史としては『NHK長崎放送局50年史』（同編集委員会・編、1984）『激動を伝えて一世紀　長崎新聞社史』（同編集委員会・編、2001）『長崎放送50年史』（同社・編、2002）『TBS50年史』（同社・編、2002）を用いて調査データの確認と補完を行った。また『20世紀放送史　資料編』（NHK放送文化研究所・編、2003）『テレビ視聴の50年史』（NHK放送文化研究所・編、2003）『日本メディア史年表』（土屋礼子・編、2017）を参照し活用した。

盆踊りや盆法要がコンテンツであった時代と
「ラジオ・テレビ欄」の変遷

　長崎や広島の他に、国内の平和式典はどのような状況にあるのか検証してみたい。図表2は、主な追悼式典のテレビ中継の状況をまとめたものである。

図表2 主な追悼式典のテレビ中継

名　称	開催日	開始年	ローカル放送	全国中継
沖縄全戦没者慰霊祭	6月23日	1962年		2005年
広島市原爆死没者慰霊式並びに平和祈念式	8月6日	1947年	1958年	1957年
長崎市原爆犠牲者慰霊平和祈念式典	8月9日	1948年	1959年	2000年
全国戦没者追悼式	8月15日	1963年	1963年	1963年

　沖縄の式典は本土復帰前からも6月23日に開催されていたが、全国中継はようやく2005年に実現している。しかし、これはNHK総合テレビの正午のニュース番組内での全国中継であった。沖縄の式典は、2006年に11時35分から12時45分まで九州管区内で11時54分から12時20分までのニュース中断を挟みながら中継を始めた。これが正午のニュース後12時20分から12時45分までの特別番組として全国中継されるようになったのは2008年からである。

　8月15日に開催される全国戦没者追悼式は、第1回の1963年から欠かさずNHK総合テレビで中継されている。ところが、この式典は図表3に記したように当初2回は会場と時間が現在とは異なっていた。テレビ放送は、この式典の中継番組成立に伴い、それまで8月15日あるいは7月15日に行って来た盆法要や盆踊りの中継を取りやめている。式典が現在の会場である日本武道館に移り、中継時間が11時50分から12時05分までとなった1966（昭和41）年が法要から式典へ完全移行した年である。8月15日の式典は、この他に甲子園の高等野球にも影響を及ぼすこととなる。この日の正午に黙祷を行う模様が新聞記事となる。しかしながら、甲子園における黙祷は、1963（昭和38）年以前にも行われていたという記録もあるようで、さらに注意深く検討する必要がある。

“越境”するメディア —— どのように越境できるのか　　15

1960年代はテレビ放送の揺籃期であり、1953（昭和28）年のテレビ本放送開始以来、10年間ほどの変遷は新聞に掲載される番組表の形にも反映されている。図表3に記したのは、朝日新聞東京版におけるテレビ番組表の変遷である。本放送開始直後にはラジオ番組表の欄外に記されたテレビ番組は、翌1954（昭和29）年には別枠となり、1年後にラジオとテレビの枠が横並びとなる。1957（昭和32）年に午前中のテレビ放送が始まると番組表に時間枠が付けられるようになり、全日放送となった1959（昭和34）年にはラジオの番組表と同程度の掲載面積に至る。そして1961（昭和34）年にはテレビ番組表がラジオ番組表の上部に掲載されるようになり、1964（昭和39）年にテレビ東京の開局によって在京民放5局のテレビ番組表が完成する。現在のテレビ・ラジオ欄となるのは両者の掲載面が分離した1986（昭和61）年だが、このようにテレビ番組表は本放送開始後約10年で原型を得たことになる。

図表3　テレビ番組欄の形成とお盆関連中継番組の変遷

8月15日			ラジオ・テレビ番組欄の構成 開局状況	甲子園大会(8月)			盆法要中継		盆踊り中継	全国戦没者追悼式中継				
										NHK総合テレビ		NHKラジオ第一		
西暦	元号	曜		開幕	終了	黙祷記事	テレビ	ラジオ		開始	終了	開始	終了	備考
1952	昭和27	-												5月2日第一回式典 会場:新宿御苑
1953	28	土	ラジオ欄外にテレビ番組表 テレビ1局:NHK	13日	20日			7/13, 8/13	7/15. 8/13,15					
1954	29	日	別枠 テレビ2局:NHK、日テレ	13	22			7/13, 8/13,15	8/13,15					
1955	30	月	横並び テレビ3局:NHK、日テレ、KR(TBS)	10	17			7/13, 8/15	8/13,15					
1956	31	水		12	20			7/13, 8/13	8/13,15					
1957	32	木	テレビ午前も放送、時間枠付き	12	20		7/13	7/13, 8/13						
1958	33	金		8	19		7/14	7/14, 8/13	7/14,15, 8/15					
1959	34	土	テレビ全日放送、ラジオと横幅同一 テレビ5局:NHK、日テレ、KR(TBS)、フジ、日本教育テレビ(テレビ朝日)	8	18		7/14	7/14, 8/15						3月28日第二回式典 会場:千鳥ヶ淵戦没者墓苑
1960	35	月		12	21			7/13, 8/13	7/14,15					
1961	36	火	テレビ欄が上部へ	11	20		7/15	7/13, 8/15	7/13,15,8/13,14,15					
1962	37	水		10	19		7/15,8/13	7/13, 8/15	7/14,15,8/13,14,15					
1963	38	木		9	20	夕刊	7/13	7/15, 8/15	7/13,14,15, 8/13	11:50	12:30	11:50	12:30	会場:日比谷公会堂
1964	39	土	東京12チャンネル開局	9	20	夕刊	7/15	7/15, 8/15	7/15, 8/15	11:50	12:30	11:50	12:30	会場:靖国神社
1965	40	日		13	22	夕刊	8/14	7/15, 8/15	7/15, 8/15	11:50	12:30	11:50	12:30	会場:日本武道館
1966	41	月		12	24	15日 雨天中止		7/15, 8/15		11:50	12:05	11:50	12:05	以降同じ

朝日新聞東京本社版の8月9日付紙面に基づいて略図を作成し図表4に示した。略図中では、ラジオ番組表を破線でテレビ番組表は二重線で表した。ラジオ放送の番組表は、放送事業者がNHKのみであった1947(昭和22)年には「進駐軍向」と明記されたWVTRを併記して紙面右下に配置されている。民放ラジオ局が開局してチャンネル数が増えた1953(昭和28)年には左中ほどに位置を移している。この年に本放送を開始したテレビ放送の番組表は、ラジオの欄外のような扱いである。その下に記された記事では日本テレビ放送網が放送開始に向けてアンテナの取り付けを完了した旨が報じられている。テレビ番組欄は、1954(昭和29)年に別枠となり、1年後の1955(昭和30)年にラジオとテレビの枠が横並びとなった。テレビが午前中も放送を始めた1957(昭和32)年にはテレビの番組表にも時間枠が付けられるようになった。テレビが全日放送となった1959(昭和34)年にはラジオの番組表と同程度の掲載面積となる。そして1961(昭和36)年には位置が入れ替わってテレビ番組表がラジオ番組表の上部に掲載されるようになった。現在のテレビ・ラジオ欄のようにラジオとテレビの掲載面が分離された1986(昭和61)年である。なお、テレビ番組表に関しては本研究のため過去の新聞を調査した際に、興味深い実例を発見したので付記しておく。1959(昭和34)年4月1日、富山県に北日本テレビが開局した際に北日本新聞に掲載されたテレビ番組表には、放送予定時刻、番組名や出演者と共にスポンサーの社名が明記されていた。このスポンサー明記の番組表は、同年同月16日まで続いた。しかし翌17日からはラジオの北日本放送ともどもスポンサー名が掲載されなくなっている。

　新聞のテレビ番組欄に関する資料としては、報知新聞とスポーツニッポンの紙面を使用して1975(昭和50)年から1990(平成2)年までの4月及び10月の第2週をそのまま再現した『ザ・テレビ欄』(テレビ欄研究会、2009)がある。同書によると、番組改編期でしかも特別番組などが多い第1週を避けたために上記のような期間設定としたとのことである。続く『ザ・テレビ欄II』(テレビ欄研究会、2009)では1991(平成3)年から2005(平成17)年までの同期間と正月の番組表を収録している。また『ザ・テレビ欄0』(テレビ欄研究会、2009)は、1954(昭和29)年から1974(昭和49)年までだが、この

図表4 新聞紙面におけるラジオ・テレビ番組欄構成の推移

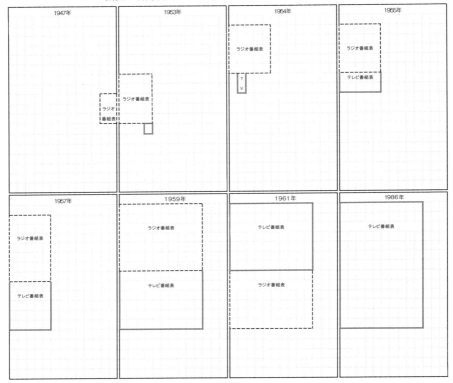

うち4月及び10月の第2週が収録されているのは1961(昭和36)年以降で、上述した新聞のラジオ・テレビ欄構成の変化に呼応している。なお、10月第2週には後述する長崎くんちの中日、後日にあたる8日や9日も含まれているので補強資料としても役立てることが出来た。

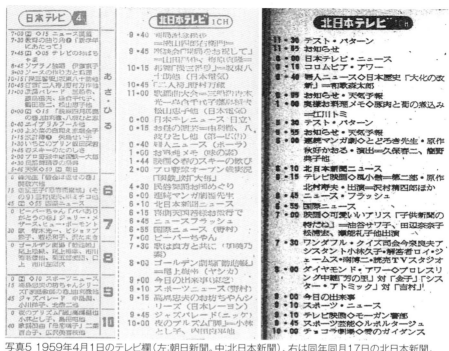

写真5 1959年4月1日のテレビ欄（左：朝日新聞。中：北日本新聞）、右は同年同月17日の北日本新聞。スポンサー表示が無くなっている

新聞からテレビの歴史を再構成する

　過去の新聞からテレビ番組の歴史を再構成する試みの成果は、本学紀要に表の形で集約してある。本書には掲載しないので、以下を参照願いたい。「長崎のメディア・イベント関連映像を再利用可能なデータとして蓄積するための予備調査」（『国際情報学部研究紀要』第13号、2012）これらの表は、各放送区域別に放送事業者ごとに放送した当該番組の開始時間と終了時間を記したものである。時間軸は、全て縦で東京放送（TBS）が広島平和記念式典を最初に中継した1957（昭和32）年を最上部起点として2018（平成30）年を最下部終点としている。横軸には各地域の放送局を本放送開始日時の早い順に配置している。広島の式典に関しては、広島のテレビ局を基準としてその他の地域は広島の放送局のネットワーク同

系列を配置した。長崎の式典については長崎を基準として同様にした。長崎くんち奉納踊中継に関しても同様のまとめ方をしてある。

これらの図表だけで一目瞭然となるのは、広島式典がテレビ放送の最初期から全国的なコンテンツであること、長崎の式典が全国に（従って広島に）完全同時中継されるまでに50年を要し毎年特別番組となるまでには20世紀の終わりまでかかったことである。

一方で広島、長崎ともにローカル局が開局以来式典を最重要の地域コンテンツとして放送し続けていることも明らかになった。そして、これらの表全ては新聞のテレビ欄を再構成したものである。なお表には反映できなかったが、広島と長崎が同じ被爆地としてさまざまな交流を続けている。8月6日の長崎ローカル・ニュースは、データ収集で録画を行い詳細な調査を行った2007〜2010年の間、広島のために祈る長崎の被爆者の姿を伝えている。

広島平和式典テレビ中継の歴史

広島市の平和式典の正式名称は、「広島市原爆死没者慰霊式並びに平和祈念式」であり8月6日に広島市中区中島町の平和記念公園で午前8時から8時45分に開催される。広島市のWebでは、広島に「原爆の投下された8時15分には平和の鐘やサイレンを鳴らして、式典会場、家庭、職場で原爆死没者の冥福と恒久平和の実現を祈り、1分間の黙とうを行っています」とその意義を述べている。

式典の実況中継を最初に行ったのは、TBSで1957（昭和32）年に8時から特別番組として放送している。翌1958（昭和33）年にはNHKも中継を始めており、1962（昭和37）、1963（昭和38）年の中断を挟んで全国放送として番組が続いている。

民放の全国放送は、「モーニングショー」（1964年のNET時代から1993年までテレビ朝日系列、平日8時30分から9時30分）や、「ズームイン!!朝！」（1979−2001年まで日本テレビ系列、平日7時から8時30分）、「朝のホットライン」（1981年−1990年までTBS系列、平日7時-8時30分）と式典時間と重複あるいは隣接する時間帯に放送される朝のワイドショーで継続的に取り上げられていた。

20

広島県のテレビは、中国放送(RCC)が1959(昭和34)年4月に、広島テレビ(HTV)が1962(昭和37)年9月に、広島ホームテレビ(HOME)が1970(昭和45)年12月に、テレビ新広島(TSS)が1975年10月にそれぞれ放送を開始している。HOMEが開局翌年の日曜日に中断したのみで、その他のテレビ局は現在まで休むことなく毎年、式典中継の特別番組を放送している。

　広島の式典について、図表5では、広島から他地域へどのように中継が広がっているのか、調査対象4地域で民放の多局化がほぼ完了する1990(平成2)年から5年ごとの経年変化をまとめてみた。1990年はNHKの式典中継が全地域に及び、広島では全系列で式典中継を行っている。日本テレビ系列は同名同時刻で番組を中継しているが、長崎県では前述したクロスネットの段階にあり後に単独でフジテレビ系列となるテレビ長崎となっていた。なお、テレビ朝日系列では「やじうまワイド」の中に式典中継を挟みこむような番組編成となっているが、福岡の九州朝日放送(KBC)は同時刻に独自番組を放送していた。

　1995(平成7)年は被爆50年の周年であったためかフジテレビ系列を除いて全4チャンネルで広島から長崎まで同内容の番組となっている。ところが2000(平成12)年を迎えると広島ローカル局とNHKは遺漏なく式典を中継している。しかし広島以外の地ではNHKを除いて全く中継は行われず、2007(平成19)年に至って同じ状態が続いている。

　広島式典の中継は、時間的には朝のニュースショーやワイドショーのトピックとして取り上げられやすく、高校野球の開始時刻以前でもある。たいていの場合、高校野球は開会式を行う月日となっている。つまりテレビ番組として広島式典を見ると、時間設定と月日とともに競合重複するものが無い理想的な環境にあると考えられる。

　2007年の同式典の模様を中継するNHKの番組を視聴すると、新聞等に掲載された放送終了予定時刻の8時35分に近づくと、次の番組を「8時37分から放送します」という内容のテロップが付される。これは2008年、2009年も同様であった。式典の進行上、8時35分前後は内閣総理大臣の挨拶が行われている。NHK

図表5 広島平和記念式典中継番組のネットワーク状況の推移

1990（平成2）年8月6日（月）

広島

	NHK広島			RCC中国放送			HTV広島テレビ			HOME広島ホームテレビ			TSSテレビ新広島		
	番組名	開始	終了	番組名	開始	終了	番組名	開始	終了	番組名	開始	終了	番組名	開始	終了
広島	平成2年平和記念式典	7:58	8:30	原爆死没者慰霊・平和記念式典中継	7:56		広島平和記念式典中継	8:00	8:30	平和記念式典	8:00	8:30	平成2年 原爆死没者慰霊式平和記念式典中継	7:45	8:30

東京

	NHK総合テレビ			TBS東京放送			NTV日本テレビ			EXテレビ朝日			CXフジテレビ		
	番組名	開始	終了	番組名	開始	終了	番組名	開始	終了	番組名	開始	終了	番組名	開始	終了
東京	平成2年平和記念式典～広島市平和公園	7:58	8:30	無し			広島平和記念式典中継	8:00	8:30	やじうまワイド 原爆記念式典	7:00	8:30	無し		

福岡

	NHK福岡			RKB毎日放送			FBS福岡放送			KBC九州朝日放送			TNCテレビ西日本		
	番組名	開始	終了	番組名	開始	終了	番組名	開始	終了	番組名	開始	終了	番組名	開始	終了
福岡	平成2年平和記念式典～広島市平和公園	7:58	8:30	無し			広島平和記念式典中継	8:00	8:30	無し					

長崎

	NHK長崎			NBC長崎放送			NIB長崎国際放送			NCC長崎文化放送			KTNテレビ長崎		
	番組名	開始	終了	番組名	開始	終了	番組名	開始	終了	番組名	開始	終了	番組名	開始	終了
長崎	平成2年平和記念式典～広島市平和公園	7:58	8:30	無し			開局前			やじうまワイド 原爆記念式典	7:00	8:30	広島平和記念式典中継	8:00	8:30

1995（平成7）年8月6日（日）

広島

	NHK広島			RCC中国放送			HTV広島テレビ			HOME広島ホームテレビ			TSSテレビ新広島		
	番組名	開始	終了	番組名	開始	終了	番組名	開始	終了	番組名	開始	終了	番組名	開始	終了
広島	平成7年平和記念式典～広島市	8:00	8:35	関口宏のサンデーモーニング 広島被爆50年式典中継・市民と考える人類の愚かさ		9:55	被爆50周年広島平和祈念式典	7:45		報道特別番組・被爆50年ヒロシマ記念式典中継	7:00	9:00	平和記念式典中継	7:00	9:00

東京

	NHK総合テレビ			TBS東京放送			NTV日本テレビ			EXテレビ朝日			CXフジテレビ		
	番組名	開始	終了	番組名	開始	終了	番組名	開始	終了	番組名	開始	終了	番組名	開始	終了
東京	平成7年平和記念式典～広島市	8:00	8:35	関口宏のサンデーモーニング 広島被爆50年式典中継・市民と考える人類の愚かさ	8:00	10:00	被爆50周年・広島平和記念式典	8:00	8:30	被爆50年・広島平和記念式典	8:00	8:30	無し		

福岡

	NHK福岡			RKB毎日放送			FBS福岡放送			KBC九州朝日放送			TNCテレビ西日本		
	番組名	開始	終了	番組名	開始	終了	番組名	開始	終了	番組名	開始	終了	番組名	開始	終了
福岡	平成7年平和記念式典～広島市	8:00	8:35	関口宏のサンデーモーニング 広島被爆50年式典中継・市民と考える人類の愚かさ	8:00	10:00	被爆50周年・広島平和記念式典	8:00	8:30	被爆50年・広島平和記念式典	8:00	8:30	無し		

長崎

	NHK長崎			NBC長崎放送			NIB長崎国際放送			NCC長崎文化放送			KTNテレビ長崎		
	番組名	開始	終了	番組名	開始	終了	番組名	開始	終了	番組名	開始	終了	番組名	開始	終了
長崎	平成7年平和記念式典～広島市	8:00	8:35	関口宏のサンデーモーニング 広島被爆50年式典中継・市民と考える人類の愚かさ	8:00	10:00	広島平和記念式典	8:00	8:30	被爆50年・広島記念式典中継	8:00	8:30	無し		

2000（平成12）年8月6日（日）

広島

	NHK広島			RCC中国放送			HTV広島テレビ			HOME広島ホームテレビ			TSSテレビ新広島		
	番組名	開始	終了	番組名	開始	終了	番組名	開始	終了	番組名	開始	終了	番組名	開始	終了
広島	平成12年広島平和記念式典	8:00	8:35	20世紀最後の8月6日▽平和公園から式典中継	8:00	9:00	広島市・広島発・東広島共同特別番組「伝えるヒロシマ、つくりだす平和」	7:00		報道特番 "語り継ぐもの へ…"▽平和記念式典	7:30		広島市原爆死没者慰霊式並びに平和祈念式(多)	7:59	8:55

東京

	NHK総合テレビ			TBS東京放送			NTV日本テレビ			EXテレビ朝日			CXフジテレビ		
	番組名	開始	終了	番組名	開始	終了	番組名	開始	終了	番組名	開始	終了	番組名	開始	終了
東京	平成12年広島平和記念式典	8:00	8:35	無し			無し			無し			無し		

福岡

	NHK福岡			RKB毎日放送			FBS福岡放送			KBC九州朝日放送			TNCテレビ西日本		
	番組名	開始	終了	番組名	開始	終了	番組名	開始	終了	番組名	開始	終了	番組名	開始	終了
福岡	平成12年広島平和記念式典	8:00	8:35	無し			無し			無し			無し		

長崎

	NHK長崎			NBC長崎放送			NIB長崎国際放送			NCC長崎文化放送			KTNテレビ長崎		
	番組名	開始	終了	番組名	開始	終了	番組名	開始	終了	番組名	開始	終了	番組名	開始	終了
長崎	平成12年広島平和記念式典	8:00	8:35	無し			無し			無し			無し		

2007（平成19）年8月6日（月）

広島

	NHK広島			RCC中国放送			HTV広島テレビ			HOME広島ホームテレビ			TSSテレビ新広島		
	番組名	開始	終了	番組名	開始	終了	番組名	開始	終了	番組名	開始	終了	番組名	開始	終了
広島	広島平和記念式典中継 平和の祈り	8:00	8:35	広島平和記念式典	7:45		ヒロシマ62年目の伝言	8:00	9:55	平和記念式典中継(多)	7:50	8:30	平和記念式典(多)副音声広島の祈り	8:00	8:30

東京

	NHK総合テレビ			TBS東京放送			NTV日本テレビ			EXテレビ朝日			CXフジテレビ		
	番組名	開始	終了	番組名	開始	終了	番組名	開始	終了	番組名	開始	終了	番組名	開始	終了
東京	広島平和記念式典中継 平和の祈り	8:00	8:35	無し			無し			無し			無し		

福岡

	NHK福岡			RKB毎日放送			FBS福岡放送			KBC九州朝日放送			TNCテレビ西日本		
	番組名	開始	終了	番組名	開始	終了	番組名	開始	終了	番組名	開始	終了	番組名	開始	終了
福岡	広島平和記念式典中継 平和の祈り	8:00	8:35	無し			無し			無し			無し		

長崎

	NHK長崎			NBC長崎放送			NIB長崎国際放送			NCC長崎文化放送			KTNテレビ長崎		
	番組名	開始	終了	番組名	開始	終了	番組名	開始	終了	番組名	開始	終了	番組名	開始	終了
長崎	広島平和記念式典中継 平和の祈り	8:00	8:35	無し			無し			無し			無し		

は、予定の放送時間ではなく式典の進行に従って、番組を変更したと考えられる。この放送時間変更が2006年以前にも行われていたか否かは、不明である。

　現在のところ手元にまとめたデータから明言できるのは、広島平和記念式典は完全中継する時間帯に設定されていない番組がほとんどであるということである。例外は広島テレビ（HTV）の2006年以降の番組である。広島の平和記念式典は広島地域でのテレビ放送開始直後から全国中継されていた。しかし、時間的には前半3分の2の範囲が中継されていたということになる。2008年にNHKは広島ローカルとして、8時35分から50分までの間、中継番組を放送している。（開始時刻は前番組の全国中継終了8時37分に連動して変更となっている。）朝日新聞、西日本新聞、長崎新聞の2009（平成21）年8月6日付朝刊テレビ番組欄に記載されたNHK総合放送の式典中継番組放送時間は、午前8時00分から8時35分であった。一方で中国新聞は、午前8時00分から8時50分であった。新聞紙面から読み取ることができるのは、東京・福岡・長崎とは異なり広島においては式典開催時間を全てカバーする放送時間が設定されていたということである。

　2009（平成21）年は当時のNHK-BS2でも特別番組として中継されているBS2の番組は、長崎における地上波NHK総合放送と8時37分まで同一内容であった。総合放送の特別番組が37分に終了した後は、平和式典会場付近からゲストへのインタビューが始まった。

　2016年は、リオオリンピックが開催されており、NHKは7時30分から8時40分まで教育チャンネルで、8時40分から11時30分まで総合放送で開会式を中継している。広島の平和式典は、8時00分から中継が始まったものの、8時35分までで終了し、以降BS等での延長は無かった。

長崎平和式典テレビ中継の歴史

　長崎市の平和式典の正式名称は、「長崎原爆犠牲者慰霊平和祈念式典」である。毎年8月9日午前10時40分から11時38分まで長崎市松山町の平和公園平和祈念像前で開催される。後の考察で必要となるので、ここに2018（平成30）年に行

われた被爆73周年原爆犠牲者慰霊平和祈念式典の式次第を引用する。「（　）」内の時刻は、被爆者合唱が式次第に加わった2010－2017年のもので、「＜　＞」内は2005－2009年の時刻である。

式次第
被爆者合唱	10:40（10:35）	
開　　　式	10:45（10:40）	＜10:40＞
原爆死没者名奉安	10:46（10:40）	＜10:40＞
式　　　辞（長崎市議会議長）	10:48（10:42）	＜10:42＞
献水（遺族・被爆者代表、小・中・高校生代表）	10:52（10:46）	＜10:46＞
献花（長崎市長他）	10:54（10:48）	＜10:48＞
黙　と　う	11:02（11:02）	＜11:02＞
長崎平和宣言（長崎市長）	11:03（11:03）	＜11:03＞
平和への誓い（被爆者代表）	11:12（11:13）	＜11:13＞
児童合唱（市内児童代表）	11:19（11:18）	＜11:18＞
来賓挨拶	11:24（11:23）	＜11:23＞
合唱　千羽鶴	11:40（11:38）	＜11:33＞
閉　　　式	11:45（11:43）	＜11:38＞

　なお、黙とうが行われる11時2分が長崎に原爆が投下された時刻である。式典の変遷から本論文で必要な事項を列挙すると以下のようになる。慰霊祭と平和祈念式典が一本化されて長崎市主催の式典となった1956（昭和31）年から1972（昭和47）年までの開始時間は午前10時30分、1973（昭和48）年から1978（昭和53）年までは午前10時50分、1979（昭和54）年から2004（平成16）年までは午前10時45分、2005（平成17）年以降は午前10時40分となり現在に至るまでの変遷は上述の通りである。1992（平成4）年から1994（平成6）年までは会場が長崎市営ラグビー・サッカー場に移されている。また、式典に手話通訳者を配置したのは1999（平成11）年からである。

　長崎式典の中継を最初に行った長崎放送（NBC）の社史によると1963（昭和38）

年に10時45分-11時55分であった。なおこの社史による公式記録の他に、長崎新聞テレビ欄から抽出できたのは、1959（昭和34）年8月9日10時40分から11時まで「愛の鐘を鳴らそう」という番組が放送されていたという記載であった。長崎県では民放1局のみというメディア環境が1969（昭和34）年まで続く。NBCの中継は1963（昭和38）年から現在まで途切れることなく毎年続けられている。1969（昭和44）年に放送を開始したテレビ長崎（KTN）は1971（昭和46）から式典中継を開始し、途中断続的に延べ2年の中断を経て現在まで続いている。さらに1990（平成2）年に放送を開始した長崎文化放送（NCC）は日曜日となった1992（平成4）年と1998（平成10）年を除いて式典中継を続けている。1991（平成3）年には長崎国際放送（NIB）が開局しており、同年から途切れることなく中継が行われている。

　長崎県では平成にまで至ってようやくテレビ民間放送の4チャンネル化が完成することになるのだが、新たなチャンネルが誕生すると必ず式典中継の番組も増えるという状況であった。なお、NHKは、1991（平成3）年には同時刻に国会代表質問が放送されたため、1992（平成4）年にはオリンピック中継のため、1993（平成5）年には細川連立内閣組閣関連の特別番組のために長崎式典を教育チャンネルから放送した。

　テレビ放送の黎明期から全国中継されていた広島の式典と異なり、長崎の式典が県外に同時中継される（"越境"する）ようになったのは被爆50年の1995（平成7）年であった。なお、広島テレビ（HTV）の1966（昭和41）年から1973（昭和48）年までの番組は、フジテレビ系列の「小川宏ショー」である。HTVは日本テレビ系列であるが、広島のフジテレビ系列はテレビ新広島（TSS）が1975（昭和50）年開局であったため、クロスネットとなっていた。

　各地域における状況を検討するために表5を作成した。1990（平成2）年、長崎ではNIBが開局前であるがその他のテレビ局はNHKを含め全てが式典中継を行っている。他地域では福岡県で高校野球を中断した形でNHKが11時から11時20分まで中継している。式次第を見ると明らかなように、式典の全体は無理ではあるがかろうじて「黙とう」と「平和宣言」を同時中継することが可能な時間設定で

"越境"するメディア ── どのように越境できるのか　　25

図表6 長崎平和祈念式典中継番組のネットワーク状況の推移

1990（平成2）年8月9日（木）

長崎

	NHK長崎			NBC長崎放送			KTNテレビ長崎			NCC長崎文化放送			NIB長崎国際放送		
	番組名	開始	終了	番組名	開始	終了	番組名	開始	終了	番組名	開始	終了	番組名	開始	終了
	被爆45年平和祈念式典	10:45	11:30	被爆45周年長崎平和祈念式典	10:45	11:40	被爆45周年原爆犠牲者慰霊平和祈念式典	10:00	11:30	被爆45周年平和祈念式典	10:45	11:30	開局前		

東京

	NHK総合テレビ			TBS東京テレビ			CXフジテレビ			EXテレビ朝日			NTV日本テレビ		
	番組名	開始	終了	番組名	開始	終了	番組名	開始	終了	番組名	開始	終了	番組名	開始	終了
	無し			無し			無し			無し			無し		

福岡

	NHK福岡			RKB毎日放送			TNCテレビ西日本			KBC九州朝日放送			FBS福岡放送		
	番組名	開始	終了	番組名	開始	終了	番組名	開始	終了	番組名	開始	終了	番組名	開始	終了
	被爆45年平和祈念式典（高校野球中断）	11:00	11:20	無し			無し			無し			無し		

広島

	NHK広島			RCC中国放送			TSSテレビ新広島			HOME広島ホームテレビ			HTV広島テレビ		
	番組名	開始	終了	番組名	開始	終了	番組名	開始	終了	番組名	開始	終了	番組名	開始	終了
	無し			無し			無し			無し			無し		

1995（平成7）年8月9日（水）

長崎

	NHK長崎			NBC長崎放送			KTNテレビ長崎			NCC長崎文化放送			NIB長崎国際放送		
	番組名	開始	終了	番組名	開始	終了	番組名	開始	終了	番組名	開始	終了	番組名	開始	終了
	被爆50年平和祈念式典	10:00	11:55	被爆50周年特別番組「消えることにない痛み・そして21世紀のあなたへ」▽平和祈念式典	6:50	11:30	被爆50周年KTN報道特番「継承・子どもたちの時代へ・原爆と戦争何を伝えますか」	9:55	11:30	報道特別番組・被爆から50年▽第2部・長崎平和祈念式典中継	10:00	11:40	被爆50周年・長崎平和祈念式典	10:30	11:25

東京

	NHK総合テレビ			TBS東京テレビ			CXフジテレビ			EXテレビ朝日			NTV日本テレビ		
	番組名	開始	終了	番組名	開始	終了	番組名	開始	終了	番組名	開始	終了	番組名	開始	終了
	無し			無し			無し			被爆から50年・長崎平和祈念式典	11:00	11:30	無し		

福岡

	NHK福岡			RKB毎日放送			TNCテレビ西日本			KBC九州朝日放送			FBS福岡放送		
	番組名	開始	終了	番組名	開始	終了	番組名	開始	終了	番組名	開始	終了	番組名	開始	終了
	戦後50年平和祈念式典（高校野球中断）	11:00	11:30	無し			無し			特別番組 被爆から50年▽長崎平和祈念式典中継	10:45	11:25	被爆50周年・長崎平和祈念式典	10:30	11:25

広島

	NHK広島			RCC中国放送			TSSテレビ新広島			HOME広島ホームテレビ			HTV広島テレビ		
	番組名	開始	終了	番組名	開始	終了	番組名	開始	終了	番組名	開始	終了	番組名	開始	終了
	無し			無し			無し			被爆から50年・長崎平和祈念式典中継	11:00	11:30	無し		

2000（平成12）年8月9日（水）

長崎

	NHK長崎			NBC長崎放送			KTNテレビ長崎			NCC長崎文化放送			NIB長崎国際放送		
	番組名	開始	終了	番組名	開始	終了	番組名	開始	終了	番組名	開始	終了	番組名	開始	終了
	平成12年・長崎平和祈念式典～長崎市平和公園	10:45	11:30	被爆55周年"原爆犠牲者慰霊平和祈念式典"	10:30	11:30	被爆55周年原爆犠牲者慰霊平和祈念式典中継	10:30	11:30	語り継ぐ夏・長崎平和祈念式典中継	10:45	11:20	原爆犠牲者慰霊平和祈念式典	10:55	11:25

東京

	NHK総合テレビ			TBS東京テレビ			CXフジテレビ			EXテレビ朝日			NTV日本テレビ		
	番組名	開始	終了	番組名	開始	終了	番組名	開始	終了	番組名	開始	終了	番組名	開始	終了
	平成12年・長崎平和祈念式典～長崎市平和公園	10:55	11:30	無し			無し			無し			無し		

福岡

	NHK福岡			RKB毎日放送			TNCテレビ西日本			KBC九州朝日放送			FBS福岡放送		
	番組名	開始	終了	番組名	開始	終了	番組名	開始	終了	番組名	開始	終了	番組名	開始	終了
	平成12年・長崎平和祈念式典～長崎市平和公園	10:55	11:30	無し			無し			無し			無し		

広島

	NHK広島			RCC中国放送			TSSテレビ新広島			HOME広島ホームテレビ			HTV広島テレビ		
	番組名	開始	終了	番組名	開始	終了	番組名	開始	終了	番組名	開始	終了	番組名	開始	終了
	平成12年・長崎平和祈念式典～長崎市平和公園	10:55	11:30	無し			無し			無し			無し		

2007（平成19）年8月9日（木）

長崎

	NHK長崎			NBC長崎放送			KTNテレビ長崎			NCC長崎文化放送			NIB長崎国際放送		
	番組名	開始	終了	番組名	開始	終了	番組名	開始	終了	番組名	開始	終了	番組名	開始	終了
	長崎平和祈念式典中継・原爆の日	10:40	11:40	被爆62周年長崎原爆犠牲者慰霊平和祈念式典	10:40	11:30	語り継ぐ夏被爆62年長崎平和祈念式典中継	10:45	11:40	報道特番原爆犠牲者慰霊平和祈念式典	9:55	11:25	被爆62周年長崎原爆犠牲者慰霊平和祈念式典	10:30	11:30

東京

	NHK総合テレビ			TBS東京テレビ			CXフジテレビ			EXテレビ朝日			NTV日本テレビ		
	番組名	開始	終了	番組名	開始	終了	番組名	開始	終了	番組名	開始	終了	番組名	開始	終了
	長崎平和祈念式典中継・原爆の日	10:40	11:40	無し			無し			無し			無し		

福岡

	NHK福岡			RKB毎日放送			TNCテレビ西日本			KBC九州朝日放送			FBS福岡放送		
	番組名	開始	終了	番組名	開始	終了	番組名	開始	終了	番組名	開始	終了	番組名	開始	終了
	長崎平和祈念式典中継・原爆の日	10:40	11:40	無し			無し			無し			無し		

広島

	NHK広島			RCC中国放送			TSSテレビ新広島			HOME広島ホームテレビ			HTV広島テレビ		
	番組名	開始	終了	番組名	開始	終了	番組名	開始	終了	番組名	開始	終了	番組名	開始	終了
	長崎平和祈念式典中継・原爆の日	10:40	11:40	無し			無し			無し			無し		

ある。高校野球を中断する中継方法は、1970（昭和45）年から九州管区で実施されている。本研究の調査対象地では長崎と福岡で採用され、NHKが全国で長崎式典の同時中継を開始する前年の1999（平成11）年まで続いた。なお1991（平成3）年から1993（平成5）年までは前述した事情と同じく中断中継も教育チャンネルで行われている。

1995（平成7）年になっても、中断中継は変わらない。しかし被爆50年となりテレビ朝日系列では長崎式典を全国に同時中継している。福岡では九州朝日放送（KBC）がこれを開始時間を早めて放送し、福岡放送（FBS）はNIBから同名同時刻の番組中継を行っている。

NHKの全国中継が始まったのは、ようやく2000（平成12）年であった。しかし、他地域の開始時刻は10時55分で式典開始時刻より15分長崎の中継開始時刻よりも10分遅い。重ねて式次第を確認すると、10時55分とは「黙とう」に間に合う時刻として設定されていたものと考えられる。一方で民放の他地域への中継は皆無となり、この状況は現在まで続いている。

図表6でまとめたように、長崎式典が開式から閉式まで完全に全国中継されるようになったのは2005（平成17）年であった。式典中継として独立した特別番組とするのは、もはやNHKのみとなってしまっている。これは広島式典も同様である。

長崎式典は、午前中のワイドショーを中心とした編成となる民放では特別番組として時間帯の設定が難しく、一方で高校野球が本格的な試合展開をする大会期日でもあり時間帯とも重なる。テレビ番組としては設定条件が扱いにくいものとなっていると考えられる。

2008年の特色としては、8月8日から北京オリンピックが開催されたため、テレビ放送の番組編成が通常と大きく異なるものとなったことを明記しておかなければならない。特に開会式直後であった8月9日への影響は大きく、NHKが夜7時のニュースを定時放送していなかったことが代表的な事例となる。また、後述するが2008年の8月9日は、土曜日であった。長崎ローカルの式典開催時間以外は、オリンピックと土曜日というテレビ放送にとって特殊事情が重なったことになる。長崎

の式典中継番組では、長崎放送（NBC）が10時30分から11時54分までと最長の時間帯を確保したものの、10時50分から同55分までの間は全国ニュースが放送されて中継番組が中断となった。

2009（平成21）年8月9日は、日曜日であった。この日、長崎文化放送（NCC）は全国番組の「サンデープロジェクト」を午前10時00分から11時45分まで放送した。表3に記したようにNCCは8月9日が日曜日となった1992（平成4）年、1998（平成10）年にも平和祈念式典中継の特別番組を放送していない。一方で1997（平成9）年、2003（平成15）年2008（平成20）年は土曜日でも特別番組を放送している。なお、2009（平成21）年8月9日午前11時02分に「サンデープロジェクト」は番組中で映像を平和祈念式典の会場に切り替えて、スタジオ内でも黙祷を行っていた。

2015（平成27）年8月9日も、日曜日でこの日は長崎放送（NBC）が「サンデーモーニング」の特別番組を7時00分から11時22分まで放送している。長崎被爆70周年の特別番組であったが、平和祈念式典の進行とは連動していなかった。

また、2016（平成28）年8月9日は、長崎国際放送（NIB）が平和祈念式典ではなく、リオ五輪競泳決勝の様子を中継していた。

長崎くんちの中継番組

長崎市上西山町の鎮西大社諏訪神社の例祭で毎年10月7日から同9日まで行われる一連の祭礼が「長崎くんち」と呼ばれている。1979（昭和54）年2月に国の重要無形民俗文化財に指定された。その起源は1634（寛永11）年とされ長崎県内最大の催事である。テレビ番組として中継されるのは、前日（まえび）と呼ばれる7日午前の奉納踊である。

長崎くんち奉納踊を中継するテレビ特別番組は、1962（昭和37）年10月7日7時から11時まで長崎放送（NBC）が初めて放送した。NBCの特別番組は、昭和天皇の病気により祭礼自粛となった1988（昭和63）年を除き現在まで続いている。

NBCに次ぐ放送回数となっているのは、NHKである。NHKが奉納踊と同一時間帯に長崎くんち関連番組を放送したのはNBCと同じ1962（昭和37）年である。し

かし独立した特別番組として生中継を明記したのは、1981（昭和56）年で、この年は雨天によって奉納踊が10月9日と10日に順延分割された。午前7時から11時という奉納踊の時間帯でNHKが番組編成上考慮せざるを得なかったのは、8時15分から30分の連続テレビ小説であろう。生中継の特別番組は、この時間前に打ち切る、この時間帯を中断とする、という措置を経て、1991（平成3）年からは総合テレビと教育チャンネルとを適宜切り替えることによって番組内容を連続させ（表K中で二重下線としたセル）2002（平成14）年以降、長崎くんち特別番組は全て教育チャンネルで放送している。なお、2003（平成15）年10月7日はBS3で7時45分から10時まで「ハイビジョン中継　競演乱舞2003長崎くんち」として一部をサイマル放送している。2004（平成16）年同日9時30分から11時30分の「踊町熱演！伝統の長崎くんち2004」も同様である。長崎くんちが単独の特別番組として全国に放送されたのは、現在判明しているところこのサイマル放送である。2010（平成22）年の場合は、地上波の教育チャンネルと開始、終了時刻が同じであるのみならず、BSハイビジョンで別番組を放送した7時30分から8時15分までの間は予備チャンネルのBS104を使って中継を続けていた。NHKは2018年にも中継を番組化してBSで放送している。

　テレビ長崎（KTN）は、開局直後の1969（昭和44）年と1970（昭和45）年に「小川宏ショー」に直前1時間を加えて特別番組としているが、ともに放送日は10月9日である。つまり先行するNBCと競合しない後日（あとび）を選択したことになる（写真6、写真7、表6参照）。この時、長崎くんちは県域放送から越境して全国放送された。

　長崎のメディアは中継の方法や日時などさまざまに多様化させながら、長崎くんちを越境する映像コンテンツとしていることが明らかになった。

　KTNでは、1980（昭和55）年から1987（昭和62）年まで断続的に長崎くんちを一つのトピックとして日本テレビ系列の「ズームイン!!朝！」をクロスネットすることにより放送していた（表7参照）。その後、KTNの長崎くんち中継は、1988（昭和63）年から1991（平成3）年まで中断している。中断最初の年は、長崎くんちが開催を自粛しており、最後の年には長崎国際放送（NIB）が開局している。1992（平成4）年以降は開催日

写真6 長崎新聞（1969年10月9日朝刊）に掲載されたKTNの番組宣伝

写真7 長崎新聞（1970年10月8日朝刊）に掲載されたKTNの番組宣伝

図表7 KTN開局時における番組の事例（昭和40年代）

西暦	元号	月	日	曜	CXフジテレビ			KTNテレビ長崎			HTV広島テレビ		
					番組名	開始	終了	番組名	開始	終了	番組名	開始	終了
1966	昭和41	8	9	火	小川宏ショー「長崎原爆特集」	9:00	10:30	開局前			奥さまスタジオ「小川宏ショー」	9:00	10:30
1969	昭和44	10	9	木	小川宏ショー「長崎おくんち」	9:00	10:30	小川宏ショー長崎くんち	9:00	10:30	小川宏ショー「長崎おくんち」	9:00	10:30
1970	昭和45	10	9	金	小川宏ショー	9:00	10:30	小川宏ショーくんち中継	9:00	10:30	小川宏ショー「ご存知ですかこの人を」	9:00	10:30
1971	昭和46	8	9	月	小川宏ショー◇長崎原爆記念式典中継	9:00	10:30	小川宏ショー長崎原爆記念式典中継	9:00	10:30	小川宏ショー韓国人被爆者は訴える	9:00	10:30
1972	昭和47	8	9	水	小川宏ショー（長崎市の原爆登校日）	9:00	10:30	小川宏ショー長崎市の原爆登校日	9:00	10:30	小川宏ショー特集・人類は滅びるか？	9:00	10:30
1973	昭和48	8	9	木	小川宏ショー◇長崎28年目の夏	9:00	10:30	小川宏ショー長崎28年目の夏「28年目の証言」	9:00	10:30	小川宏ショー◇長崎28年目の夏	9:00	10:30

西暦	元号	月	日	曜	TBS東京放送			NBC長崎放送			RCC中国放送		
					番組名	開始	終了	番組名	開始	終了	番組名	開始	終了
1966	昭和41	8	9	火	モーニングジャンボ「長崎原爆・終戦特集」	6:50	10:00	モーニングショー（EX系）を放送中11時から独自に中継特番			ジャンボ	6:50	9:55

図表8 クロスネットによる番組の事例（昭和50年代以降）

西暦	元号	月	日	曜	NTV日本テレビ			KTNテレビ長崎			HTV広島テレビ		
					番組名	開始	終了	番組名	開始	終了	番組名	開始	終了
1980	昭和55	10	8	木	ズームイン!!朝！（長崎おくんち）	7:00	8:30	ズームイン朝名物長崎おくんち	7:00	8:00	ズームイン!!朝！▽長崎おくんち	7:00	8:30
1982	昭和57	10	7	金	ズームイン!!朝！「長崎の秋はくんちから」	7:00	8:30	ズームイン!!朝！▽長崎の秋はくんちから	7:00	8:30	ズームイン!!朝！告発！信号無視ドライバー〈長崎くんちの記載無し〉	7:00	8:30
1984	昭和59	10	8	月	ズームイン!!朝！▽リレー日本の銀座〈長崎くんちの記載無し〉	7:00	8:30	ズームイン!!朝！▽長崎くんち	7:00	8:30	ズームイン!!朝！▽リレー日本の銀座〈長崎くんちの記載無し〉	7:00	8:30
1985	昭和60	10	7	水	ズームイン!!朝！秋の長崎おくんち観光	7:00	8:30	ズームイン!!朝！長崎おくんち観光	7:00	8:30	ズームイン!!朝！▽長崎くんち	7:00	8:30
1987	昭和62	10	7	木	ズームイン!!朝！▽長崎に秋を呼ぶくんち祭り	7:00	8:30	ズームイン!!朝！▽長崎に秋を呼ぶくんち祭り	7:00	8:30	ズームイン!!朝！▽長崎に秋を呼ぶくんち祭り	7:00	8:30

西暦	元号	月	日	曜	NTV日本テレビ			NIB長崎国際放送			HTV広島テレビ		
					番組名	開始	終了	番組名	開始	終了	番組名	開始	終了
1993	平成5	10	8	金	ズームイン!!朝！▽骨の成長に異常が〈長崎くんちの記載無し〉	7:00	8:30	ズームイン!!くんち！「諏訪神社・踊り馬場から生中継」	6:50	10:25	ズームイン!!朝！▽骨の成長に異常が〈長崎くんちの記載無し〉	7:00	8:30

　が土曜日と日曜日となった場合を除き独自の単独特別番組を放送している。なお2007（平成19）年10月7日は日曜日であったが、KTNは特別番組を放送した。

　長崎文化放送（NCC）は、開局翌年の1992（平成4）年から開催日が土曜日と日

曜日となった場合を除き独自の単独特別番組を放送している。1995（平成7）年10月7日は土曜日であったが、30分番組の中で長崎くんちに触れている。表Kにはこちらを記載した。なお、NCCは土曜日と日曜日には生中継を行わず、同日あるいは翌日の夕刻に奉納踊の総集編を放送している。1995年も同様であった。

　長崎国際放送（NIB）は開局2年後の1993（平成5）年に長崎地域のみ「ズームイン!!朝!」を拡大した「ズームイン!!くんち!」として奉納踊を中継した。それ以降平日は夕方のローカル・ニュース番組の特集として、土曜日と日曜日には夕刻に総集編を放送している。

　長崎くんちの特別番組は、長崎が民放4系列放送となった直後の1993（平成5）年10月8日に7時30分から8時の間、NHK「総合」を除く地上波全チャンネル同一コンテンツという状況となった。しかし1994（平成6）年以降は5チャンネル中4チャンネルが最大であり、5チャンネル中2チャンネルという年もある。番組素材としての長崎くんちは、天候に左右される。一方で、ローカル局の番組編成は特に週末に独自枠を設定することが困難となっているようである。

テレビ研究と越境の意義

　平和祈念式典と長崎くんちには、テレビ番組としては同日同時刻がほぼ全ての放送局で同一内容となる放送の特異日を形成するという共通点がある。また番組コンテンツとしては、同じように各放送局がこのローカル・イベントの開催日に向けて取材を積み重ね、ゲストを選定し、当日はアナウンサーを中継ブースに配置し、イベント後にはニュースや特別番組の素材として活用されることになる。毎年必ず開催されるローカル・イベントをコンテンツとして地域の放送局が同じ時間帯に番組を放送することは、研究者には特異日であるが、視聴者には無駄なことのように見えてしまうかもしれない。しかし、変化する社会情勢の中で、各局の報道姿勢や番組制作の指針はそれぞれに特色がある。筆者のテレビ研究は、録画によって番組を固定しこれらの内容分析を行うことで具体的な差異を明らかにすることができた。地道な定点観測を続けて行きたい。

なお、これまで挙げてきたのは情報通信による"越境"の実例だが、"越境"とは、技術革新によってのみ実現するものではない。"越境"は、現状に満足せず、旧来の枠からはみ出すことによって新たな境地を求める挑戦の繰り返しによって成し遂げられる。

　これまでの情報通信メディアとナビゲーションに関する研究成果に基づき地域発のITSによる街づくりとして提案しているのが交通・情報通信・電力の統合型インフラ「STING」である。「T(ransport)」交通と情報通信「I(nformation) N(etwork)」にエネルギー網「G(rid)」を加えて統合型のインフラとなる。路面電車は人を運ぶのみならず、情報通信の担い手にもなり、路面電車の電力網が街の電力網と調和する。このような技術の"越境"、知の"越境"を継続させて構想を実現させることが、筆者の挑戦である。

情報・メディア、越境と融合の軌跡と行方、知識社会の可能性と課題

国際社会学科　金村　公一

　1980年代前半、パーソナルコンピュータの黎明期前夜の時代に、「コンピュータがメディアになる」という夢が萌芽した。コンピュータを介して音楽、ニュース、書物、テレビ、映画を視聴する。コンピュータを介して表現物を制作する。コンピュータを介したコミュニケーション、音と文字の変換や自動翻訳によるコミュニケーションサポートを目指したチャレンジが重ねられた。

　今日、「コンピュータがメディアになる」は、ありふれた日常生活として現実のものになったともいえる。むしろ、「コンピュータ」という言葉に若者は違和感さえもつかもしれない。それは、「コンピュータ」が目的に応じて多様な姿に化身し、身近なデバイスとして遍在することにより、存在を透明化しているからであろう。

　デジタルメディアは、あらゆる物事、出来事、行動、思考をデータに変換し、これを収集、分析、活用することが可能とする。デジタルメディア時代以前には、コンピュータと物事、出来事、行動、思考の間には、アナログとデジタルといった明確な境界があり、その境界を越えることは物理的に困難であった。デジタルメディアの時代が進化するについて、境界を越えることが日々容易になりつづけている。例えば、人々の知る権利を満たす役割を担っていたマスメディアの領域は、高速輪転機や高価なカメラ、独占的に利用できる電波周波数によって限定された組織だけに絞られていた。今日、調査報道という志の高いジャーナリズムを非営利で運営する者、フェイクニュースを流布する者、あらゆる発信者がインターネットに

つながるコンピュータやデジタルデバイスを介してマスメディアの領域に越境し、混在している。人々はデジタルメディアの便利さを享受する一方、デジタルメディアに支配されたかのように小さな画面を通して玉石混交の情報に触れ、自らもさまざまな情報発信、コミュニケーションを行っている。

　かつての夢は現実となり、現実には可能性とともに課題が渦巻く混沌とした様相を呈している。さらにディープラーニングという高度な学習機能をもつAIシステムが介在し、データを活用した自動化の波が押し寄せようとしている。「コンピュータがメディアになる」ことが持つ社会的意味を多様な視点で問いかけ続ける必要性は高まる一方である。

1. デジタルメディア社会の到来と情報

（1）境界領域の重なり

　ニコラス・ネグロポンテは、マサチューセッツ工科大学（MIT）メディアラボ[1]の所長を長く務め、デジタル社会を洞察し、実践的研究をリードする第一人者だった。ネグロポンテは、コンピュータを軸に放送・映画産業と印刷出版産業は境界領域が大きく重なりあう時代が到来することを3つの輪で描いていた。

　コンピュータが軸となって越境しあうことにより、境界線は面となり存在感を増す。面となることでメディア融合領域が顕在化し、その中心的役割を担うコンピュータが軸となるというデジタル化の構図である。

図表1　Nicholas NEGROPONTEが描いた3つの輪

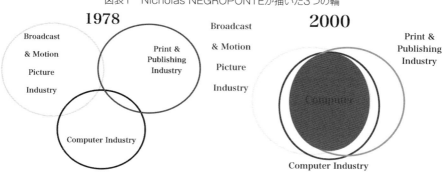

（出典：Nichoraa NEGROPONTE氏面談時資料より引用）

(2)ビットへの変換

　デジタル化が情報メディア社会にどのような影響を与えるか、メディアラボで面会の機会を与えてくれたネグロポンテは、「ビット(情報)とアトム(物質)の違い」を考えることが、デジタルメディア社会が胎動し始めた中でデジタル化の意味を考えることと述べた。

デジタルメディアについて語るネグロポンテ所長
(撮影:金村公一、MITメディアラボにて)

　ネグロポンテの3つの輪が重なりあう時、中心に位置し、軸となる存在はコンピュータであるが、中核となるものは、物体としてのコンピュータではなく、コンピュータが取り扱う情報であり、その基本粒子のビットである。

　文字や映像をビットに置き換えるということは、電気信号に置き換えることに他ならない。従来の写真や映像は、光をレンズで受け止めて、フィルムや印画紙に連続性を持った化学変化を利用して固定していた。これを電気信号に置き換えるために、光と電気信号の変換を行うだけの機能をもった変換装置(CCD)がレンズに装着された。デジタルデータとして変換する際に連続性は失われる。連続する中の一瞬を固定して切り取ることがデジタル化の際に必要となる。このことはサンプリングと呼ぶ。サンプリングの頻度が高まるほど、連続性に近づくことが可能となる。写真や映像は、光と化学反応の領域に電気信号が越境することによってビットデータに変換されたデジタルデータとなった。

(3)ビットによる人とコンピュータの関係の逆転

　コンピュータが巨大な筐体を纏った計算装置であった時代、大勢の人々が1

図表2 デジタルメディアの進展

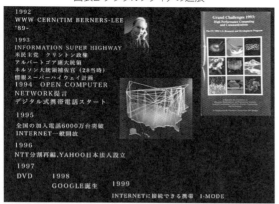

（出典：筆者作成）

台のコンピュータを取り囲み仕事をしていた。1990年代半ば以降、デバイス、ネットワークのデジタル化が進んだ。とりわけ、クリントン政権が推し進めた情報スーパーハイウェイ政策[2]は、今日のインターネット普及の礎をなした。インターネットの普及に伴い、全てのデバイスがインターネットに接続可能もしくは、データ流通可能な機能を有することとなった。

こうしてコンピュータが形を変え、透明化し、インターネットに接続された現在、一人の人を多くのデジタルデバイス（コンピュータ）が囲む時代となった。スマートフォン、デジタルカメラ、ICレコーダー、デジタル音楽プレイヤー、タブレット、ノートブックパソコンなどどれもコンピュータである。形や機能は異なるが、全てに共通するのは、「デジタル・コンピューティングの基本粒子」ビットで、二進数のコードで文字、音声、映像、色などあらゆる情報をデジタル化し処理していることである。

（4）データとデバイスの膨張

インターネットは、オープンなコンピュータネットワークである。コンピュータが多様なデジタルデバイスと化してインターネット接続されることにより、インターネット

上を流れる情報量は世界規模で年々増加している。IoT(Internet of Things)の進展は、あらゆるモノをインターネットに接続することを意味する。従って、インターネットでやりとりされる情報は、今後さらに急速に増大することが予想されている。

図表3 日本のIPトラフィックとネットワークに接続されたデバイスの台数の推移

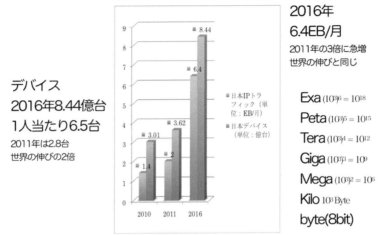

（出典：CISCO VNI Forecast2012のデータより作成）

　グラフは、CISCO[3]の推計による近年日本のインターネットを介して流通される情報量の推移と一人あたりのデジタルデバイス保有数の推移を表している。2016年にはひと月あたり6.4エクサバイトのデータが流通しており、5年間で3倍にふくれあがっている。エクサとは、聞き慣れないが、情報量を示す単位の一つである。ギガという単位は、日頃利用しているデバイスの記録メディアなどで一般的に利用されている単位であるが、その上にテラ、ペタという単位があり、さらにその上に位置する単位がエクサである。インターネットで流通する映像の増加、4Kなど画質の高精細化など情報量の増加はもちろんであるが、インターネットに接続されたデバイスの増加も著しい増加を見せている。特に日本では一人あたり6.5台のデジタルデバイスがインターネットに接続されており、5年間で2.8倍の伸び、世界の伸びを2倍上回っている。「データ」で見ても明らかなとおり、今や人はデジタルデバイスに囲まれ、これらのデバイスから送受されるデジタルデータは、増加の一途

をたどっており、その総量は1ヵ月に限った状態でも莫大な量となっている。これらのデバイスを通して送受される「データ」は、どのように利用されるのか、その可能性、課題を考えてみたい。

2.ジャーナリズムとデジタルメディア

（1）ジャーナリズムの漂流と新たな潮流

　　広告モデルによって成立しているマスメディアは、近年インターネットを中心とするデジタルメディアの普及の影響を受けて、媒体別広告費のインターネットシフトが目立つ。テレビ、ラジオが微増、販促プロモーションが微減に対し、新聞、雑誌といった印刷メディアの減少率が2割前後と大幅減である。一方、インターネット広告は8,680億円から1兆5,094億円と倍増に迫る伸びを示し、74.9％の増加となっている[4]。

図表4　媒体別広告費の推移　　　　　　　　（単位:億円）

媒体別広告費	2012 年	2017 年	増減額	増減率(%)
テ　レ　ビ	18,770	19,478	708	3.8
ラ　ジ　オ	1,246	1,290	44	3.5
新　　　　聞	6,242	5,147	−1,095	−17.5
雑　　　　誌	2,551	2,023	−528	−20.7
インターネット	8,680	15,094	6,414	73.9
プロモーション	21,424	20,875	−549	−2.6
合　　計	58,913	63,907	4,994	8.5

（出典:電通媒体別広告費データより作成）

　　日本の新聞社は、米国の新聞社に比べて広告依存度が低く、地方紙では、購読料が5割から7割と高く、広告費が減少する中でも存続しているが、報道・ジャーナリズムに与える影響は小さくない。米国では、急激な広告収入の減少に伴い、新聞社の新聞発行断念や、記者の人員削減が行われるなど、影響が顕在化している。ビットの時代のジャーナリズムを考えると、発信媒体の枠にとらわれずジャーナリズムの原点を追究する必要性があると考えられる。ピュリツァー賞[5]は、100年

の長い歴史をもつ米国報道のアカデミー賞ともいえる賞である。2010年頃からWebサイトによる情報発信に限定し、新聞が財政難を理由に切り捨ててきた調査報道だけに専念するProPublica[6]やThe Center for Public Integrityなどに代表される非営利調査報道専門機関が毎年のようにピュリツァー賞を受賞している。受賞報道は、丹念な取材や検証の上に、経年変化やシミュレーションを行ったデータビジュアライゼーションによる表現方法の工夫が評価されている。記者に加えて、データ分析を行うデータサイエンティスト、デザイナーなど異なる能力を有する人材がチームを組んでいる。データビジュアライゼーション、映像そしてコミックなど多様なコンテンツ手法を使って紙の上の文字だけでは難解な報道を、Web上でわかりやすい内容で表現している点も評価されている。

図表5 ピューリッツァー賞を受賞したProPublica

（出典：https://www.pulitzer.org/winners/t-christian-miller-propublica-and-ken-armstrong-marshall-project,2017,9.23より引用）

　これら新たな潮流は、新興メディアだけのものではなく、伝統的な新聞においても積極的にこの手法を取り入れ始めている。

2013年に受賞したNew York Times紙の"Snow Fall[7]"と題された内容は、雪崩に巻き込まれたスキーヤーの悲劇を、多彩な取材とデータ可視化によってWebサイトで詳しく報道した。受賞理由に「デジタル時代の長編のStorytelling型報道の見事な形」、「オンラインジャーナリズムの未来」、「オンライン読書の未来」が挙げられている。

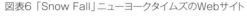

図表6 「Snow Fall」ニューヨークタイムズのWebサイト

（出典：http://www.nytimes.com/projects/2012/snow-fall/index.html?searchResultPosition=0#/?part=tunnel-creek,2017.9.23より引用）

　その土台は、全ての生還者へのインタビュー、犠牲になった3名の遺族へのインタビュー、地形や雪崩のルートデータ、警察への通報音声記録、警察の写真などさまざまなデータ、記録を活用して事故の要因を追究し洞察を深める内容で構成されている。

　文字、図形、動画、写真、音声などマルチメディアを駆使したこの報道コンテンツは、デジタルジャーナリズムの特性を具現化した先駆的な事例である。ここで注目しておきたいことは、読者の反応である。犠牲者や生還者のストーリーに感情移入して記事内容にのめり込んだこと、オンラインで記事を読む意義を確認でき

たことなど、ジャーナリズムと人々の関係や距離を考えるうえで示唆に富む。

図表7　証言映像が埋め込まれた記事部分の抜粋

Saugstad was mummified. She was on her back, her head pointed downhill. Her goggles were off. Her nose ring had been ripped away. She felt the crushing weight of snow on her chest. She could not move her legs. One boot still had a ski attached to it. She could not lift her head because it was locked into the ice.

But she could see the sky. Her face was covered only with loose snow. Her hands, too, stuck out of the snow, one still covered by a pink mitten.

（出典：http://www.nytimes.com/projects/2012/snow-fall/index.html?searchResultPosition=0#/?part=tunnel-creek,2017.9.23より引用）

　紙媒体の新聞発行で確固たる地位を築いている伝統的マスメディアが、紙媒体の付録としてのWebニュースではなく、紙とデジタルメディアのそれぞれの特徴を活かし、合理的な相互補完関係を築いており、紙というアトムからWebというビットへの越境を合理的に達成した結果であるといえる。

図表8　雪崩発生時の救急出動要請電話の音声記録データが埋め込まれた記事部分の抜粋

Ron Pankey
12:31 PM

He called 911 at 12:31 p.m. and told the dispatcher that he had "recovered a body."

She asked him for his name.

"Jim Jack," Pankey replied.

Jack's phone chirped. It had survived the avalanche, and Pankey reached into Jack's pocket and pulled it out. It was a text message from Jack's girlfriend, Tiffany Abraham. Rumors of a big avalanche in Tunnel Creek had reached the base area of Stevens Pass.

"Where are you?" it read. "You OK?"

（出典：http://www.nytimes.com/projects/2012/snow-fall/index.html?searchResultPosition=0#/?part=tunnel-creek,2017.9.23より引用）

ジャーナリズムにおいて、Webなどデジタルメディアを活用した表現方法の可能性が広がることが、より深い取材や調査の必要性を喚起することになれば、取材と取材結果の表現の間に相互作用が働く可能性がある。記者、データ分析者、ビジュアルデザイナーなどの文理の枠を超えたコラボレーションを俯瞰的にスーパーバイズする機能を加えたチーム報道の体制が今後のジャーナリズムにとって新たな潮流をもたらす可能性がある。

　デジタルメディアの普及に伴い、広告収入の減少傾向が続く新聞、紙の制約を超えた表現手法とそのためのデータ収集、分析、デザインによって新たなジャーナリズムの形を示す新聞は、そのどちらもがビットの時代に起こっている。

（2）マルチプラットフォーム化

　ニューヨークタイムズが雪崩事故報道で行ったオンラインジャーナリズムの事例は、新聞が紙の制約を越えてアウトプットの段階で映像や音声記録データ、証言ビデオ、CGマップなどの表現手法とネットワークを使った、情報発信の分野に越境したといえる。

　もはや紙やニュース専門チャンネルといった従来の発信形態で築いてきた地位に固執せず、情報通信環境、とりわけスマートフォンを介したSNSをはじめとするコミュニケーション形態の変容を洞察し、これに機敏に対応しなければ生き残れないという危機感が越境に現れている。マルチプラットフォームとは、サーチエンジンやSNSなど検索やコミュニケーションサービスを提供する多様なサービスを総称したもので、代表的なプラットフォームとして大規模なものは、サーチエンジンではGoogleなど、SNSではTwitterやFacebookなどである。これらのプラットフォームは、インターネットというインフラの上に位置し、エンドユーザーのさまざまなニーズを満たすサービスを提供している。

　Pew Research Center[8]の調査結果によると、図表9のとおり、米国においてニュースを得る手段は近年インターネットでのオンラインニュースでの入手率が上昇傾向にある。

図表9 ニュースを得る手段の推移

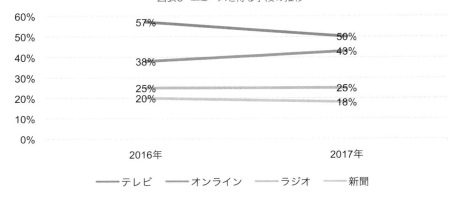

(出典：Pew Research Center 2017.10調査結果より作成)

　オンラインでのニュース閲覧はどのようなプラットフォームから行っているのだろうか。Pew Research Centerの調査報告によると、図表10のように、報道機関のウェブサイトやアプリとソーシャルメディアからが35％前後で並び、サーチエンジンが20％と上位3つのプラットフォームからとなっている。

図表10 アメリカでのオンラインニュースの入手経路

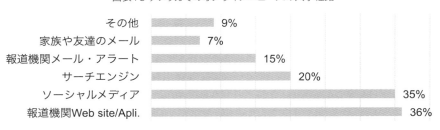

(出典：Pew Research Center2016.2.24-3.1の調査結果より作成)

　ソーシャルメディアのプラットフォームは、TwitterやFacebookをはじめとして多くの種類のSNSが存在し、サーチエンジンもGoogle、Yahooなどをはじめとして複数存在する。SNSは新種のプラットフォームも続々出現するなどプラットフォームの

種類は多く、これらの多様なプラットフォームからニュースを閲覧するユーザーの動向は無視できないボリュームを形成している。

　CNNデジタルワールドワイド上級副社長のメレディス・アートリーは、マルチプラットフォームへの対応について、ニュースルームのオフィスデザインにおいてもマルチプラットフォームを意識したレイアウトに変え、ニュース分野毎に中央にニュースセンターを置き、そこから放射状にマルチプラットフォーム用のニュース制作チームが配列されているという。アートリーは、「マルチプラットフォームへの対応なしに生き残れない」としつつも、「CNNでは盛衰の激しいSNSについて全てに無条件に対応するのではなく、ニュースメディアとして必要と思われるSNSを慎重に選択してニュース供給をしている」とマルチプラットフォームへの対応とそのポリシーについて述べている。

　日本ではどうであろうか。財団法人新聞通信調査会が2018年1月に発表した調査報告を見ると2010年から2017年にかけてニュースを得る手段に変化が見られた。2010年時点では新聞朝刊閲読が82.9％、インターネットニュース閲覧が57.1％であったが、2017年時点では、新聞朝刊閲読が68.5％と14.1％減少し、インターネットニュース閲覧が71.4％と14.3％増加した。インターネットニュースを閲覧する際のプラットフォームは、検索エンジンポータルサイトが85.5％と群を抜いて多く、次にSNSが31.8％である。米国ではSNSがニュース閲覧の主流であるが、日本では検索エンジンポータルサイトである。一方、伝統的マスメディアである新聞社、通信社、テレビ局が運営するニュースサイトやアプリの閲覧率は20.5％と低い。米国では図表10の示されているとおり、新聞社等の伝統的マスメディアサイトとSNSが35％程度で拮抗しているが、日本では、検索エンジンポータルサイト、SNSに比べて伝統的マスメディアサイト閲覧率が低い。このことから、米国におけるニュースメディアのマルチプラットフォーム対応に比べて日本のニュースメディアの対応に違いがあることがわかる。日本ではまだ従来のアウトプット形態に固執する傾向が強いこと、それゆえにインターネットサイトでの自社ニュースページは、補完的位置づけで先進的な取り組みがなされていないことがあげられる。また、

多くの新聞社サイトではペイウォールが採用されているため、購読料を払わない限り記事を全て見ることができず、結局ニュース閲覧の対象とならず、アクセスされなくなる。新聞社のサイトの場合、紙とセットなら安くウェブサイトを閲覧できるなど、どうしても従来のアウトプット形態を最優先に展開する傾向があり、利用者の選択肢にもならないケースが多いと考えられる。ニューヨークタイムズやウォールストリートジャーナルもサイトは有料であるが、料金設定や割引制度などを工夫してオンライン閲覧だけの読者の拡大に成功しており、紙の新聞購読とウェブ有料読者の合計は年々増加している。マルチプラットフォームへの取り組みの覚悟の違いが明確に現れていることが調査結果の比較からうかがえる。

　さらに新聞通信調査会の調査結果を見ると、インターネットニュースを見る時に使用する機器は、モバイルのみが59.2％と6割近くを占め、モバイルとパソコンが25.6％、パソコンのみが14.9％となっており、パソコンでニュースを閲覧することさえ減少している。モバイルがニュース閲覧の代表的手段となっており、特に女性では71.3％がモバイルのみでニュースを閲覧している。また、インターネットニュースを見る際にニュースの出所を気にしないと回答したの全年齢平均で男性が52.3％、女性が61.8％に達しており、フェイクニュースに関する認知度や意識についてもほぼ6割が知らない、意識していないと回答している。これらの結果を総合すると、図表11の通りに日本における人々のニュース閲覧状況が把握できる。

図表11　日本におけるインターネットニュース閲覧者の動向

ニ ュ ー ス 閲 覧 の メ デ ィ ア	新聞からインターネットニュース閲覧にシフト
インターネットニュース閲覧先	検索エンジンポータルサイトが85％
インターネットニュース閲覧機器	モバイルのみが6割弱
インターネットニュース出所意識	なしが6割弱
フェイクニュースの認識、意識	知らないが6割弱、意識しないわからないが6割弱

（出典：新聞通信調査会「メディアに関する全国世論調査」結果から抜粋、統合して作成）

　ニュース閲覧手段がモバイルにシフトし、検索エンジンなどのポータルサイトか

らニュースの出所やその信頼性の意識を持たないで目についたニュースを閲覧しているというユーザー像に対して、信頼性のある情報とそれに基づいた対話を醸成を考える必要がある。

SNSやサーチエンジンのプラットフォームの特徴として、Twitterのリツイート機能のように、拡散力が強いことが挙げられる。同じプラットフォーム上に並ぶニュースの信頼度は、玉石混交であるが、虚偽やねつ造されたニュースが拡散することにより、信頼性の問題が今日では顕在化している。インターネット上にサービスを展開するプラットフォームは、今日ではなくてはならないコミュニケーションツールとなっており、情報発信者、受信者の両方にとって便利な機能を提供している。伝統的メディアが新聞紙面印刷や放送電波送信などの装置の保有、運用の希少性を有していることにより、独占的地位を築きやすいため、信頼性や公平性などの社会的責務を負担する構造を取ることで、国民の知る権利と信頼性の高いニュースが成立していた。今日、インターネット上のさまざまなプラットフォームを介せば、誰でも動画からテキストまでさまざまな情報を容易にアップできるOTT(Over The Top)型の情報には、送り手のさまざまな目的が混在することになる。単に人々の注目を集めるだけの手段として、発信される情報が大幅に増大していることは、OTTで簡単に発信できる環境が提供されていることに加えて、近年テレビにつぐ第2位の規模に増大したネット広告が、ビジター数など情報閲覧した量によって広告費配分が行われることにも関連していることは否めない。このようにデジタル化、ネットワーク化が進展した今日、さまざまな目的をもった発信者がマスメディアの領域に越境して顕在化しているのが信頼性の問題である。こうした状況において、図表11のようなニュース閲覧行動をとる多数の人々がインターネットニュースにモバイルでアクセスし、その信頼性や出所に注意することなく、ニュースとして受け入れているという現状が浮かび上がる。

(3) 信頼できる情報とは

信頼できる情報とは何か。これは困難な問いである。伝統的マスメディアから

発信される情報だから信頼できるとは言い切れない。OTT[9]で個人から発信された情報だから信頼できないとも言い切れない。例えば、大災害や大事故発生時、大統領選挙など大きな意志決定の際に、さまざまなニュースが飛び交う。流言飛語、誹謗中傷と明らかにわかる内容もあれば、巧妙にねつ造された内容のニュースが混在する上に、それらが拡散機能により広くリレーされていくケースもある。また人々が欲する情報が提供されない状態で、情報を求めて人々がさまざまな情報を閲覧、拡散するなかで不確かな情報と専門性の高い情報が混在して流布され、得た情報の違いにより、人々の間に疑心暗鬼や摩擦が増大することもある。

東日本大震災とその後の津波の影響を受けて原子力発電所の制御が不能となり爆発した事故の前後に人々は信頼できる情報を求めてさまよった。図表12は、震災時に人々が情報取得するために信頼できるメディアとして重視したとの回答の比率である。

図表12　震災発生時情報取得手段として重視したメディア n=3224

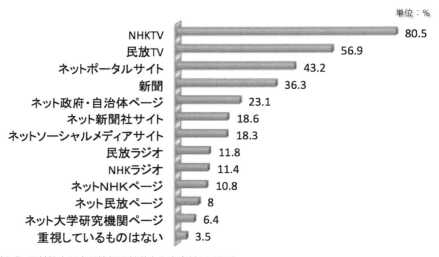

（出典：野村総合研究所情報通信学会発表資料より引用）

テレビ、新聞そしてネットワーク上のプラットフォームから得られるニュースの順に人々が重視していたことがわかる。これは、緊急時の情報を何から得るかにつ

いて人々が考えている情報入手先ということができる。

　一方、震災1ヵ月後に行われた信頼度調査の結果は、図表13のとおりで、信頼度上昇と下降の比率を差し引きすると、前述の図表12に示された順序と逆に近い結果が出ている。これは、人々が重要視していた発信者からの情報に対する失望がもたらした結果とも言えるが、ネットメディアで個人が発する情報にプラスの結果が出ていることは、確からしい情報を求めてインターネット上を人々がさまよった結果とも言える。また、信頼を持つことができる情報が個人であっても、専門性を有する背景と知見、データに基づく情報が出ていることで信頼するという評価が出たとも言える。

図表13　震災1ヵ月後の信頼度上昇率と下降率の差し引き値 n=3224

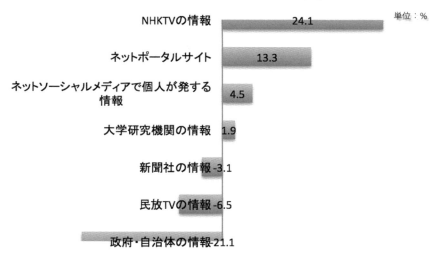

（出典：野村総合研究所情報通信学会発表資料より引用）

　新聞社の情報、民放テレビの情報の信頼度が低下した要因として考えられることは、21.1%と大幅に信頼度が低下した政府・自治体の情報を根拠に報道を続けたことに起因するのではないかということである。だとすると、次の2点において課題を見いだせる。

　第1点は、ニュース報道にあたり政府や自治体から提供される発表情報につい

て、その根拠やファクトの真偽を検証せずアウトプットしたことに対する評価。この評価の先に見えるのは、情報源である政府や自治体が正確な情報を出しているのか、隠蔽しているのかというところに行き着く。この調査結果を見る限りでは、情報源である政府・自治体の信頼度が大きくマイナス評価となっている。

　第2点は、他に信頼できる情報を求めて本当に取材、情報収集しようとしたかという多様な視点、取材に対する疑念に基づく評価であると言える。

（4）情報発信の変容と信頼性

　マルチプラットフォームの時代に政府、自治体、企業といった社会における情報源となる基礎データや独自のデータを有する機関が、Web、動画サイト、Twitterなどさまざまなプラットフォーム通じて報道機関を通さず自ら情報発信を行うことが増大している。米国ではオバマ大統領の在任時から記者会見の頻度が月に1回程度に減少したと言われている。その理由としては、政権が独自に情報発信を行うことが増えたため、記者会見をする必要性が薄まったと考えられている。トランプ大統領は、マスメディアに対する不信感をあらわにして、マスメディアに対してFake Newsという言動をくり返し、相互信頼のない状態に至り、記者会見はあまり開催されず、開催されても質疑がかみ合わないことも多い。また政府広報官からの発表を待たず、大統領自らがTwitterで重要政策等を公表することも多い。かかる状況下で、米国では政治家の発言やマスメディアの報道内容についてファクトチェックを行う報道機関やNPO組織など、信頼性のある情報を求める動きが顕在化している。ピュリツァー賞受賞歴がある報道NPO組織PolitiFact[10]は、政治家、マスメディア、ブロガーの発言や記事内容のファクトチェックを行い、その判定結果をWebサイトにわかりやすいメーター表示で公開している。PolitiFactのAaron Sharockmanの説明によると、発言の内容を精査し、「True」、「Mostly True」、「Half True」、「Mostly False」、「False」、「Pants on Fire」など図表14のような表示で結果を示している。判断根拠や判定手法も公開し、随時判定手法や判定結果の表現方法も改良を重ねているということである。

図表14　PolitiFactのWebサイトで表示される判定結果

（出典：https://www.politifact.com/truth-o-meter/statements/,2018.4.23よりメーター表示アイコン引用）

　発言案件毎に評価し判定結果が示されるが、大統領や大統領候補者など多数の発言機会を持ち、国民の判断に影響を及ぼす可能性の高い発言者に関しては、累積の判定結果グラフも示される。図表15のスコア表示の左は前アメリカ大統領の発言に関するPolitiFactの累積判定スコア、右は現大統領のスコアである。グラフの上に位置するのは真実の判定で、下に近づくほど虚偽や間違いの度合いが高い判定である。グラフのボリュームが上に偏るほど信頼度が高い評価となる。

図表15 特定の発言者の累積スコア表示

（出典：https://www.politifact.com/personalities/barack-obama/及びhttps://www.politifact.com/personalities/donald-trump/,2018.4.23より引用）

　デジタルメディアの普及により、伝統的マスメディアは紙や電波といった情報発信形態による独占的地位に基づく広告収入モデルの激変といった経営的な課題に直面している。しかし、これはジャーナリズムのアウトプット部分であり、取材、編集、情報の信頼度などジャーナリズムの中核の部分においてもデジタルトランフォーメディアションの影響を受けている。これは、マスメディアという事業体に閉じた問題ではない。なぜなら、マルチプラットフォームの環境で便利な検索や新しいコミュニケーション環境にある人々にとっても信頼できる情報をもとに社会に

情報・メディア、越境と融合の軌跡と行方、知識社会の可能性と課題　　51

参加するためには、信頼性のある情報をもとにした、情報共有や対話、コラボレーションが求められるからである。

　日本においてもNPO法人FIJファクトチェックイニシアティブ[11]が2017年から活動を開始している。ファクトチェックのシステムもデータサイエンスのシステム、AIの活用によりやがてある程度は、自動化されることが予想される。

　それでもマルチプラットフォーム時代の人や社会のメディアリテラシー醸成という観点も重要な課題となる。また、事実やデータを元に分析や分析結果の利活用がされるとすれば、これまで以上に事実は間違いない事実なのか、データは正しいのかという点で精査が必要とされる。マスメディアやジャーナリズムに散見される課題は、これから急速に進むと予想される知識社会の課題でもある。次に、知識社会の到来について考えてみる。

3.知識型社会の可能性と課題

（1）オープンデータと知識社会

　データやエビデンスに裏打ちされたジャーナリズム。より深く取材を重ね、対象とする社会的問題に向き合うことは、取材対象だけでなく読者をはじめとする多様な人々に影響を与える。その結果、データ収集や分析に地域社会や読者の参加や協働が発生する。こうした参加型の問題認識や解決の動きは、アクティビズムに通じる実践活動となる。従来ジャーナリズムは事実を伝え、その先には関与しない中立性を保ってきた。理想的な見方をすれば、デジタルジャーナリズムには、具体的なアクティビズムの領域に越境する可能性を有している。

　これはジャーナリズムに限ったものではなく、米国ではオバマ政権発足時に、アメリカ史上初の政府情報最高責任者の職を設置し、クラウドを活用する政府情報管理政策とオープンデータ政策[12]を推進した。

　これは、国の機関が蓄積するデータを民間のクラウドを活用することと、国の省庁が有する統計データを加工が容易な形態で国民、企業、マスメディアに公開し、その利活用を推奨する政策であった。データを利活用して新たなビジネス、質の

図表16 米政府オープンデータ担当部局のサイトトップ画面

(出典:米政府巨通役務庁サイトhttps://www.data.gov,2018.8.30から引用)

高い報道、政治的課題の解決に市民の参加を求めたオープンデータ政策の先には、参加型の民主主義、オープンガバナンスの志向がある。オープンデータ、オープンガバナンスの潮流も世界に広がっている。

米国初代のCIO（Chief Information Officer）となり、Cloud First、Open Data戦略を推進したクンドラは、オープンデータの意義について次の4つを掲げている。

図表17　米オバマ政権オープンデータの意義

1. 政府のサービスの拡充	2. 公開性、透明性、参加型へと政府の基本的なあり方を変える
3. 社会の出す信号を読み取り意味のある洞察を生み出す新しいジャーナリズムのモデル	4. パブリックセクターの持つデータを活用したビッグビジネスの萌芽

(出典:Cloud first strategy政策資料より作成)

我が国においても国レベルだけでなく、都道府県、市町村等の自治体レベルでオープンデータと市民の政策への参加を進めるケースがみられる。青森県の三村申吾知事は、地方自治におけるオープンデータと参加型民主主義の熱心な実践者である。2014年制定した「オープンデータあおもり戦略[13]」には、明確な目的、目

標、基本原則を示すだけでなく、ロードマップ、権利処理、政策評価等の具体的な政策実施と政策実施のパフォーマンスレビューまで含めた政策のフルパッケージを実現させている。青森県のオープンデータ戦略の5原則は次の表の通りである。

図表18　オープンデータあおもり戦略　5つの基本原則

1	県自らが、積極的に公共データを公開します。
2	機械判読が可能で、二次利用が容易な形式で公開します。
3	営利目的、非営利目的を問わず活用を促進します。
4	取組可能で積極的な活用が見込まれる公共データから速やかに着手します。
5	取組には優先順位をつけ、効率的かつ迅速に進めます。

（出典：オープンデータあおもり戦略、平成26年12月、青森県より作成）

　コンピュータで加工分析が容易な形式での公開、営利目的での活用などアメリカオバマ政権のCloud First戦略と共通する点は、営利非営利を問わず公開されたデータの利活用を促進、奨励していることである。これまで公共政策は、公私の峻別を原則として私的利益にかかわることは、政策ではなく市場原理に委ねることとされてきた。ここにも従来の境界を公的部門、市民、営利部門がデータを軸として相互の越境しあうことによる新たな参加型社会の可能性を見いだすことができる。

　青森県では、オープンデータの活用を促進すべく、「あおいもりオープンデータカタログ[14]」サイトを創設し、公開データへのアクセスを容易にし、併せてワークショップ、人材育成等の利活用手法と人材の育成に力を入れている。

　東京大学大学院公共政策研究科においてもチャレンジオープンガバナンスを唱道する試みが継続されており、全国各地の自治体、大学、市民グループが協働して課題発掘、問題解決をデータの分析や調査、対話等を通して探求するコンテスト型の活動を広めている。

　この背景には、急速に進むデジタルトランフォーメーションを第四次産業革命と位置づける考え方がある。これもビットの時代に市民社会、企業、政府の境界領域に重なる部分を相互の越境しながらそれぞれに最適解を求める新たな方向性である。従来の政策分野、産業分野、市民、学問分野などの境界を越えて、相

互に協働する知識駆動型社会の形成に向けた越境の試みである。WEF世界経済フォーラム（年次総会はスイスのダボスで毎年開催され世界の注目を浴びる「ダボス会議」という名称で有名）は、データを活用した知識社会を第四次産業革命とし、科学技術の活用とガバナンスの確立を求めて市民、企業、政府の協働を求めている。

　我が国においては、内閣府を中心にSociety5.0という概念を示し、「知識社会」を狩猟社会、農耕社会、工業社会、情報社会に続く第5の社会像として捉えている。内閣府総合科学技術・イノベーション会議の参考資料によると、Society5.0の概念は、「①サイバー空間とフィジカル空間を高度に融合させる」ことにより、「②多様なニーズ、潜在的なニーズにきめ細かに対応したモノやサービスを提供することで経済的発展と社会的課題の解決を両立」して、「③人々が快適で活力に満ちた質の高い生活を送ることのできる、人間中心の社会」と概念を形成している。ネグロポンテが述べた「ビットとアトムの違いを考えること」は、「データの利活用」につながり、それは、知識社会Society5.0の概念①のサイバー空間とフィジカルな空間を高度融合させることにつながっていく。このつながりの中で、従来の境界を越境した融合領域におけるコラボレーションが重要となる。

　知識社会の可能性には、課題も伴う。越境の課題についても考えておく必要がある。

（2）データは誰のモノか

　知識社会ではビットとアトムの高度な融合を求めるため、データ収集が広汎かつ詳細に行われる。その際に必要となるのは人、モノ、空間あらゆる事物や位置を特定し、存在の認識を行うこととなる。とりわけ人の行動、操作、関心、習慣、疾病等の履歴データの収集活用に関してはプライバシーや思想信条を第三者が収集、利活用することになる。そこに、人権やプライバシーの侵害、違法な経済的利益追求などさまざまな問題が発生しうる。現在でもすでにさまざまな問題が発生している。まずは、データは誰のモノかという問題。鉄道会社が、改札機を通して得た利用者の鉄道利用履歴データを別の企業に有償譲渡契約を結んだ事例

では、利用者からの強い反発を受けて契約を取り下げたケースがある。社会的なルール無きまま、知らないうちに自分の行動履歴が売り買いされることについて「そのデータは誰のモノか」という問いかけが出るのは当然である。事前の了解や説明なきまま、また履歴情報活用範囲や方法の了解なきまま履歴データが経済行為に使われることはさまざまな問題を引き起こすと考えられる。

図表19　データ利活用の可能性と課題の拡大イメージ

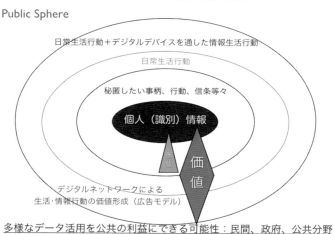

（出典：筆者作成）

履歴データは、さまざまなデジタルデバイスの利用、日常の生活行動（歩く、交通機関の利用など）の時点に常に収集されている。総務省の「スマートフォンを経由した利用者情報の取扱に関するWG」最終とりまとめ資料によれば、1台のスマートフォンに利用者から、次のような履歴情報が収集されている。

図表20　1台のスマートフォンが利用者からアグリゲートする履歴情報の種類

・通話履歴	・e-mail
・位置情報	・契約者・端末固有ID
・電話帳データ	・映像、写真情報
・SNSの利用履歴	・商品購入履歴
・店舗検索情報	・ゲーム利用情報
・アプリ利用情報	・ネット閲覧履歴

（出典：筆者作成）

これらの履歴データがスマートフォンの通信サービス提供事業者に収集される。さらには、アプリ利用情報などは、スマートフォンの通信サービス事業者以外のアプリ提供事業者などに自動で送信されることもある。収集された履歴データや情報がどのように利用されるかについて、ユーザー一人ひとりが把握することは難しいブラックボックスの状態である。新たな機能やアプリがスマートフォンに追加されれば、新たな履歴情報や利用者情報が収集されることになる。

（3）プライバシーと公益の境界

　収集される履歴データから個人を特定する情報は削除して活用すると謳われることが多いが、個人特定情報を削除しても、履歴データを組み合わせれば容易に個人が特定できると言われている。また、街頭設置の監視カメラ、防犯カメラの映像に映った顔を顔認識装置及びデータベースにより、人物の特定を行うシステムや、通信内容を傍受するシステムなど、さまざまなプライバシーにかかわるシステムが防犯、犯罪捜査を名目に稼働している。これまで思想信条の自由や通信の秘密は守られるとの前提であったものが、データ利活用社会における公益との関係でその境界線はプライバシーの領域に大きく越境する状態とならざるを得ない。こうした状況に関して、どのようなガバナンスが機能し、社会において了解されたルールの下に運用されるのか、高い透明性・公平性が担保される必要がある。

　履歴データの活用については、アメリカは個人が拒否しない限り企業が正当な範囲で活用できるとするOpt outの原則を、欧州は個人の了解を得て企業が情報を活用できるとするOpt inの原則を標榜している。こうした流れの中で、2016年欧州において、GDPR[15]（General Data Protection Regulation）というデータ活用におけるガバナンスの原則が発効されるなどデータ利活用社会における規範を制定する動きが出てきている。

（4）知識社会型人材育成への対応

　データを利活用し、これをもとに得た知識駆動力として、市民や企業、政府が

境界を越えて相互に協働する社会が希求される時代に向けて、人材育成においても境界を超えた学びと教育機会の提供が必要とされる。データを活用した社会の急速な変化が想定される中で、従来の学校教育、企業の人材育成、地域社会におけるさまざまな活動に境界を設けることで不連続性や現実との乖離が発生しないような学びの環境整備が必要である。図表21に示されるような幼少時、初等中等教育から高等教育、生涯教育、職業訓練、先端技術教育などが不断に連続、連携した教育・学習環境の整備と運用が必要となる。企業と教育機関、地域社会と家庭、遊びと学びなど従来の境界線を越境した新たな教育のデザインが必要となると考えられる。データ利活用による本格的な知識社会の到来にあたり、学びと働き、遊びと学習、地域社会と家庭、企業と学校、人材育成と地域における実証的な社会実験やまちづくりなどをこれまでの枠を超えて越境、融合する中で、知識社会に生きるひとの可能性や課題に対応していく必要性が高まっている。旧来の枠の範囲で、この変化に対応することは難しく、柔軟に機敏に政策や戦略が構築され、そこに参加する仕組みが作れるか、Society5.0や第四次産業革命という俯瞰的な視点は、そこに向けられている。

図表21　知識社会時代の学びと教育の俯瞰

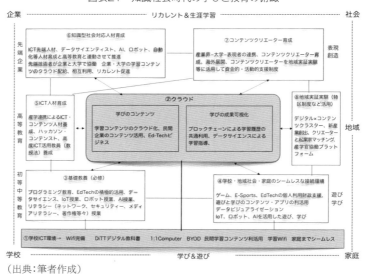

（出典：筆者作成）

注

1 マサチューセッツ工科大学メディアラボ　ネグロポンテ所長を筆頭に、教育工学のシーモア・パパート、認知心理学のマービン・ミンスキーなどにより初期運営された未来志向の研究組織。日本企業も多くの研究員や資金を供給し、未来のメディアの実証的研究に参加した。現在は、伊藤穰一が所長を務める。元NTTの石井裕はメディアラボに長く在籍し、Tangible Bitなどの研究プロジェクトをはじめとして旺盛な研究活動を展開している。

2 アルバート・ゴアJr民主党乗員議員が父が1950年代に推進し工業化社会の動脈として全米に張り巡らせたインターステートハイウェイ(無料の構想道路網)による物流インフラに対し、90年代のアメリカの成長にデジタル化の進展、コンピュータ産業を中心とした成長戦略の動脈としてHPCC (High Performance Computing and Communication)計画を立案し、その中核政策としてNREN (National Research and Education Network)構想、そして研究機関に閉ざされていたInternetの商用解放を進めた。90年代、アメリカクリントン政権の副大統領として情報化、地球温暖化問題に取り組んだ。

3 Internetのルーティングのデファクトスタンダードとなったルーターメーカー。Stanford大学からのスピンアウト組織として、ネットワークルーティングの技術を事業化した。CiscoはStanford大学が立地するSan Franciscoからとっている。Ciscoが毎年推計を発表してデータを公開しているサイトは、https://search.cisco.com/search?query=VNI&locale=enUS&bizcontext=&cat=&mode=text&clktyp=enter&autosuggest=false

4 株式会社電通が日本の広告量の統計を公表している。http://www.dentsu.co.jp/knowledge/ad_cost/

5 Pulitzer Prize：1917年から米国の新聞ジャーナリズムと文学、音楽の分野で優れた記事、報道、作品に対してピュリツァー賞が贈られている。特にジャーナリズム分野の賞は世界的にも注目されている。選考は、ピュリツァーが設立したコロンビア大学のジャーナリズムスクールが、ピュリツァーの遺志により、顕彰事業の運営を行っている。

6 ProPublicaは公共のために調査報道を専門に行う独立の非営利の報道機関。http://www.propublica.org/寄付のよって運営されているが、ニューヨークタイムズなど既存のメジャーなマスメディアとの連携により、共同取材や取材結果のニューヨークタイムズへの掲載なども行っている。既存の伝統的マスメディアがNPO調査報道機関と相互補完的連携をとっている点が特徴

7 2012年に発生した雪崩事故についてNeyYorkTimesが電子版で行った詳細な報道は2013年ピューリッツァー賞を受賞した。http://www.nytimes.com/projects/2012/snow-fall/index.html#/?part=tunnel-creek

8 ピューリサーチセンターは、アメリカで最も信頼されている中立の世論調査機関のひとつ。メディアに関する調査も多い。http://www.pewresearch.org

9 OTT: Over The Topの略称。電波、通信網、印刷などの手段を持たず、Internet上で検索エンジンサイトやSNSプラットフォームを活用して情報内容だけを送出しているケース。デジタルメディア、新興メディアはOTTを介して情報発信することで、コストや情報発信への参入障壁が低くなる。

10 Politifact：https://www.politifact.com/truth-o-meter/

11 FIJ: Fact Check Initiative Japan 2016年設立のNPO 政治家、マスメディアの報道内容についてファクトチェック活動、ファクトチェック人材育成、啓蒙普及活動を展開している。

12 GSA:米共通役務庁（General Services Administration）の業務の一つとしてオープンデータの推進があり、各省庁に政策目標の達成を促すなど省庁を超えて展開するオープンデータ戦略を担う。

13 オープンデータあおもり戦略の政策は、青森県庁のサイトのhttps://www.pref.aomori.lg.jp/soshiki/kikaku/system/opendata.htmlからさまざまな取り組みや戦略策定時の報告書を見ることができる。

14 青い森オープンデータカタログは、公開されているデータのアクセスポータルサイトの試行版で県民のオープンデータ活用を促進するねらいを持って試行的に制作されたサイト

15 GDPR: General Data Protection Regulation一般データ保護規則が、欧州議会で2016年に成立・発効し、2018年に施行開始された。ビッグデータ分析、履歴収集等で個人のデータが活用されるが、個人の権利を守り、違反すると罰則・制裁金を課す形で個人情報保護を目的としている。欧州経済領域EEAと取引のある企業はGDPAに従う必要がある。

情報・メディア、越境と融合の軌跡と行方、知識社会の可能性と課題

越境する日韓中の若者文化
アイドル現象と女子力

国際社会学科　吉光　正絵

1.国境を越えるアイドル現象

図表1　AKB48の選抜総選挙ガイドブック

アジアの若者たちの話題を集める存在にアイドルがある。若者たちは、自分だけのアイドルを見つけて成長を見守ることや、アイドルと直接コミュニケーションすることを楽しんでいる。「ファン参加型アイドル育成プロジェクト」をコンセプトにした日本のAKB48では新譜に参加するメンバーをファン投票によって決めている。このイベントは「選抜総選挙」と呼ばれファン以外からも話題となっている(図表1:『AKB総選挙ガイドブック』)。AKB48は、海外にも姉妹グループを結成している。上海で結成されたSNH48の成功によって中国では女性アイドルグループの結成があいついだ(図表2:SNH48)。

図表2　SNH48が表紙の中国のアイドル雑誌

一方で韓国には、AKB48の姉妹グループはなかった。日本を含むアジア諸国の若い女性たちの

間では、韓国のアイドルやモデルのファッションが注目されてきた。「かわいいを探しに韓国へ」とコピーが入った日本の女性向けファッション雑誌では、日本、台湾、韓国出身メンバーから構成されたトゥワイス（TWICE）を表紙に、韓国のファッションや最新美容スポットなどが特集されている（図表3:TWICE）。

図表3 「かわいいを探しに韓国へ」
韓国発多国籍ガール・グルプ TWICE

2018年には、韓国の音楽専門チャンネルが企画した番組にAKB48グループが協力した公開オーディション番組が日韓同時に放送された。中国でも、同じ韓国の音楽専門チャンネルが企画した番組の正規ライセンスを取得したネット番組が配信され、サッカーのワールドカップ以上の注目を集めた。こうした国を超えた制作体制は、直接的には関連するメディア企業間の協働体制の確立やインフラ整備、政府の規制緩和などによって可能になったと考えられる。しかし、視聴者層の若者たちの好みやライフスタイルが似通ってきたことが背景にあると考えられる。

　本稿では、韓国の音楽専門チャンネルが企画した番組をもとに、同年に同企画で制作された日韓協働番組と中国のネット番組の内容について、背景にある各国の文化やメディア生態系と共に考察する。

2.日韓協働のグローバルアイドル養成番組
（1）競争による少女たちの成長

　ここで取り上げる日韓協働番組は、『プロデュース 48(PRODUCE 48、프로듀스48)』である。2018年6月15日から8月31日まで韓国と日本で同時に放送された。放送チャンネルは、韓国では音楽専門のケーブルテレビ局Mnet、日本では有料チャンネルのBSスカパー！である。この番組は、「グローバルアイドル養成」をテーマにしており、96名から12名が選抜され女性アイドルグループとしてデビューす

る。日本のAKB48グループからは39名が参加した。ちなみに韓国で女性から構成されるアイドルグループは「ガールグループ（걸그룹）」と呼ばれており、日本語訳は常に「ガールズグループ」となっている。2016年に放送された第一シーズンの『プロデュース 101』が大ヒットしたためシリーズ化された。番組の出演者は、デビュー経験や知名度に関係なく全員が平等に練習生と呼ばれる。「国民プロデューサー」と呼ばれる視聴者からの投票によってデビュー・メンバーが決定されるが、今回の投票は韓国からしかできない。国民プロデューサー代表兼司会は象徴的存在なので有名人が担当する。第1シーズンはチャン・グンソク、第2シーズンはBoA、第3シーズンの今回は俳優のイ・スンギが担当した。

　『プロデュース』シリーズは、「サバイバル・オーディション番組」と呼ばれてきた。歌やダンスの競技結果によって番組からの脱落者を決めることで徐々に人数を減らし、最後に残ったメンバーが勝者となるからだ。しかしプロデューサーによれば、この番組は「成長リアリティ」番組である。「競争」という垣根の中で、全ての練習生たちが公正な評価を受けて成長していく過程を見てほしいとのことだ。「国民による100％選抜」の背景には、「2016年を起点とした、ほぼすべてのコンテンツをモバイルとオンラインで消費し始め大衆の影響力が大きくなったこと」を挙げている。そして、多様化し個人化した若者の関心を引き留めるために動画共有サイトの番組公式アカウントで公開される二次コンテンツの制作にも力点が置かれている。

（2）成長する主人公

　『プロデュース』シリーズでは番組放送前の期待を高めるために出演者全員による主題曲のパフォーマンス映像が公開される。一つのステージの上で約100名の同性の若者たちが揃いの制服を着て隊列を組んで歌い踊っている映像だ。大勢が一緒にステージにあがる場合には中央に位置する「センター」と呼ばれる存在が非常に重要だとされる。『プロデュース』シリーズでも主題曲の映像でセンターを務めた出演者はデビューしている。『プロデュース 48』では、この位置を

HKT48の宮脇咲良がつとめ注目された。韓国のファンたちは自発的な支援活動に熱心でアイドルの広告を出稿する独特のファン文化をもつ(정&이,2011:220)。韓国の地下鉄駅にはファンが出したAKB48のメンバーらの広告が多数掲げられた(図表4:ファンが出稿した宮脇咲良の広告)。

図表4 ファンが出稿した宮脇咲良の広告

(撮影:달림이됴 2018年8月)

　番組序盤では、宮脇の放送分量が他の出演者よりも非常に多かったため、「咲良デュース」、「咲良育成番組」と呼ばれて批判された。放送分量は視聴者投票に影響するからだ。一方で、こうした編集方針をプラスに評価する声もあった。韓国の新聞報道によれば、宮脇ら日本からの出演者に焦点を置くことで、日本人の学びに対する貪欲さと、できるまで学ぼうとする粘り強さが強調された。その結果、番組放送前には危惧されていたAKB48の韓国進出や日本のクールジャパン戦略に対する危機感や反感が徐々に払拭されていった。

　AKB48の総合プロデューサーである秋元康は、常々「彼女たちの成長のドキュメンタリーを見せたい」と語ってきた。これは、「高校時代のアルバイト」から始まり「どこの会議でも最年少」というキャリアをもつ自分が、スターや時代が作られる瞬間に立ち会ってきた実体験の感動に基づいている(『48現象』:163-167)。「時代を作りたい」、「間近でスターになっていく様をファンにも見せたい」という思いもある(『Quick Japan』87:73)。AKB48のメンバーたちは、ファンの目の前で日々「成長を見せる」ことに習熟しており、「絶対的なエース」と呼ばれてきた宮脇は、「リアルな成長を見せる」ことに卓越した才能と技量があるため視聴者の心をとらえたとも考えられる。

（3）市場特性による求められる能力の違い

　AKB48グループの場合の「成長」は、先の秋元の言葉から、ファンの目の前で
スターになっていくことを指すと考えられる。小学生から在籍しているメンバーもお
り、子どもが大人の女性になっていく過程、舞台に立つまなざしを身につけていく
過程などが成長を見守る醍醐味と言われてきた。選抜総選挙などグループ内順
位の上昇も「成長」を判定する指標となっている。

　『プロデュース』シリーズでは、「国民プロデューサー」の投票結果によって決ま
る順位の上昇も重要だが、歌やラップ、ダンスの技能の向上が成長を判断する重
要な指標となっている。番組序盤のレベルテストで能力別に編成された最上位の
Aから最下位のFクラスごとの集中訓練が行われる。トレーナーらによる激しい叱
責に涙しながらチームメイトらと協力しあい懸命に練習に励み苦難を乗り越えて
いく姿や普通の少女や少年たちが、番組の中で才能を発掘され、自信をつけて
輝きを身につけていく過程が番組の見どころでもある。

　番組序盤のレベルテストで、AKB48のメンバーらは、歌の音程が不安定なこと
やダンスが揃わないことをトレーナーから指摘された。それに対してAKB48の
メンバーたちが「ダンスを揃えることよりもお客さんを幸せにすること」や「ステージ
上で楽しんでいる姿を見せること」がアイドルの仕事と答える姿が放送された。こ
の言葉は、日韓のアイドル文化や音楽市場の違いとして話題になった。韓国の新
聞は、日本の音楽市場は巨大なため日本のファンだけを相手にしていればよく、
日本のファンたちはアイドルに妹のような親しいコミュニケーションを求める。その
ため、日本のアイドルは、ファンサービスに重点を置いて活動しており、ダンスや歌
の実力は及ばずともファンやカメラと視線を合わせる技術が優れていると報じた。
このように、最低のFクラスにAKB48のメンバーが多くなった結果とそれに対する
AKB48のメンバーらの言葉は、ターゲット市場の特徴に応じて重要視されるパ
フォーマンス能力の違いによって説明された。

（4）グループの意味

　『プロデュース』シリーズではレベル評価に続いてグループバトル評価がある。同じ曲を2つのチームがパフォーマンスし、現場評価の観覧参加者からの得票数でチームの勝敗と個人の順位が決定される。勝者は大幅に加点される。また、チーム内のパート割りは、練習生らが自分たちで決める。この際、「歌ってみない?」と提案する韓国の練習生に対してAKB48のメンバーが「じゃんけんでよくない?」と提案した場面が放送されて日韓の歌に対する姿勢の違いとして話題になった。

　こうした姿勢の違いは、AKB48とK-POPの曲や「グループで歌う」ことの違いによると考えられる。AKB48の楽曲の多くを担当した井上ヨシマサは「劇場で燃え上がるもの」ということしか考えてないと語る。秋元康がチェックするのは、「ヲタがミックスを打てるかどうか」や「イントロ」で、曲が始まった瞬間に劇場が熱狂するかどうかである。「ミックス」とは、観客が主に前奏や間奏、曲の隙間にはさむ掛け声のことである。これによって、ステージ上のアイドルと客席のファンとの一体感が高まる。そして「最も大事にしていること」は、「大人数で歌うことで生まれるリアリティ」で、具体的には「学園紛争」のように「大学生が学校に抗議する感じ」を出して「みんなで歌っているのに心に響く」ことである（『Quick Japan』87：100）。「学園紛争」感は、これまでにも日本のアイドル文化の特徴と言われてきた。稲増龍夫は、「それまでまったく縁のなかったファン同士が連帯してしまう」性質をもつアイドルのファンたちの文化を「学生運動の縮小再生産」と呼んでいる。学生運動に集結した若者たちのある意味の「同時代感覚」や「仲間との連帯」を求めていた側面が、アイドルに向いたことが指摘されている（稲増,1989：55）。辻泉はソーシャルメディアが普及した後のアイドルのファンたちの特徴に「みんなで一人で見る」を挙げる（辻,2015：55）。現代ではファン同志の関係性を気にしながら自分とアイドルの関係性も楽しむことがアイドルのファンの醍醐味である。一方で小川博司は、秋元康が初めに手がけた「おニャン子クラブ」によって「多品種少量のマーケティング」に基づくグループアイドルが生じたと指摘する（小川,1988：139）。同じ服を着て同じ画面

やステージにいることだけで、互いの差異が露わになり「個性」を析出させる。

（5）分業と専門化

　一方で韓国のアイドルは、海外公演やスポンサー企業からの収入、政府や放送局主催のイベント出演料が主な収入源であるため、一般的な認知度を獲得する必要がある。そのため記憶に残りやすいフックソングやポイントダンスなどが生まれた。近年ではアイドル自身が作曲に関わることも多くファンたちはアイドルの著作権ランキングに注目している。しかし、多くの場合は世界中の有名なソングライターやダンスチームから購入した曲やダンスのパーツをプロダクションが抱える専門家が、自社のアイドルにあわせて組み上げて送り出している（酒井,2011:156-166）。韓国でも、ステージ・パフォーマンスに合わせて大声で一緒に歌いアイドルの名前やスローガンをコールする「ファンチャント」と呼ばれる応援行動があるため、ファンがコールしやすいビートがきつめの曲が選ばれる。K-POPのグループでは、こうしたさまざまな要求を満たすために、歌、ダンス、ラップ、トーク、ヴィジュアルと得意分野にあわせた分業体制があり、歌やダンスは高度なパフォーマンス能力を必要とする場合も多い。韓国の練習生たちは長期の練習生生活や芸術専門の高校や大学で自分が担当する役割についての専門技能を身につけている。『プロデュース 48』の課題曲の有名なK-POPの曲は、パフォーマンスに適性が必要とされるため、「じゃんけん」で勝ったからといって再現できるものではない。

（6）カワイイと実力の両立

　K-POPの曲のパフォーマンスではメイン・ボーカルが最も重要視されており、「どれだけ高い音階を歌えるか」が歌の上手さの評価ポイントとなっている（君塚,2012:124）。HKT48の矢吹奈子は、徐々に音程が上がっていく「三段ブースター」と呼ばれるK-POP独自の効かせ技を難なくこなし、圧倒的な得票数を獲得した。その結果、所属チームが勝利した。このチームは矢吹が「キヨミ・アヴェンジャーズ」と名付けて自分で選んだ「最強のカワイイ子」たちのチームでもある。キヨミ（귀

요미)とは、「可愛い、可愛い子」の意味である。ここ数年、K-POPアイドルたちはステージで「愛嬌（애교）」を求められることが多い。この場合、韓国のバラエティ番組で生まれた幼児がお遊戯で歌う「数え唄」形式の「キヨミソング」を歌う。実力重視でクールなイメージが強かったK-POPアイドルたちにも「カワイイ」が求められるようになった。矢

（撮影：すんちゃん　2018年8月）

吹はこの曲の成功によりグループバトル評価で圧倒的得票数を集め総合1位となった。図表5のファンが出した広告では、声の魅力が強調されており、透明感のある高音がいかに魅力的かということがよくわかる（図表5：矢吹奈子のファン広告）。

　一方で、第2回目のグループバトル評価で、メンバー間投票で矢吹に決定したメイン・ボーカルを、自分の脱落の怖さに怯えるあまり拗ねて泣いて奪ったホ・ユジンに、視聴者から批判のコメントが殺到した。彼女は脱落を免れたが矢吹に泣きながら謝罪するシーンが放送され、その後も視聴者からの抗議が殺到した。矢吹はどのようなチームでも常に安定した美しい歌声を披露しており、トレーナーらから抜群の安定感を褒められていた。韓国のアイドルは実力主義と言われてきたが、実力があっても競争に執着して我を通すと視聴者から激しく叩かれる。あくまでもグループへの貢献度を優先する姿勢が評価されることがわかる。

（7）文化を超える関係性の魔力

　韓国のマスメディアも引用する音楽評論サイトに『IDOLOGY』がある。このサイトは、韓国だけでなく日本や中国など他国のポピュラー音楽事情についても詳しい。「アイドルを演じる人」のタイトルで「モーニング娘。」の加護亜依をテーマにした記事もある。音楽評論家の市川哲史によると、「韓国がグループアイドル一色に染まったのは明らかにモー娘。の影響」ということだ（市川,2014:59）。このサイ

トでは『プロデュース 48』を、「韓日戦で優劣を競う」というよりも宮脇らAKB48の
メンバーらを「成長する主人公」とした物語で、韓国の番組視聴者たちは、韓国
人がキム・ヨナと浅田真央を見た時とよく似た感情を抱くのではないかと予言し
ている。振付師の竹中夏海は、グループアイドルの楽しみ方として「関係性に萌
える」という視点をあげる。この場合「センターがちょっとダメな子」が中心にいる
ことによってメンバー間のキャラクター分けが成り立ち、成長物語が完成する(竹
中,2015:127-128)。「関係性萌え」はファン達の忠誠心を左右する重要な要素なので
『プロデュース 48』の中でもさまざまなパターンが試されていたが今一つファン
が盛り上がらなかった。

　しかし、「関係性萌え」の扉は、「地獄のような条件」の元にグループバトル評価
で勝利を手にしたグループによって開かれた。このグループは、最後まで誰からも
一緒のグループになりたいと指名されなかったFクラスの年少メンバーだけで構
成されていた。しかも、自信とやる気にあふれた上位メンバーから構成されたグ
ループから、自分たちが勝つための対戦相手に指名された。課題曲は難易度が
高い韓国語のダンス・ラップ曲である。対戦が決定した瞬間に感想を求められた
AKB48の千葉恵里は「もう無理ですー」と泣き出し、同じグループの他のメンバー
らも一緒に全員で泣きだしたが、無事にステージをやり遂げ、自信にあふれた対
戦相手に勝利した。千葉自身も得票数が多く上位に食い込み、パフォーマンス動
画のコメント欄には、日韓のファンから面白い応援コメントがたくさんつけられ、そ
れを見たファンたちは国を越えた互いの共通点を見つけて盛り上がった。

　この最弱グループのAKB48の佐藤美波とカン・ヘウォンの友情が番組中盤で
クローズアップされ話題になった。カン・ヘウォンは番組内で「美波のお母さん」と
呼ばれている。カン・ヘウォンはやる気の無さを叱責される場面ばかりが放送され
ていたが、日本語で言った「かんちゃん、みなみ、結婚する」という言葉でブレイク
し、デビューできた。佐藤は脱落したが、帰国後の「ショールーム(SHOWROOM)」に
は韓国語の書き込みも増え、視聴者数や課金型プレゼントが急増した。「ショー
ルーム」は、無料で誰でもライブ配信と視聴ができる双方向型の配信システムで、

多くのアイドルや芸能人がファンとの日常的な交流のために利用している。

(8) 互いの文化への反省

　先に引いた『IDOLOGY』の記事では、日韓のアイドルのパフォーマンスについて以下のように言及している。日本のアイドルはチームよりも個人に集中し自分の愛らしさを見せる点に力を入れてきた。一方で韓国のアイドルの群舞と派手な演出は、「サムソンの携帯電話を作る」ように生まれた。米国を中心としたグローバルスタンダードに合わない地域もあるのに、韓流やK-POPは普遍的基準に無理やり合わせようと強引にアイドルを生産してきたとして、K-POPのグローバルスタンダードへの執着傾向を批判している。また、日本人が加わることで成長や文化交流に焦点が当てられたため、「私を殺すことができない苦痛は私をより強くする」といった『プロデュース』シリーズ特有のサディスティックな要素が和らいで見やすくなった点が肯定的に指摘されている。『プロデュース』シリーズを放送してきたMnetのオーディション番組では、「悪魔の編集」と呼ばれる特定の出演者の失敗を繰り返して放送する編集の偏りが批判されてきた(최&강,2012:121)。出演者らの不幸比べの面も強く、金銭的な苦労や家族との軋轢といった実人生での過酷な体験の告白や、過激なファンたちからの中傷によって心身を病んでいく様子も放送されてきた。

　一方で、AKB48に対しても日本国内での批判は多い。AKB48の活動自体が、秋葉原で育った自生的なサブカルチャーの収奪であるとも言われてきた。毛利嘉孝によれば、AKB48の結成以前から、自主制作のコンテンツでファンと1対1の地道なコミュニケーションを図って活動していた「地下アイドル」は確実に一定の人気があった(毛利,2013:210)。何よりも「AKB商法」と呼ばれるビジネスモデルが批判されてきた。AKB48では、「成長」というテーマのもとで、劇場での人気やオリコンチャート、総選挙、ポータルサイトでのランキングといったさまざまな順位表で1位を獲るための競争にアイドルとファンが自ら参加していくためのシステムとルールを整備することに尽力してきた。さやわかは、こうしたすべての活動の根底に想定

されている「慎みなくむき出しにされた闘争心の野蛮さ」に人々は嫌悪感を持つのではないかと指摘している(さやわか,2015:202-203)。

(9) 国際協働の成果

　『プロデュース 48』では、前項で指摘したMnetの「残酷さ」やAKB48の「野蛮さ」は、あまり目立たなかった。AKB48の中心メンバーの高橋朱里は上級者を中心に集められたチームでも韓国側の練習生に馴染んで上手く役割をこなしていたが、あまり取り上げられなかった。不思議に思っていたところ番組終了後に韓国の有名プロダクションに移籍し2019年にK-POPガールズグループのメンバーとしてデビューした。この他にも先述した千葉も番組終了後に韓国のバラエティ番組に出演している。AKB48の活動では脚光をあびたことがないメンバーらが歌やダンスやトーク力で新たに「発掘」される機会にもなった。こうしたことから、自国外に出ることで能力の開花や実力発揮の機会を手にできるかもしれないといったメッセージも読み取れる。韓国側でも、K-POPアイドルらしいダンスが上手くアピールが強めの少女たちは脱落していき、芸能歴が長く落ち着いたリーダー的存在か、それとは逆の幼さや未熟さが目立つ少女たちが番組の終盤まで脱落せずに残っていった。今回の「国民プロデューサー」は、韓国内のAKB48のファンが多いせいか、課題曲でのダンスの難易度が回を追うごとに下がり、コミカルな可愛らしさや清純な爽やかさを強調した曲が人気となった。

　一方で、曲調やメンバーの変化は、韓国側の練習生が新たな魅力を発見し自信を得る機会にもなった。TWICEが結成されたオーディション番組の脱落者で自分の魅力に自信がなかったイ・チェヨンはAKB48が多いグループに入ってメイン・ボーカルを担当することになり、自分の歌のうまさを発見されて笑顔に輝きが生まれた。

　以上から、日韓協働制作によって、互いの文化の尖った点が減ったことで、競争の苛烈さがもたらす緊張感や刺激的な要素が減ったと考えられる。競争の描きかたによっては隣国間がもつ微妙な国家観を刺激するため、その点に配慮し

た制作側の意図もあると考えられる。しかし、異なる評価軸をもつ集団の交流によって双方の極端な部分が和らぎ、互いの文化のマイナス点を反省する契機となったことは、非常に良い成果となったと考えられる。また、番組終了後には、デビュー・メンバーは、日本と韓国をはじめとして世界各地で活動している。そして、選ばれなかったAKB48のメンバーらの中にも韓国で芸能活動をする者が幾人か出ており、日本と韓国の文化交流の活性化に番組が大きく貢献したのではないかと考えられる。

3.中国発の女性たちの自己投影対象の創造
（1）現地化による改変

　前項まで言及してきた『プロデュース 101』は、中国でも非常に人気があった。そのため、中国のテンセントビデオ（騰訊視頻）が版権を正規に購入してネット番組『創造101』(2018年4月21日から2018年6月23日放送)を配信した。中国では娯楽系の番組はインターネット番組で楽しむことが一般的になっている。また、この番組は、マレーシアやシンガポールにも配信されている。

　『創造101』では、457の会社と学校に所属する13778名から選抜された101名が参加している。中国版では現役で活動中のアイドルが多い。AKB48グループのAKB ChinaやAKBグループから独立したSNH48からも出演している。台湾や韓国で活躍中の芸能人もいる。ジャッキーチェンら多くの香港スターが所属する香港のエンペラー・グループやユニバーサル・ミュージックの所属として紹介された出演者もいる。多様な参加者の中から視聴者投票によって選ばれた11人が新たなグループを結成してデビューする。

　『創造101』は、先に紹介した韓国の番組『プロデュース 101』の公式ライセンス番組であるため基本的な構成は準じているが異なる点が多い。現地化による改変率は50％以上である。こうした改変は、中国の娯楽番組やアイドル産業の特徴、主な視聴者である若者たちの価値観の違いを反映したものだと考えられる。そのため、ここでは改変された点や相違点を主な手掛かりに考えていきたい。

(2) ファンの代表

『創造101』でも視聴者は「国民プロデューサー」と呼ばれ、視聴者投票によってデビュー・グループのメンバーを決定し、国民プロデューサー代表兼司会は有名人が担当する。韓国版の国民プロデューサー代表は象徴的存在だが、中国版では練習生への関与が高い。『創造101』では、元EXOメンバーのタオ(TAO)が就任している。EXOは、韓国最大のプロダクションSMエンターテインメントの所属で2012年に韓国と中国でデビューした。2017年の平昌オリンピックの閉会式ではパフォーマンスを行っている。SMエンターテインメントが送り出したH.O.T.らの北京公演によって韓流という言葉が生まれ、韓国企業に巨大な未開拓市場で大当たりを夢見る「チャイナ・ドリーム」が蔓延した(シン,2016:55-58)。EXOには中国語で活動するユニットがあったため中国で爆発的な人気となり「小鮮肉」と呼ばれる美少年アイドルの流行を作り出した(黄 2015)。この現象は社会的地位と金銭的成功を手に入れた中国の女性たちの異性に対する能動的な姿勢の表れと言われている(刘,2015)。現在では中国人メンバーのうち三人がEXOを脱退し一人は残ったままであるが全員が中国で個人事務所を構えて活動している。中国の町を歩けばEXOのメンバーの顔写真が入った巨大な広告(図表6 スマートフォン広告)や韓国の化粧品ショップ(図表7 韓国化粧品ショップ)と出くわすことが多い。

図表6 中国のスマートフォン広告

(撮影 2017年9月筆者 北京市内西城区)

『創造101』でも、番組序盤ではレベル審査が行われる。この審査時にタオに向かって突然「私を覚えていますか?」と他のメンバーを慌てさせた少女がいた。この少女はサニー(Sunnee)という名前でタイ出身の台湾で結成されたグループのメンバーだ。彼女は、EXO

の台湾公演の時に「ラッキーなファン」に選ばれてステージに上がった経験があり、この時から自分もステージに立つ人間になりたいと思い始めたとタオに伝えた。彼女は最初から最後まで非常に人気があり、最終的にデビュー・メンバーに選ばれた。金髪ショートの男装で女性の嫉妬の対象になるタイプではないこともあるが、EXOファンの女性たちの共感を呼んだと考えられる。

図表7　北京駅構内にある韓国の化粧品ショップ

（撮影　2017年9月筆者　北京駅構内）

（3）実力重視の真剣勝負

　レベル審査では、『プロデュース』シリーズにはない評価システムがあった。中国のオーディション番組には欠かせないPKである。指名された出演者らが1対1でパフォーマンスを競いあう。2005年に湖南テレビで放送が開始され、中国で初めて携帯電話のショート・メールを利用した視聴者投票を取り入れたオーディション番組の『超級女声』から始まった。PKによって出演者たちの歌やダンスの実力が試され、番組に緊張感があふれ大いに盛り上がる。『超級女声』ではクリス・リー（李宇春）が視聴者投票で3億5千万票を獲得して伝説となり、中国の音楽系娯楽番組の定式となった。

　『創造101』のレベル審査終盤のPKでは、既に知名度がある練習生同志のPKが見せ場となった。東洋的な柳眉と細い目がクールなヤミー（Yamy）が現代的でコケティッシュな相手にダンスバトルを挑んだ。ヤミーは経営に困窮しているヒップ・ホップ系のプロダクションが運営する女性アイドルグループのリーダーで、2017年度で最も話題となった『ラップ・オブ・チャイナ（中國有嘻哈、Rap of China）』に出演したラッパーでもある。席を奪われた相手は、中国長者番付1位の息子で有名投資家であるワン・スーツォン（王思聡）が経営するプロダクションの練習生で、モデルコン

テストの入賞経験や『超級女声2016』の出演経験がある。難易度が高い大技を盛り込んだダンスのヤミーがセクシーで可愛らしい動きでアピールした相手を打ち負かした。ちなみに『超級女声2016』と『ラップ・オブ・チャイナ』は元EXOの中国ユニットのリーダーだったクリス・ウーが出演している。

（4）真実の魅力

　一方、このレベル審査で自分のことを「村全体の希望」と紹介したチャオユエ（楊超越）に、司会のタオがつけた「村花」というあだ名が一躍流行した。彼女は離婚した貧しい親を助けるために高校卒業後は女給や女工として働いてきたことや2000元の賞金目当てにコンテストを受けたことを自己紹介で語った。CH2という日本でもファッションショーなどをしたことがあるというグループのメンバーだが歌もダンスも上手くない。しかし、長い手足を振り回して必死に曲についていこうとする姿や綺麗に整った顔を崩して豪快に泣く姿がユーモラスで魅力的だ。最後まで歌とダンスは上達しなかったが最終的に3位でデビュー・メンバーに選ばれた。

　こうした「ちょっとダメな子」は、前章で言及したようにアイドルグループのセンターとして必要とされる。『創造101』の主題曲でセンターを務めた李子璇は、「ドジっ子」設定のためか、メガネをかけた噴水ヘア（頭頂の髪束をゴムでまとめるスタイル）でステージに立ち、自信の無さを周りの助力で克服するエピソードも放送されたが、ファンからの支持は集まらず途中で脱落した。彼女はK-POPグループのビッグバン（BIGBANG）のV.Iが出演していた中国のオーディション番組への出演経験がある程度には実力があるため、設定に無理があり演技が白々しかった。実力派にしても「ちょっとダメな子」にしても、「真実さ」がファンにとって応援したくなるための重要要素だと考えられる。

（5）個性の主張

　『創造101』のタイトル曲でも、練習生全員が全身ピンク色の制服で超ミニのプリーツスカートの裾をゆらしながら可愛らしさを全面にだした振り付けで隊列を組

んで歌い踊る。この曲の初回の練習場面では、ヤミーが「問題があります。私のスタイルと合わない」といきなりトレーナーに対して発言していた。また、Aクラスの出演者らは、ピンク色のTシャツやトレーナーを着て寮で合宿生活を送る。これは、韓国のMnetで放送された女性版、男性版、AKB48参加版でも共通だが中国では寮の豪華さが目立つ。男装の麗人風のサニーはピンクで統一された少女趣味全開の部屋に入った瞬間から抵抗した。そして、練習用の超ミニ丈のショートパンツやボディーラインが出るタイトなTシャツやパーカーに激しい抵抗感を示し、パーカーが小さすぎることを「入るわけない」的なジェスチャーで大げさにアピールしていた。

　一方、イギリスの新聞ガーディアンでは、色が白く細いことが理想とされる中国の美女に関する固定概念を変える存在として、肌が黒く太目体型のワン・ジュー（王菊）を「中国のビヨンセ」と呼び称賛した(Kuo and Wang,2018)。彼女は年齢も高いため番組内やネット上では「おばさん」と呼ばれており、練習場面でも一人だけ常に厚化粧で目立っていた。モデル系美少女の引き立て役として登場したが、自分の体型に対するポジティブな発言やプライドが高い態度が人気を呼び最終選考まで残った。

（6）従順さの拒否

　先に少し言及したが、韓国版『プロデュース』シリーズの演習生は、厳しい姿勢で叱責するトレーナーらに対して、マゾヒスティックなまでに従順な姿勢で対応していた。また、女性の制服や運動着、ステージ・パフォーマンスの衣装は、常に脚とSカーブと呼ばれる女性の身体のラインが露になるデザインで、パフォーマンス曲も少女らしい清純さかセクシーな妖艶さをアピールできる曲に限られていた。一方中国版でも、露出度が高いステージ衣装はあるが、曲やメンバーによっては露出が少ない場合もあった。特にサニーの場合には、最初から最後までステージ衣装は露出が少ない男装のままだった。中国版では、韓国版よりもトレーナーらの練習生に対する介入が多いと批判されていたが、トレーナーらの決定や意見

に異議申し立てをする場面も多かった。PKでも、勝敗について疑問がある場合には、練習生たちが審査員の決定に異を唱えて説明を求めている。これに対して、勝敗の判定をしたトレーナーらは音程や歌唱方法の優劣について詳細に説明していた。

また、国民プロデューサー代表でMCのタオやダンスのトレーナーとして出演している男性グループのユニーク(UNIQ)のイボ(王一博)は、どんどん化粧が派手になり権威者というよりは「番組の花」としての役割が強かった。ヤミーがパフォーマンスに疑義を唱えた可愛らしいタイトル曲を、タオは上下ピンクのジャージで、イボは日本の少女マンガ風の奇抜なイラストが描かれた派手なTシャツに赤いジャケットで歌い踊った。ヤミーが王一博を小バカにする演出を取り入れた共演曲もあった。Youtubeで『創造101』と検索すると、中国のモデル出身イケメン俳優と練習生たちのラブシーンめいた演出と観客席に手紙を配るステージ・パフォーマンスが行われた動画が最初に出てくる。こうした同世代の異性を交えた演出は、韓国版では一度も行われたことはない。

(7)ファンたちの戦い

実際のところ、韓国版との一番の違いは、投票方法にあった。中国版では有料投票のオプションが充実していたので、投票がファンたちの「マネーゲーム」になった。中国版の場合、通常のファンたちは、毎日11人の選手に1票を投じることができるのみだが、中国版では、テンセントビデオの有料会員は、毎日11人の選手に11票投票することができる。さらに投票したい場合には30元のカスタムカードで121票追加できる。

『創造101』では、「超女世代」と呼ばれる『超級女声』が放送された2005年に少女だった女性たちが自分の子どもを応援するように投票行動を行った。1億8500万を超える得票数で1位とセンターを勝ち取ったメイチー(孟美岐)のファンたちは、孟子の母をかけて「孟母」と呼ばれた。メイチーと、僅差で2位になったシュエンイー(呉宣儀)の2人は共に韓国と中国を中心に活動するK-POPグループの宇

宙少女の中国人メンバーである。知名度が高い2人は、先に言及したサニーやヤミーらとともに番組開始からずっと上位だった。ヤミーのファンたちは、他のファンたちが眠っている深夜に大量票を投票して順位をあげるため「幽霊」と呼ばれて恐れられた。また、サニーのファンたちは、モバイルゲームのプレイヤーが使うアンドロイド携帯用のツールを利用した完全自動投票をしていた。メイチーのファンの孟母たちも番組終盤ではこのツールを譲り受け、「毎分三千票ごとの投票」を行い「孟母三遷」にかけて「孟母三千」と言われて話題になった。番組の終盤はファン集団間の「ロボット戦争」になったため一般のファンによる投票結果が反映されない状況になった。ファンたちのマネーゲームに企業が着目し、購買実績によって順位をつけCMモデルのセンターを決めることも行われ批判された。

（8）女子力の象徴

　『創造101』の制作会社の副社長で女性の邱越は、「若者はどんなアイドルが好きなのか」をテーマに北京で演説した（邵,2018）。ここで邱越は、『創造101』の目的に現代女性の「女子力」の象徴として女性が共感できる女性アイドルグループの結成を挙げている。ちなみに中国で女性アイドルグループは「女団」と呼ばれている。邱越によれば、中国には「男性消費者が近距離接触を目的に通う女団」はあるが、社会現象となるほど成功した女団はない。現在では女性がメディアを利用した情報の伝達や消費で大きな影響力を握っているので、女性ファンを獲得してこそ、大衆向きのスターやアイドルを作ることができる。「能力は平凡で顔だけが良い」では同性からの支持は得られないため、番組では「国内最高水準の女団の芽」を集めて「閉鎖的で集中的な強化訓練」を行った。そして、番組全体の中核理念として、「女性の自立」、「女性は消費されるべきではない」を掲げる。良い教育を受け、良い仕事をし、物心両面に自分らしさをもち自立した現代女性たちそれぞれが自己投影できるメンバーがいるグループを創造したかったと語る。

　現代中国の女性たちはインターネット上で現実の身体や自己にとらわれることなく自由で新しい多様な自己イメージを試すことに夢中になっている

(李, 2016:75)。象徴的な存在に「網紅」（ネット・インフルエンサー）がいる。性的奔放さや奇抜さ、容姿の美しさやファッション性が影響力の源泉となっていた時代もあったが、近年では話しの面白さや賢さが重要になっており、主体意識の覚醒や自由で平等な生き方を提唱する女性の人気が高い（马 2016:12）。

『創造101』に登場した女性たちの顔立ちや体型、スタイルが多様で、自分らしさや個性を強く主張していたのは、現代中国の女性たちが、自分に似たタイプをみつけ自己投影や感情移入をしやすくするためだったことがわかる。また、消費の客体とならない女性像の創造が目指されたが、ファンの女性たちを過剰に搾取するシステムを送り出してしまった。

（9）男性のための女性アイドルグループ

前頁でみたように、『創造101』では、「男性消費者が近距離接触を目的に通う女性アイドルグループ」への対抗的存在の創造が目指されていた。2012年に上海でAKB48グループの姉妹グループとしてSNH48が結成された。2016年には、北京市や広東省・広州市を拠点とする姉妹グループも結成され地方展開を図った。SNH48の地方進出はAKB48側には無許可だったため契約トラブルになり、現在は独立したグループとして活動している。対抗手段としてAKB48は、新たに別グループを進出させて活動を始めた。SNH48の独立後、ファンたちは、それぞれの立ち位置で自分のアイドルを応援し続けているが、最大派閥は「純血派」で、日本のサポートを失うことからの影響を心配している（娯楽夢工場,2016）。このように、SNH48のファンたちにはAKB48グループへの根深い忠誠心がみられる。日本でも、AKB48総選挙時には「中華砲」と呼ばれる中国ファンたちによる大量購入票の行方が話題になるが、AKB48の中国での人気は深く根付いているようだ。

2016年は「女団元年」と呼ばれるほど多くの女性アイドルグループが誕生したが、その多くは2017年には運営停止した。『創造101』に関するドキュメンタリー番組『女団』では、司会者が日本で行われたAKB48のコンサートを客席から見る場面や、会場に集まった若い女性や中年男性たちにインタビューする場面が放送

されている。番組では「女団のメンバーは完璧ではないことが魅力で、ファンがアイドルを育成すること自体が重要な資源である。ファンがアイドルの成長を見守ることによって、アイドルとファンの間で最も重要な感情の絆が維持される」と分析している。また、アイドルの育成やファンとの絆の構築には時間がかかるが、迅速な利益回収を望む投資家はその時間を待てないため資金繰りが難航している点が、中国のアイドル運営の障害となっている点も指摘されている。

（10）日本のポピュラー文化への忠誠心

　ドキュメンタリー『女団』の番組内で、ファンの立場を代表して答えていた中国の男性は、「道重一筋」と書かれたピンクのTシャツを着用していた。道重とは、モーニング娘。の道重さゆみのことである。また、元SNH48のメンバーの女性が経営している居酒屋には、壁に大きな字で「宅」と書いてあり、来店した男性とはメイド喫茶の定番挨拶を日本語で交わしていた。中国の都市部にはメイド喫茶があり、日本語で出迎えてくれる。店内では日本製のアニメが始終流れて、日本のポピュラー文化の愛好者のたまり場になっている。以上から、中国で「育成を楽しめる男性ファン」は日本のポピュラー文化に関するリテラシーが高い層に限られる現状があると考えられる。

　SNH48グループの代表である王子傑は、日本国籍で、日本の大学院を卒業後、ゲーム会社のコナミで美少女メーム『ときめきメモリアル』等の制作に関わり、中国でゲーム会社を起業し成功するが、韓国のゲーム会社とライセンス契約を巡ってトラブルとなりゲーム業界から離れた経歴がある。『女団』のドキュメンタリー内では、ステージに投影された2次元美少女に対して青年が花を捧げるセレモニーの映像もあった。そこに流れる雰囲気はとても暖かく、日本のおたく文化への強い誇りと忠誠心によって結びついた絆の強さが感じられる。

　太田省一は、アイドルの「ミーハー」ではないファンの特徴に、対象への「所有」にこだわる点をあげ、こうした傾向が「おたく」を連想させると書く。太田は、「おたく」という呼称が「相手に対する呼称」から発生している点を踏まえて、彼らのコ

ミュニケーションが「相手の『領域』を尊重したうえでの、世界の共有感覚」を前提とする点を指摘する。太田によれば、「おたく」の誕生とは、日本人が自分の「領域」で「メディア化された人生を生き続けることが可能になった」ことを示している（太田2011：166-168）。同様に中国でも、お互いの領域を大切にしつつ相手の領域を尊重するコミュニケーションやメディア化された人生の萌芽があると考えられる。

（11）契約トラブルの頻発

『創造101』の終了後、番組の勝者11名で「ロケット少女101（火箭少女101, Rocket Girls 101）」が結成された。しかし、結成48日目で解散報道がでる。所属プロダクションと番組制作側との間の契約トラブルである。番組制作側とのマネジメント契約が2年間の独占契約（排他的契約）であることに抵抗して、ウィエファ・エンターテインメント（楽華娯楽）はセンターで1位のメイチー、2位のシュエンイーを、マーベリック・エンターテインメント（麦鋭娯楽）は7位のズーニン（張紫寧）を引き上げさせた。しかしその後、大量の資金を使って投票したファンたちから抗議声明が出たため、番組の仕事とプロダクションの仕事を並行して行うことで合意することになり、11名体制の広告タイアップ曲も発売された（図表8：ロケット少女101）。実際、『創造101』の初回放送直後にも、契約問題が話題になっていた。

この発表が出た時に、SNH48の元担当者のコメントが話題になった。『創造101』の契約書では、番組に出ることでアイドルが番組と「専属契約」になるため所属アイドルが番組に出演することで生じる利益がプロダクションに一切入らない。一方で、『創造101』に先立ってMnetに無許可で制作された男性グループのメンバーを視聴者投票で選出する『偶像練習生』の契約書は短文で一般的な番組出演契約であり、出演者の他の活動への参加やプ

図表8 ロケット少女101

ロダクションの利益が保証されていた。実際に『偶像練習生』の出演者らは、勝者によって結成されたグループがデビューする前に所属プロダクション単位でユニット活動を始めている。

以上から、SNH48や他のプロダクションの主力のアイドルたちが出演を拒否したため、女性向けの内容に変更したのではないかとも考えられる。先述した番組放送開始前に撮影と編集が行われていた公式ドキュメンタリーの内容は、日本のAKB48のコンサートでのロケや、中国のAKB48に似たグループとそのファンたちへのインタビューが主だった。しかし番組では、SNH48のメンバーは冒頭に数人が少し映っただけである。『偶像練習生』に比べて『プロデュース 101』は出演者の印象や制作側の本気度が弱い印象があった。その分、女性の心に寄り添った遊びの部分が多かったので、番組は女性たちの心をつかみ成功した。

（12）韓流式の経営

2018年に入ってから『創造101』や『偶像練習生』が注目されることで、中国のアイドルを送り出すプロダクションに注目が集まっている。

『創造101』と『偶像練習生』のデビュー・メンバーを送り出したプロダクションにウィエファ・エンターテインメントがある。韓国のスターシップ・エンターテインメントと協働で、宇宙少女を運営している。韓国で放送された『プロデュース 101』の第2シーズンに出演させた練習生を含む3人を『偶像練習生』からデビューしたグループのメンバーに入れ、『プロデュース 48』にも練習生を出演させている。無線デジタル事業や携帯小説に関するメディア事業を立ち上げた経験をもつ80年代生まれの女性が2009年に創業した。そして、三大株主の一人はグローバルなK-POPブームの中核的存在だったスーパージュニア（SUPER JUNIOR）の中国活動ユニットのリーダーだったハンギョン（韓庚）だ。彼は、2009年にSMエンターテインメントを「専属契約無効」で訴えて帰国した。帰国後は中国でソロ・アーティストや俳優として活動しハリウッド映画への出演も果たした。同時期に東方神起を離脱したジェジュンやジャニーズ事務所の山下智久とも仲が良く一緒に遊んでいる

写真をソーシャルメディア上にあげている。

　ハンギョンが訴訟を起こした時に、韓国演芸制作者協会は、「外国の芸能人を発掘し、韓国の優秀なスターメーキングシステムで育成し、中国に逆輸入する新しい韓流モデルを提示した模範例であるハンギョンへの司法府の判決で、韓国の付加価値が何の論理や防御もなく外国に移転する結果を招く」と憂慮していた（酒井,2011:52）。現在では、国を超えた芸能や放送に関わる新たな関係が構築されていると考えられる。

　ウィエファ・エンターテインメントと行動を共にしたマーベリック・エンターテインメントの創業者は、『韓流経済学』の著者でもある。韓国のSMエンターテインメントの例に習いながらも、海外の成熟したシステム、本土の運営の考え方、国際化という3つの要素が融合した中国オリジナルの育成システムを完成させ産業化することを目指しており、韓国のプロダクション経営に倣った中国式運営を模索していると考えられる。

（13）新たな娯楽産業の創造

　楽華娯楽同様に、『創造101』と『偶像練習生』にデビュー・メンバーを送り出したプロダクションにバナナ・エンターテインメント（香蕉娯楽）があるが、契約問題に異を唱えてはいない。創業者はワン・スーツォン（王思聡）で、中国一の巨大財閥であるワンダグループ（大連万達集団）のワン・ジエンリン（王健林）会長の息子だ。美女とゲームと特売品が好きで中国版TwitterのWeiboでは「国民の旦那様」、「エンタメ界の規律委員長」とよばれており「大衆と一体になった富二代」と人気だ。eスポーツの世界では、「校長」と呼ばれている。本業は投資家だが、趣味のゲームのためにeスポーツが盛んな韓国から人材をスカウトして関連企業を次々と買収し、短期間のうちに産業化した。この関連で動画配信サイトの運営も行うことになり芸能事業も始めた。バナナ・エンターテインメントの運営も、主に韓国からの人材で行われている。韓国支社は、買収した韓国の有名プロダクションを土台に作られた。また、他のプロダクションと全く違う強みとして、ゲーム、スポーツ、映像、コン

サート、音楽制作や音楽出版、映画制作など、自社内だけで多様な芸能活動が完結できる点がある。

　一方でAKB48などに代表的な日本式運営とスタイルを目指すプロダクションからも、『創造101』のデビュー・メンバーを送り出している。上海で劇場運営をしている蜂蜜少女隊や、CH2、S.I.N.G女団などだ。S.I.N.G女団は、中国の音楽配信サイトのクーゴウミュージック(酷狗、Cool Dog)が運営している。はじめはAKB48のスタイルを目指していたが劇場運営はコストがかかりすぎるので手を出さなかった。日本の学生服風だった衣装を中国のゲームキャラクターがよく着ている伝統服をミニスカートにした衣装に変え、主な活動の場を中国のニコニコ動画的存在のビリビリ(bilibili)の生配信に変えて成功した。コンサート運営も行っており、独自のオーディションシステムや学校運営も始めており、中国式の新しい音楽プラットフォームとしてこれからの展開が楽しみな存在でもある。

4.ガールパワーと女子力
(1) 欧米のガールグループとガールパワー

　前項まで、同年に同規格で制作されたオーディション番組の内容を中心に、日韓中の女性アイドルグループについて考察してきた。日韓協働番組『プロデュース48』ではグローバルに活躍するグループを日韓協働で生み出すこと、中国の『創造101』では現代中国の女性たちの「女子力」の象徴であり「自己投影対象」として機能する存在を生み出すことが目指された。

　こうした「女子力」の象徴、女性たちの自己投影対象としてのグループは、イギリスの「Spice Girls(スパイス・ガールズ)」で定式化された。スパイス・ガールズは、1994年3月に、イギリスの雑誌『ザ・ステージ(The Stage)』が企画した一般参加のオーディションによって結成された。デビュー曲の「ワナビー(Wannabe)」は世界31カ国でチャート1位となった。男性からの支配や搾取への抵抗姿勢、自立を鼓舞する「ガールパワー(Girl Power)」のメッセージが歌われている。オックスフォード英語辞典(OED)によれば、「ガールパワー」とは、「パワーを行使する女の子、その様。

野心、自己主張、個人主義に現れた少女と若い女性の自立的態度。より広範に（特にスローガンとして）使用されるが、この言葉は特にポピュラー音楽に繰り返し関連付けられる」とある。ワナビーとは少女たちが女性のスターやアイドルをモデルに「こうなりたい」と憧れる姿勢を指し、マドンナのファンの少女たちが「ワナビーズ（WannaBe's）」と呼ばれたことで一般化した。欧米のガールグループは少女たちのロールモデルとして、理想的な自己像や友人関係、社会性を提示する存在と考えられている。一方で少女たちをファッションやヘア・メイクといった商業主義的関心や恋愛至上主義といった保守的なジェンダー役割に回収する側面があることについては批判されてきた。

（2）日韓中の女性アイドルと女性ファン

　本論で繰り返し指摘してきたように、中国の『創造101』では、「女子力」の象徴や女性たちの「自己投影対照」の創出を掲げており、提携企業によるCM競争も過熱化している。消費の牽引役としての女性への期待もこめられて、欧米的な女性の憧れと同一化の対象としてのガールグループ像の創出が目指されたと考えられる。ここには、大人の男性からの所有や育成の対象として発展してきた女性アイドルグループへの対抗も込められていた。韓国でもK-POPブームまでは、女性たちの外見至上主義や恋愛至上主義からの解放を歌ったトゥエニィワン（2NE1）や大人の女性の魅力や強さをアピールしたブラウンアイドガールズ（Brown Eyed Girls）など強く自立した女性のイメージを打ち出したガールグループが数多く編成され人気があった。現在でもガールクラッシュ（Girl Crush）と呼ばれる女性たちの憧れを集めるカッコいいお姉さんキャラクターのアイドルはいて女性たちから支持されている。韓国ではクラブ文化が根強く盛り上がっており、サブカルチャーに根ざした音楽活動や言論活動も盛んである。そのため、アイドル性を売りにしたグループでも強い情動とメッセージ性をステージ上でアピールするためにクラブに活動の根をもつラッパーが入っている場合がある。しかし、K-POPブームによって韓国のアイドルグループが韓国の輸出向け商品の象徴になってからは、韓国

の一般の若者が聞く音楽とは分化する傾向が強くなった。そして、韓国のアイドル市場を支えているのは主に熱心な女性ファンたちである。K-POPブーム以降は、「お兄さんファン」も増えたことが話題にされたが、韓国の一般的な大人の男性は、テレビで流れている映像や歌を聴くことはあっても、投票したりコンサート会場にお金を払って行ったりはしないと考えられている。そのため、シリーズ1作目の『プロデュース　101』では、「おばさん」と呼ばれた30歳を超えた女性やクールなラッパー、太めでダンスが苦手なアーティスト系の女性たちも出演していた。しかし、『プロデュース　48』に出演していた韓国側の練習生たちは全員が細くよく整備された外見と能力を持っており、逆にAKB48のメンバーらの不揃いな外見や個性が目立った。日本のモーニング娘。やAKB48らにも女性ファンは多く、女性たちの共感対象であり、彼女たちが頑張る姿を見て勇気づけられている。『プロデュース　48』では、大勢の女性の中に男性が混ざって応援する姿も見られた。

(3) ソフト・パワーとしてのガールパワー

　また、スパイス・ガールズでは、センターが着ていたスパンコール製の国旗を全面にプリントしたミニドレスが注目された。この衣装から、ブレア政権下で生じた、「クール・ブリタニア」の象徴の一つとしても語られてきた。ブレア政権では、クリエイティブ産業による国家イメージの刷新を目指して、ポピュラー音楽やファッション業界のスターらを動員した広報戦略に尽力し成果を上げた。

　「ガールパワー」は、1990年代初めにアメリカ北西部を中心に「ライオット・ガール (Riot grrrl)」と呼ばれるムーブメントによって発生した。これは、第三波フェミニズムに関連した動きとしても語られている。「Grrrl」は、女性の唸り声が表現されており、ここには、怒り、恐怖、快楽、といった原初的な自己主張の叫びがこめられている (Gottieb and Wald 1994:261)。ストリートで女性たちが女性たちの尊厳を叫ぶために生まれた「ガールパワー (Grrrl Power)」という言葉が「ガールパワー (girl power)」として、文化産業やメディア企業が世界中に送り出すガールグループのポップ・ソングのプロモーションに流用され利益追求に利用されることは、ストリートで生まれ

た資源の収奪であるとの見方もある。しかし一方で、少女たちが、自分自信の尊厳や自立について身近に考えることの敷居がさがり一般化していく効果もあったとも考えられる。

　ナオミ・クラインは、「ガールパワー」と書かれたTシャツを縫うためにアジア諸国の工場で安い賃金で働かされていた少女たちが搾取されている点の矛盾を指摘してきた(Klein,2000)。少女たちをエンパワーメントすることを掲げた存在のために、少女たちが資本主義社会から搾取される存在に堕とされ利用されていく側面についての視点は、ポピュラー文化と女性の関係について語る場合には不可欠ではある。

（4）カワイイ文化

　日本でも、ソフト・パワーとして「戯画化された少女像」が用いられてきた。VISIT JAPANではパフィ(PUFFY)がイメージキャラクターとして抜擢された。2009年からは外務省が「ポップカルチャー発信使（通称「カワイイ大使」）として、ロリータ、原宿系古着リメイク、制服等日本のカワイイ・ファッションを象徴するモデルや歌手、女優らを指名した。2013年の「クールジャパン推進会議」、日本の知的財産の輸出をにらんだ戦略会議の議員としてAKB48の総合プロデューサーである秋元康が招かれている。

　日本のソフト・パワーとして語られることも多い「カワイイ」文化は「カワイイと感じる私たちこそがカワイイ」という感覚で個人同士が結びついた日本の女子高生たちのコミュニティから生まれた価値観である(中村・小野打2006:46－47)。女子高生たちは、お互いに「カワイイ」と言い合うことで、階層化を巧みに避け、安心・安全な所属感を生み出す「カワイイ共同体」が作られていった。島村麻里は、「かわいい」の特徴に「勝負かけない」があり、背景には他者との対立や対決を避けて丸くおさめていこうとする価値観のひろまりを指摘している(島村,1991:177)。こうした共同体から生まれた独特のファッションや文化は、インターネットの普及によって海外にも普及していった。小野原教子は、カワイイ文化の国際化は、「国境を越えた通

信メディアをベースに消費者が自発的に享受する参加型の幸福な文化だったから」と言及している（小野原,2011:338-342）。国境を越えて構築されるカワイイ共同体は、通信メディア経由で、当事者として自発的に共感していく中で、自然と国境を越えて絆が形成されていった。カワイイは、論理的整合性や性能の良さ、完璧さよりも親近感にアピールするため、即自的／即時的コミュニケーションを誘発させる有効なシステムとして機能している（吉光,2016:296）。カワイイは、現在も文化越境の推進力となっていると考えられる。

（5）カワイイによる国境を超えた若者文化の融合

　一方で韓国では、2000年前後の韓流ブームの時から、俳優やアイドルをイメージ・モデルにした産官共同による自国製品のPRを行ってきた。若者向けには、化粧品や衣料品などのファッション関連、ゲームや携帯電話などの情報関連商品が主力だ。韓国政府が2010年から2012年までに行ったビジット・コリア・イヤー（VISIT KOREA YEAR）のイメージキャラクターとして少女時代が抜擢されている。K-POPのグローバルな人気は、政府や関連企業の努力の成果でもあるが、ソーシャルメディアを利用した若者たちの自発的な広告活動が大きな役割を果たしてきた。そのため、現在ではファン文化こそが韓国の重要な輸出資源とみなされている。

　ソーシャルメディアを利用した韓国の若者文化の代表的な存在に2002年に女子高生が開設した「五大オルチャン」がある。ここでは、女子高生たちが自分で見つけた芸能人ではない同年代の綺麗な子たちの写真を共有して遊んでいた。「オルチャン」は日本語で「顔が良い」を意味しており、その呼称がふさわしい若者を指す言葉としても利用されている。このサイトから俳優やアイドル、インターネット・ショッピング・サイトの専属モデルなども生まれ、自撮りや外見至上主義の意識の土台となった（박 2005:39-48）。韓国のオルチャンは、現在でもアイドルとともに日本や中国、アジアの若者たちにとってのファッションのお手本である（図表9：韓国のモデルが表紙の日本のファッション雑誌）。

図表9　韓国のインターネット・モデルが表紙の日本のファッション雑誌

また、K-POPを送り出す有名プロダクションのYGエンターテインメントでスタイリングを担当してきたジウン取締役や、少女時代やf(x)、SHINeeの独特の甘美な世界観を作り出してきたSMエンターテインメントのミン・ヒジン室長ら自身も、若く美しいために、K-POPファンの間ではアイドル以上に人気がある。ジウン取締役は、「外国のアーティストが日本のファッションを揺るがしたことはありませんでしたが、BIGBANGは例外だったそうです。だから日本は衣装提供でより好意的です」と語り、韓国で手に入らない衣装がある場合には、日本の同じメーカーから提供を受け、そのことで日本支社がパリ本社から業績として褒められるケースがあるなど、日本のファッション業界との関係について好意的に語っている。日韓の緊密なやりとりや協働体制が見られる。

　『プロデュース 48』の番組序盤では、実力の韓国、笑顔の日本といったアイドルに求められる能力の違いについて議論されていたが、中盤からは能力について議論することが減った。韓国の練習生やトレーナーらも、できないことを叱責するよりも「キヨウォ（귀여워）」（カワイイの意味）と言っている場面が多く放送されていた。日本の「カワイイ」という言葉は、互いの階層化を巧みに避け安全な所属感を生み出す機能がある。競争や評価を避ける「カワイイ」が互いのコミュニケーションの落とし所となることで、競争の苛烈さがもたらす緊張感や刺激的な要素は減ったが、そのせいか、視聴率は前作よりも下がった。「カワイイ」によって互いの折衷点をみつけ一つの成果を達成する努力が行われていた。日韓のカワイイ文化の融合によるさらなる海外への普及がめざされていると考えられる。

　中国では、日本や韓国のポピュラー文化やファッションの影響を受けて中国独

自の若者文化が発達してきた。『創造101』では、ピンクの服やミニスカートなど「カワイイ」とみなされるものには抵抗感を示すエピソードも放送されていた。しかし、デビューしたメンバーには「カワイイ」メンバーも含まれているため、今後の動向に注目していきたい。

(6) 思春期を強調することの功罪

　欧米では、若い女性で構成されるガールグループの存在が、女性の生き方に限界を作り出すのではないかと議論されてきた。以下にBrabazonの議論を参考に欧米の議論をまとめる。ガールグループは、「有限で一過性」であることを強調するため、女性の人生の時計を「思春期」で止め、従属的な役割に拘留する傾向を示す。一方でポピュラー音楽産業は、女性たちを消費者やファンとしての役割に制限する傾向が強いため、パフォーマーとしての役割を得られる数少ないチャンスでもある。ポピュラー音楽の領域では、日常的な生活では許されない多様な実験が可能となるため、ジェンダー政治の境界を崩す実験の場となってきた。女性たちが、ポピュラー音楽を通じて友情を深め、ダンスし、笑い、成功を維持するならば、ファッショナブルで大衆的なフェミニズムが形づくる重要な政治的ゴールの一つとなることができる(Brabazon,2012:212-215)。欧米では、ガールグループは、女性を従属的な地位に留める可能性はあるが、女性たちが手を取り合って楽しみ成功する姿が一般化されることによって、女性たちを力づける存在になるのではないかと議論されてきたと考えられる。

　存在が「有限で一過性」であることについては、日本の女性アイドルグループに対する議論でも着目されてきた。塚田修一は、日本では「ファンから向けられる＜終わり＞の期待」によって「人気の"賞味期限"」が提示されることがアイドルの存在価値を高める一つの形式であることを指摘している(塚田,2016:44)。活動期間の終わりを設けることで「今この瞬間」の価値が高まっていくといった考え方はアイドルのファンにはよく見られる。西森路代は、「世の中のさまざまな事柄が成熟していく中で、男性の女性アイドルに求めるものだけが未成熟化していく」という日本の

傾向が、近年の韓国でも見られることを指摘している（西森,2011:195-197）。韓国のアイドルグループの場合にも、現在では男女ともに「思春期」をテーマとした学生服を着たステージ・パフォーマンスが定番化した。中国の場合でも、同様の傾向はみられる。

（7）プロデューサーの役割とファンの参加

　一過性の存在としてのガールグループやアイドルは、男性の有名プロデューサーや作曲家の物語の一部となる場合が多いことも議論されてきた。欧米でのPhil Spector（フィル・スペクター）や、AKB48の秋元康やモーニング娘。のつんく♂、J－POPの女性歌手たちにおける小室哲也のように、女性の歌手やアイドルが成功した場合、賞賛はプロデューサーに与えられる。少女時代を送り出したSMエンターテインメントのイ・スマンは、日本ではナベプロの渡辺晋と比較される（三浦,2012:84）。また、TWICEを送り出したJYPエンターテインメントのパク・ジニョンは、韓国の小室哲也と呼ばれている。YGエンターテインメントのヤン・ヒョンソクは元ダンサーで経営手腕を発揮したためEXILEのHIROとキャリアの類似性が語られている。K-POPでは、プロダクションの代表プロデューサーがオーディション番組の審査員として出演し、新しいグループのメンバーを選出する様子がリアリティ番組として放送されてきた。中国でも、先述したようにプロデューサーがファンたちの憧憬や羨望の対象として語られる場合も多い。

　秋元康は、「アイドルファンっていうのは、みんな、それぞれ理想像があって、一人一人がプロデューサーなんですね」（『QuickJapan』Vol.87:76）と語っている。日本では、無数の地下アイドルを育成するファンたちがいる。自分たちだけの存在だったアイドルが一般的な認知度や人気を獲得し輝きを増していく過程がこうしたアイドル育成の醍醐味だと考えられる。

　今回取り上げた『プロデュース』シリーズはファンを「国民プロデューサー」と呼ぶことでヒットした。韓国では多くの放送局で視聴者投票を取り入れたオーディション番組が制作されたが、いずれもたいした成果は得られなかった。

中国でも『超級女声2016』は、視聴者との双方向システムを過剰に作り込みすぎたせいで失敗した。音楽やポピュラー文化を深く愛する若者たちの自発的な好みを反映させすぎて、マニアックになりすぎたからである。ファンたちの自発的参加と双方向性を保持しつつ作品としての完成度や一般性とのバランスをとっていくことが、今後の放送や制作現場のプロフェッショナルに要求される資質だと考えられる。

5.日韓中のアイドルとファンの文化の行方

　本論では、視聴者投票でデビューするアイドルを選出する番組を手掛かりに日本、韓国、中国の若者文化の越境について考察した。現在、日本や韓国、中国では、多くのアイドルが送り出され、ファンたちも熱心に応援しており特有の文化を生み出してきた。

　『プロデュース 48』から送り出されたアイズワン（IZ*ONE）（図表10：アイズワンが表紙の日本のファッション雑誌）は日韓両国で人気となった。韓国で行われたアイズワンの有料コンサートでは、韓国の男性たちがコンサートグッズを買うために長時間並ぶ様子も見られた。今後は、AKB48グループの魂といえる劇場経営を韓国で行うのかが興味深い。Mnetはオーディション番組『少年24』で選出されたアイドルた

ちがグループごとにステージ・パフォーマンスとファンとの触れ合いを一定期間行う劇場運営を試みたが集客がよくなかった経験をもつ。韓国では、コンサート文化の育成が課題と考えられていた。韓国のポピュラー音楽産業が抱えてきた積年の課題の解決の糸口が示されたのかもしれない。

　中国では、SNH48の成功によって女性アイドルグループのブームが生まれ、劇場公演を行うグループが結成されたが、そうした場所に定期

図表10　アイズワン（IZ*ONE）

的に通うのは、日本のポピュラー文化やオタク文化に忠誠心をもつ層にかぎられている。一方で、『創造101』は、女性たちを主なファン層にして注目を集めたが、契約問題が次々と起こり活動に支障をきたしている。ファンたちの支援行動は投票にかかる資金を集めるマネーゲームとして語られる側面が強いが、これは、アイドルを送り出すプロデューサーたちの本業が投資やゲーム開発等の情報通信系であることやオーディション番組自体が情報通信企業の経営で課金システムの開発に尽力してきたことを反映している。欧米でも、情報通信系企業が自社のポータルサイトに利用者を囲い込むために、音楽を利用することは一般的になっている（山口,2015:18-29）。中国でも、こうしたグローバルな動きを視野に入れた若者たちの囲い込みのためにアイドルを利用している側面が強い。コンサートなどの公演文化も発達中であり、多くの制約とともに発展のチャンスや可能性を探りながら、中国独自のポピュラー音楽や若者文化が発達していくことに期待したい。

　本稿でみたように、日本、韓国、中国では、国を超えたポピュラー文化の越境や若者たちの交流、企業間の連携や協働が活発に行われるようになっている。こうした成果の積み重ねによって、国を超えた人間同士の交流が活発になり相互理解が深まることを願っている。

参考文献

Brabazon,Tara, (2012),Popular Music:Topics ,Trends, and Trajectories, London:Sage.

黄静 (2015)「『男色』消費与『小鲜肉』審美―近年银幕男性審美趋势探因」『东南传播』2015年4期,pp55-57.

稲増龍夫 (1993)『アイドル工学』ちくま文庫.

岩渕功一編著 (2011)『対話としてのテレビ文化―日・韓・中を架橋する』（叢書・現代社会のフロンティア）ミネルヴァ書房.

市川哲史 (2014)『誰も教えてくれなかった本当のポップ・ミュージック論』シンコーミュージックエンタテイメント.

小川博司 (1988)『音楽する社会』勁草書房.

君塚太 (2012)『日韓音楽ビジネス比較－K-POPとJ-POP本当の違い』アスペクト.

최소망・강승묵 (2014)「텔레비전 오디션 리얼리티 쇼의 서사구조 분석: <스타오디션 위대한

탄생>과 <슈퍼스타 K2>를 중심으로」『한국콘텐츠학회논문지』Vol. 12 No. 6,pp120－131.

정민우・이나영(2009)「스타를 관리하는 팬덤, 팬덤을 관리하는 산업『2세대』아이돌 팬덤의 문화실천의 특징 및 함의」『미디어, 젠더 & 문화』12호,pp191 -240.

三浦文男(2012)『少女時代と日本の音楽生態系』日経プレミアシリーズ73.

毛利嘉孝(2013)『増補　ポピュラー音楽と資本主義』せりか書房.

中村伊知哉・小野打恵編(2006)『日本のポップパワー–世界を変えるコンテンツの実像』日本経済新聞社.

西森路代(2011)『K-POPがアジアを制覇する』原書房.

Klein,Naomi.(2000)No Logo: Taking Aim at the Brand Bullies, A. A. Knopf Canada.

马川(2016)「性价值观视角下女性网络红人现象分析」『中国青年研究』11期,pp12-17.

小野原教子(2011)『闘う衣服』水声社.

大場吾郎(2008)『グローバル・テレビネットワークとアジア市場』文眞堂.

李有军(2016)「解构抑或建构?—新媒体视阈女性形象表征探微」『渭南师范学院学报』8期,pp75-80.

刘燕霞(2015)「从社会符号学角度解析『小鲜肉』背后的审美趋势」『长春师范大学学报』34卷11期.

さやわか(2013)『AKB商法とは何だったのか』大洋図書.

酒井美絵子、(2011)『K-POPバックステージ・エピソード』河出書房新社.

シン・ヒョンジュン(2010)「韓流ポップの現状」井上貴子『アジアのポピュラー音楽–グローバルとローカルの相克』勁草書房.

島村麻里(1991)『ファンシーの研究—「かわいい」がヒト、モノ、カネを支配する』ネスコ.

竹中夏海(2015)『アイドル＝ヒロイン』ポット出版.

塚田修一(2016)「アイドルと「卒業」を考える－アイドルの「時間」について」.塚田修一・松田聡平『アイドル論の教科書』青弓社.

辻泉(2012)『「観察者化」するファン─流動化社会への適応形態として─』吉田秀雄記念財団研究発行紙.

吉光正絵(2012)「K-POPにはまる『女子』たち─ファン集団から見えるアジア」馬場伸介・池田太臣編著『「女子」の時代!』青弓社,pp90-120.

吉光正絵(2015)「韓国のポピュラー音楽と女性ファン──K-POPアイドルのファン・カフェのマスター調査から」『国際情報学部紀要』第15号,pp173-183。

吉光正絵(2015)「K-POPブーム期の韓国メディアとファン─見えるラジオの調査結果から」『東アジア評論』,pp63-76.

吉光正絵(2016)「現代中国のポピュラー文化に見る若者像─〈小鮮肉〉と呼ばれる男性アイドルグループの分析から」『アジア文化』アジア文化総合研究出版会,第33号,pp50-60.

吉光正絵(2016)「中国のポピュラー音楽と女性ファン─オンライン・ファンクラブの管理者の調査結果から」『長崎県立大学国際社会学部研究紀要』第1号,pp145-156.

吉光正絵・池田太臣・西原麻里(2017)『ポスト＜カワイイ＞の文化社会学』ミネルヴァ書房.

吉光正絵(2018)「送り手とファンの相互作用—K-POPの女性ファン文化」『新社会学』3号,新曜

社,pp18-33.

吉光正絵(2018)「K-POPファンダムの社会学　日本の女性たちの「遊び」の変遷」『ユリイカ　特集
　　K-POPスタディーズ』50(15)青土社,pp 46-53.

吉光正絵(2018)「中国女性ファンと東アジアのポピュラー文化」『アジア文化』,アジア文化総合研究
　　所出版会,第35号,pp120-131.

参考資料

『48現象－極限アイドルプロジェクトAKB48の真実』(2007)、ワニブックス.

『Quick Japan』87(2009),太田出版.

『サイゾー』vol. 285、2019年8月号、サイゾー.

参考Webサイト

Kuo, Lily and Wang,Xueying, "China's Beyonce: meet Wang Ju, the pop idol breaking down
　　beauty barriers" The guardian,9,Jun,2018.(https://www.theguardian.com/world/2018/jun/09/
　　chinas-beyonce-meet-wang-ju-the-pop-idol-breaking-down-beauty-barriers)2019年6月8日最
　　終アクセス.

邵毛毛「《创造101》制片人邱越：年轻人喜欢什么样的偶像」2018年5月24日（http://baijiahao.
　　baidu.com/s?id=1601610443889871525&wfr=spider&for=pc)2019年6月8日最終アクセス。

娯楽夢工場(数娯梦工厂)「AKB48开撕SNH48, 一场类似王老吉与加多宝的战争？」2016年12月
　　20日

(https://baike.baidu.com/tashuo/browse/content?id=4c205afcd2641334abb5119c&lemmaId=&f
　　romLemmaModule=pcBottom)2019年6月8日最終アクセス.

【K-POP制作所】「BIGBANGのスタイルを作る女性ジウン取締役」KStyle 2014年03月23日（http://
　　news.kstyle.com/article.ksn?articleNo=1990613)2019年6月8日最終アクセス.

越境する日韓中の若者文化　アイドル現象と女子力　　97

越境する市場、融合しない価値観
～グローバル化と現代中国～

国際社会学科　鈴木　暁彦

　中国はどこに向かっているのか。これは、国際社会が関心を寄せる大きなテーマだ。グローバリゼーション（地球規模の一体化）による最大の恩恵を受けて、中国は2010年に国内総生産（GDP）で世界2位、2013年にはモノの輸出入額で世界一となった。「世界の工場」であると同時に、「世界の市場」となったわけである。国際環境に大きな変動がなければ、いずれ米国を凌駕し、世界の覇者になるかもしれない、との見方が現実になろうとしている。

　良し悪しや好き嫌いに関わらず、国際的な課題を中国抜きには解決できない現代社会。そこで問題となるのは、中国の現政権が、欧米先進国と基本的な価値観を共有していない点だ。韓国や台湾の経験に重ね合わせて、「中国も経済が発展すれば、いずれ政治の民主化も進むだろう」と期待する声も過去にはあったが、見通しは外れ、中国は今も、自由や平等、権利に関する普遍的価値観（基本的人権の保障）を認めていない。欧米流の民主主義や三権分立は受け入れず、国や省レベルで一人一票の普通選挙が実施される予定も

上海のバンド（外灘）から眺めた浦東地区。超高層ビルが並ぶ。（2016年9月筆者撮影）

ない。

　共産党政権に挑戦しようとすれば、組織であれ、個人であれ、徹底的に潰される。中国共産党の究極の目標は、一党支配の永続だと言っても良い。中国にとって最大の教訓は1991年のソ連解体。政治改革を優先し、ソ連共産党が一党支配を放棄した結果、国家消滅に至った、と分析している。だから中国では、「政治」にさえ興味を持たなければ、国民は金儲けに勤しもうが、趣味や娯楽に現（うつつ）を抜かそうが、かなり自由に生きられる。

上海のバンド（外灘）の観光客（2016年9月筆者撮影）

　中国の高度成長を導いたのは鄧小平[1]だ。1978年、国民を貧困から救うため改革開放を決断。目の敵だった資本主義から競争原理を学び、能力や機会に恵まれた人や地域は、「先に豊かになること」を認めた。資金、技術、設備、原材料、経営管理の知識は、手っ取り早く海外から調達し、中国の安い労働力を使って加工した製品を輸出、稼いだ外貨で国富を積み上げた。

　その結果、地域格差や貧富の差が拡大し、拝金主義や政治の腐敗も深刻になったが、多くの国民が「昨日より良い暮らし」を実感し、中国共産党は新たな「政権の正統性」を獲得した。2001年の世界貿易機関（WTO）加盟を機に、「世界の中の中国」として存在感を一段と高める一方、一党支配体制を堅持して「中国の中の世界」を守り、欧米流の自由や民主主義の価値観に挑戦する存在になっている[2]。越境する市場と融合しない価値観という視点から、今の中国を考えてみたい。（文中敬称略）

キーワード　グローバリゼーション　普遍的価値観　一党支配

1.中国の発展と政治的タブー

（1）習近平の北京大学訪問

　北京大学は、中国で一、二を争う名門である。創立120周年[3]を2日後に控えた2018年5月2日、中国の最高指導者、習近平[4]が北京市海淀区にある同校を訪ね、教員や学生を前に演説した。

　「近代以降の我が国の歴史は、我々に対して次のように語りかける。すなわち社会主義だけが中国を救うことができ、中国の特色ある社会主義だけが中国を発展させることができ、中華民族の偉大な復興を実現することができる」

　「中国の特色ある社会主義をしっかり守り、発展させ、我が国を社会主義の近代化した強国に築き上げることは、長期的な任務であり、一代また一代と奮闘を引き継がなければならない」

　「我が国の社会主義教育は、すなわち社会主義の建設者と継承者を育成することである」

　「若者一人一人が社会主義の建設者と継承者となり、時代の使命と人民の負託に応えるよう心から希望する」

　中国憲法は、前文で「中国共産党の指導」を謳ってきた。マルクス・レーニン主義を掲げる社会主義国に共通する考え方で、日本や欧米先進国の憲法のように、個人の自由や平等、権利を最大限尊重しようとする考え方とは異質のルールだ。共産党は指導政党として、国家、軍隊、社会に存在するあらゆる組織と国民の言動を指揮、監督する。

　党に従えば寛大な措置がとられるが、党の意に沿わなければ、厳しい制裁が待っている。そう覚悟しておかなければ、中国社会では生きていけない、と言っても過言ではない。

　中国の憲法第1条は元々、「中華人民共和国は労働者階級が指導し、労農連盟を基礎とする人民民主主義独裁の社会主義国家である。②社会主義制度は中華人民共和国の根本的な制度である。いかなる組織あるいは個人も社会主義制度を破壊することを禁止する」と規定していた。2018年3月の改正で、第2項の

最初の文の後に、「中国共産党の指導は中国の特色ある社会主義の最も本質的な特徴である。」という文が挿入され、共産党の指導は条文による法的根拠を得たのである。

そもそも、共産党以外の政治勢力が合法的に政権を握ろうとしても、その仕組みが憲法には規定されていない。国民は政権交代を主張するだけで、「政権転覆を企てている」とにらまれ、摘発される可能性が高い。

習近平は「刀のつか(治安)、鉄砲(軍隊)、印章のつまみ(人事)、ペン(宣伝工作)、財布(経済)を握る者は、党への忠誠が厳しく要求されなければならない」と語っている。法的には半永久政権が保障されているのに、習が「党への忠誠」を強調するのはなぜか。ルールで社会を縛っても、人の心は読めないもの。絶対権力者でも、人心の離反は恐ろしいのだ、と指摘せざるを得ない。

そうした懸念を抱える習近平が、大学の教員や学生に対して、社会主義と共産党の指導を擁護するよう、わざわざ強調してみせたのは、むしろ当然のことのようにも見える。

(2) 漢字を読み違えた学長

5月4日夜に催された120周年の記念式典では、林建華学長が挨拶に立った。その晴れの舞台で「事件」は起きた。学生に対して「大きな抱負を持て」と諭す際に、故事から引いた「鴻鵠の志」(鴻鵠は日本語で大きな鳥の意味)の表現が手元の原稿にあったが、「鵠」の字が分からず、「フー」と読むべきところを「ハオ」と誤ってしまった。

「鴻鵠」(ホンフー)の読みは、中学生でも知っていると言われており、事件は直ちにインターネットで拡散、ネットユーザーの失笑を買った。

北京大学といえば、中国最高の大学の一つ。そこの学長といえば、人格識見とも卓越している、と普通は思う。林学長は翌5日、謝罪文をインターネット上で発信し、「本当に読み方を知らなかった。北京大学の学長として、このような言語能力の低さは許されないと思われたかもしれない。私が小学5年の時、文化大革命[5]が

起き、教育はほぼ受けられなかった。このように述べたが、自分の無知や失敗を弁護するためではない」と取り繕ってみせた。

　学長の誤読事件は、習近平が挨拶文の漢字を読み違えた「過去」をネットユーザーに思い起こさせた。

　2016年9月のG20杭州サミット(浙江省)で挨拶した習は、「通商寛農」(貿易を促進し、農家からの収奪を緩めること)を「寛衣」(服を脱ぐ)と読み間違え、早速、インターネット上で物笑いのタネとなった。「農」を中国の簡体字で書くと、一瞬、「衣」と同じように見えるが、習近平は教養がない、と思われたわけだ。

　習は2018年3月の会議でも失態を演じている。チベットの叙事詩に出てくる「ケサル大王」(格薩爾王)の名前が原稿にあったが、それを「サケル王」(薩格爾王)と読み間違えた。最高指導者のスピーチ原稿は、専門家が推敲を繰り返しながら作り上げるもので、通常、特殊な字以外、発音表記は添えられない。「農」「格」「薩」という字は特に難しいわけではないが、故事成語や歴史上の人物名として出てきた場合、読み違えれば「素養のなさ」がばれる危険がある。

　権威主義的な中国では、一般国民にとって指導者は遠い存在。新聞やテレビで見るぐらいだし、いつも偉そうなことを言っている印象がある。しかも、共産党の意に沿わないことは「ご法度」の中国で、指導者を好き勝手に批判することなど、普通は考えられない。

　だから、テレビ番組の中で指導者が「醜態」を晒せば、格好の餌食(えじき)になるのだ。周知の事実だから、笑い種にしても、すぐにお咎めが来るわけでもない。普段は我慢を強いられている一般国民の「鬱憤」がネットの世界で、ゆがんだ形で爆発するのは、独裁国家に共通する特徴ともいえる。

(3)個人崇拝に反対する壁新聞

　北京大学120周年記念式典が催された5月4日の昼前、キャンパス内で、手書きの壁新聞が貼り出された。標題は「党規約を擁護し、中国は断固として個人崇拝の動きに反対しなければならない。憲法をしっかりと守り、国家指導者は任期

制すなわち任期制限制度を実行しなければならない」というものだった。

　壁新聞はまもなく剥がされたが、習近平の政治姿勢に向けられた厳しい批判であり、ただちにインターネット上に情報が書き込まれた。複数の外国メディアが報じ、電子版の記事が中国国内にも転送されて拡散した。

　壁新聞の作者は73歳の樊立勤で、北京大学の卒業生。毛筆で書かれた24枚の紙が、生物学棟、地質学棟の近くに貼り出された。樊は、鄧樸方（鄧小平の長男）の盟友。ともに中国建国に功績のあった高級幹部の子弟「紅二代」（「太子党」ともいう）である。

　壁新聞を貼り出した樊は、たちまち警備関係者らに取り囲まれ、その場を離れるように促されたが、樊は怒って、「手錠をかけて連行するならそうしろ」「北京大学は、思想の自由と諸説を受け入れる度量（思想自由、兼容併包）を尊んできた。このようなことをして、中国にどんな未来があるというのだ」と怒鳴りつけた。しかし、抵抗も虚しく、樊は西門からキャンパスの外に連れ出された。

　剥がされた壁新聞には、以下のような文面が書かれていた。攻撃対象は、中国のトップ、習近平である。

　「私はすでに70歳を過ぎ、多くの困難や挫折を経験した生き残りである。私が生きているうちに、個人崇拝を企てる者が現れるとは、夢にも思わなかった」

　「マルクス主義の旗印を掲げ、口を開けば、説教するようなことはやめろ」

　「習近平は党、政府を掌握し、今をときめく党の指導者、国家元首に就任した後、自分の名前を党規約に書き込み、自分の名前を冠して指導思想を定めた。すなわち個人崇拝の企てである。これは毛沢東以来のことだ」

　「際立つ業績、非凡な功績もない。つまり普通の幹部に過ぎない。総書記になって一夜開けると、偉大な思想が生まれるなんてことがあるはずがない」

　「毛沢東時代の災難は我々に教訓を与えている。指導者の名前を冠して思想を定めることは危険である」

　「習近平は今日、また一歩踏み出した。前車の覆（くつがえ）るは後車の戒め（先人の失敗は後人の教訓）である」

越境する市場、融合しない価値観　～グローバル化と現代中国～　　103

報道によると、樊は文化大革命時代、北京大学の学生だった。「鄧小平が操る反動グループのメンバー」というレッテルを貼られ、連日連夜、暴行を受け、両脚に障害が残った。鄧樸方も文革時代に吊るし上げられ、ビルから転落して障害者となった。ふたりは苦しい時代を共に過ごした盟友となっている。

(4) 批判への共鳴と限界

北京大学卒業生で、米国在住の胡平[6]は、米国の連邦予算で運営されている「自由アジア放送(ラジオ・フリー・アジア)」の電話取材を受け、次のように語った。

樊は文革後の1980年、北京大学で海淀区の人民代表を選出する際、壁新聞を貼り出し、「言論出版の自由と多数のインテリ層が共産党に入党することは、我が国が改革を進め、四つの近代化[7]を実現する上での必要十分条件である」と訴えていた。

胡平は、政治的な締め付けがある状況で、樊が発言していることに対し、敬意を表すとともに、以下のように述べた。

「彼が書いた壁新聞は、彼の個性を反映している。山河の形は変わりやすいが、持って生まれた性分は変わりにくい。彼は70歳を超えている。こういう勇気、度胸は、若い頃と同じだ」

「壁新聞の内容は実際、多くの人の心の声を代弁している。もちろん、彼は体制側の立場に立ち、とくに鄧小平路線を擁護する立場であり、他の反体制派の人たち、リベラル派の学者の立場とは相当な距離がある。しかし、まさに体制側の立場、党側の立場、鄧小平路線を擁護する立場にいるからこそ、おそらく党内には、彼の見方に呼応するさらに多くの人がいただろう。だから彼が書いた壁新聞の影響力は過小評価することはできないと感じる」

また、別の反体制活動家、王丹[8]は「ここ十数年、あるいは1989年の天安門事件以後、北京大学でこのような壁新聞が貼り出されることはほとんどなかった。しかし、ここ最近、短期間に2度、壁新聞が出現した。一つは岳昕さん[9]を支援するもの、もう一つは今回の樊立勤のものだ。過去30年と比べると、深遠な変化が起き

たと感じる。これは、習近平が憲法改正(国家主席の任期制限の廃止)によって引き起こした社会の不満と繋がっていると考えられる」と述べている。

(5) 人権をめぐる欧米との対立

　中国共産党政権は、自由や平等、権利に関する普遍的価値観(基本的人権の保障)、欧米流の民主主義、三権分立を受け入れることはない、と繰り返してきた。中国は「西側の価値観」と呼んで批判し、国内では例えば、「報道の自由、市民社会、市民の権利、中国共産党の歴史上の誤り、縁故資本主義、司法の独立」について論じてはならない、と指示を出している。

　理由は簡単で、一党支配を今後も続けるためだ。もし普遍的価値観を受け入れ、自由と権利の拡大を容認する姿勢を示せば、政治的民主化を要求する声が噴出することは目に見えている。共産党に対抗できるような政治勢力は存在しないが、そうした政治的なライバルが育つ土壌は、そこここにある。

重慶市の再開発事業で、立ち退きを拒否した家(2007年3月筆者撮影)

　少数民族の集住地域、例えばチベットや新疆、内モンゴルでは独立運動がくすぶり、チベット仏教やイスラム教、キリスト教の信仰をめぐる問題も絡んで、事態は深刻化している。偶発的な事故や事件をきっかけに、反政府勢力が大衆の不平や不満を取り込んで、影響力を高めることを怖れている。

　また、もし、三権分立を受け入れたら、権力の相互監視機能によって、中国共産党は外からチェックを受けることになる。党内の腐敗にメスが入り、実態が白日のもとに晒されたら、政権維持は間違いなく困難になるだろう。共産党が喜んで三権分立を容認するはずはない。

（6）政治的民主化の停滞

　中国にとって腐敗と並ぶ弱点は、人権抑圧だ。欧米先進国にも人権問題はもちろん存在するが、旧東欧・旧ソ連を含む東側諸国の人権弾圧は、思想、信条、報道、出版、学問、芸術、経済活動、出自（出身階級）、国外に親族がいること（スパイ行為の疑い）まで、拘束や訴追の理由とされることがあり、より広範で徹底したものだった。

　1991年末のソ連解体後、中国は最後の社会主義大国として残った。中国は一党支配継続のため、「ソ連崩壊」の教訓を徹底的に研究している。中国内にもさまざまな見方があるが、ソ連解体の要因として、「経済改革の失敗」「政治改革と一党支配の放棄」「情報公開、言論の自由拡大」「民族独立運動の拡大」などが指摘されている[10]。

　1989年の天安門事件後、中国は経済体制改革に重点を置き、政治体制改革は後回しにしてきた。中国共産党が政治の民主化に否定的なのは、東欧民主化、ソ連解体が中国に与えた衝撃も背景にあるようだ。

　中国内には、事実上の「政治犯」が多数いる。共産党政権は「中国に政治犯はいない」と弁明しているが、実際は、政治的な迫害に対する国外からの批判を避けるため、「経済犯罪」その他を罪状に選び、政治的な理由による拘束・処罰を意図的に覆い隠している。

　「政治犯」には、権利の拡大と政治的民主化を要求する弁護士やジャーナリスト、言論人、活動家、信教の自由や民族独立運動にかかわる人たちも含まれる。独立運動は、チベット文化圏（チベット自治区、青海省のほか、四川省、甘粛省、雲南省の一部にまたがる）、内モンゴル自治区、新疆ウイグル自治区にあり、最近では香港独立運動も注目されている。

　中国共産党は、これまで台湾[11]を実効支配したことがないが、「世界に中国は一つしかなく、台湾は中国の一部である」と主張し、「祖国統一（台湾統一）の実現」を政治の最優先課題としている。「台湾独立」を主張する人たちに対しては、もし台湾が独立を企てようとすれば、武力行使も辞さないと警告し、日本や米国にも

台湾問題に介入しないよう牽制している。台湾住民の多くは、独立宣言も中国との統一も望まない「現状維持」(実質的に独立している状態)を望んでいる。

　国際ジャーナリスト連盟(International Federation of Journalists：IFJ)は、「中国の報道の自由」(原題：China Press Freedom Report)と題する年次報告を発表してきた。最初の報告をまとめたのは、北京五輪が催された2008年で、2017年には、過去10年間の動きを総括した報告書「後退の10年」(原題：A Decade of Decline)を作成し、2つの重大な後退が発生したと指摘している。

　1つ目の後退は、習近平体制下で、報道の自由は悪化したこと。2つ目は、共産党政権が思想統制を香港、マカオまで拡大させ、一国二制度に守られた香港・マカオの地位を無視し、民主化や人権保護に対する住民の要求を踏みにじっていることである。

香港返還10年で、人民解放軍の駐香港部隊を閲兵する当時の胡錦濤総書記(2007年6月筆者撮影)

　国際ジャーナリスト連盟が確認した過去10年間の記者拘束・監禁の数は77件に達する。被害者の大多数は、非正規のメディア関係者である。市民記者は、インターネットやSNSで、敏感な情報を発信すれば、「国家機密漏洩」や「騒乱挑発罪」に問われる。

　2015年7月9日から、人権派弁護士らが一斉に連行された。300人以上が取り調べを受けた、といわれている。この弾圧は「709案(709事件)」と呼ばれる。人権派弁護士とは、社会的弱者の支援に取り組んできた人たちだが、弱者の支援は、共産党批判、ひいては反体制にもつながりかねない。当局は、共産党批判、反体制の動きが拡大することを恐れているようにも見える。

　2017年7月13日、ノーベル平和賞を受賞した民主活動家の劉暁波が死去した。61歳だった。国家政権転覆扇動罪で、懲役11年の判決を受け、収監中だった。1989年の天安門事件でその名が知られるようになり、2008年の零八憲章[12]を

中心となって起草し、2010年のノーベル平和賞を受賞した。2017年6月下旬に末期がんが公表され、米国やドイツは治療のための受け入れを表明したが、中国当局は拒否した。劉暁波の言動が外国メディアを通して流れ、国際的に波紋が広がることを懸念し、さらには外国で埋葬された場合、そこが反体制派の「聖地」になることも恐れたのではないか、という見方がある。

　劉暁波の死去後、劉の妻、劉霞も、北京で軟禁状態に置かれた。世論に対する劉霞の影響力を危険視したとみられる。劉霞は1年後の2018年7月10日、ドイツ大使館の支援の下、ヘルシンキ経由でベルリンに脱出した。

　中国は1949年の建国以来、社会主義を標榜し、中国共産党による事実上の一党独裁を継続している。建国の父、毛沢東が君臨した時代は、指導部の主導権争いも絡み、大衆動員による粛清運動と階級闘争が繰り返され、社会の発展が大きく阻害された。特に反右派闘争（1957年）と文化大革命（1966年〜76年）による犠牲は大きかった。無実の罪に問われた被害者の名誉回復はかなり進んだが、今もその傷は完全には癒えていない。

　文革では、毛沢東の親衛隊として若者による「紅衛兵」が組織され、党幹部や知識人らに対する吊し上げや暴行事件が頻発した。国家主席の劉少奇、十大元帥のメンバーだった彭徳懐、賀竜らが命を落とし、鄧小平、陳雲ら党幹部も攻撃の対象になり、農村部に追いやられた。経済活動は停滞し、大学入試は実施されず、義務教育も十分に実施されなかった。のちに文革は、共産党による歴史決議[13]で「誤り」と総括されたにもかかわらず、公の場で語ることは事実上許されない。文革より昔に起きた反右派闘争でさえ、マスコミに取り上げられることはほとんどなく、「政治的タブー」となっている。反右派闘争や文革は今も当時の加害者と被害者が生存しており、共産党の威信に関わる敏感な問題として扱われているのだろう。

2.改革開放と越境する市場

（1）鄧小平が開いた突破口

　文化大革命（1966〜76年）による混乱で、政治的にも経済的にも八方塞がりだっ

た中国に風穴を開けたのは、ほかでもない改革開放だ。政策の大転換を主導したのは時の最高実力者、鄧小平。1978年12月に開かれた中国共産党第11期中央委員会第3回全体会議（三中全会）で正式に決まった。

それまで中国は、神格化された毛沢東とその取り巻きによって、大衆を動員した政治運動が繰り返され、「階級の敵」である資産階級（ブルジョワジー）の打倒を煽り、社会は混乱し、経済も停滞していた。改革開放は、政治の重心を「階級闘争」から「経済建設」に移し、「貧しい社会主義国」からの脱出を目指した。

具体的には、外資に門戸を開き、導入した資金、技術、設備を使い、安い労働力で原材料を加工、できた製品を輸出する仕組みにした。手を組んだ相手は、中国と敵対してきた反共の国・地域だが、それ以外に選択肢はなかった。

頼みの綱は華僑・華人ネットワークがある香港、マカオ、台湾、シンガポールなど東南アジア、それに日本、北米、欧州である。資本主義国から競争原理を学び、個人の努力や工夫を奨励し、成績に応じた対価も認めることで、国民の「やる気」を喚起した。鄧小平が74歳の時に始めた挑戦（92歳で死去するまで続く）に、各国の政府や報道機関が注目したのは、当然のことだ。

大胆な試みを支えたのは、国内外の情勢の変化だ。国内では1976年9月9日に毛沢東が死去。間もなく「四人組」[14]が逮捕され、「毛沢東の指名」を受けた華国鋒[15]が権力を継承した。その後、鄧小平が巧妙に、華国鋒の実権を奪い取っていくことになる。

対外関係は、1971年のキッシンジャー秘密訪中を機に、米国との関係改善が始まり[16]、改革開放直後の1979年1月1日に国交正常化を果たした。社会主義陣営の盟主だったソビエト連邦とは1960年代以降、路線対立や国境紛争によって関係が悪化していた。対ソ関係やベトナム戦争の激化を背景に、当時の中国は「第三次世界大戦は不可避」と覚悟し、重要な軍事・産業基盤を海岸線や旧ソ連との国境線から遠く離れた山間部に集めていた（「三線建設」[17]と呼ばれる）。

米国は、ソ連、中国とそれぞれ対立していた。また、ベトナム戦争に深入りし、北ベトナムとの戦いに手を焼き、「名誉ある撤退」の道を模索していた。北ベトナムを

越境する市場、融合しない価値観　～グローバル化と現代中国～　　109

軍事的に支援していたのは、ソ連と中国だ。米国は、ソ連と対立する中国と手を結び、ベトナムからも手を引こうと考えた。対ソ戦略を巡って米中両国の思惑が一致し、電撃的な米中接近に至ったのである。

米中ソ3ヵ国のパワーバランスは一変した。米国との関係が改善したことから、鄧小平らは「世界大戦は当面回避された」と見方を改めた。平和が維持されるのであれば、経済建設に力を注ぐことができる。国際環境の変化は、改革開放にも追い風となった。

香港セントラル（中環）地区。右から英国系の香港上海銀行、香港最大の財閥・長江実業ビル、中国銀行ビル（2017年8月筆者撮影）

輸出主導の発展モデルとしては、周辺のアジア諸国・地域の経験が参考になった。具体的には、韓国、台湾、香港、シンガポールであり、後に「アジアNIEs（新興工業経済地域）」「アジア四小竜」と呼ばれた地域だ。いずれも輸出加工区を設けて関税や法人税を減免し、労働集約型の加工組立産業を誘致し、安い労働力を武器にして製品を巨大市場の米国や日本などに輸出し、外貨を稼いでいた。

中国がアジアNIEsに習って「経済特区」を設置したのは1980年。北から福建省のアモイ（対岸は台湾）、広東省のスワトウと深圳（対岸は香港）、珠海（対岸はマカオ）の4ヵ所を指定した。いずれも華僑・華人の古里であり、海外と血縁によって結びついている。1988年4月には広東省海南行政区が海南省に昇格し、海南島全体が5ヵ所目の経済特区になった。ここも華僑・華人の古里である。

首都・北京から1,700〜2,300km離れており、仮に特区政策が「失敗」に終わったとしても、中国政治全体に与えるリスクが小さかったことが選定理由の一つである。

(2) 中国社会主義の「修正」

　改革開放や経済特区は、中国社会主義の路線を大きく変えるものだった。当然のことながら、共産党内で大きな抵抗を生んだ。建国初期はソ連一辺倒の外交政策を採り、ソ連から資金、技術支援を受けていた。その後、ソ連との路線対立が深刻化し、ソ連の援助が止まった。

　中国は他国に頼らない独立自主と自力更生の方針を新たに掲げ、米ソ両超大国およびその同盟諸国と距離を置き、アジア・アフリカの非同盟諸国、いわゆる第三世界と連帯する道を選んできた。政策決定においては経済合理性や効率よりも、社会主義イデオロギーとして正しいかどうか、を判断することが重要だった。当然、産業活動や対外貿易は伸びず、外貨不足に悩み、国民は窮乏生活を強いられた。

　中国共産党は、資本主義を諸悪の根源と見なし、労働者階級が国の主人公となり、「搾取」のない社会を作る、という目標を掲げた。搾取は生産手段を資本家が握り、労働者の労働成果を無償で奪うために起こる。生産手段（産業部門）の公有化（社会的所有への転換）を急ぎ、私企業を次々に接収し、国営企業化していった。

　都市部の就業者に対する公的なサービスは、経費の負担も含めて、就業者が所属する職場（中国語で「単位」と呼ばれた国営企業、軍、役所、学校、団体など）に押し付けられた。就業者は職場（単位）間を自由に移動することはできなかったが、食いはぐれることはなく、水道、電気、ガス、住宅、医療、教育などの公的サービス、退職後の生活保障も、職場から提供された。職場は就業者とその家族の言動を監視する役割もあり、結婚、出産、育児、出張、離婚、養子縁組には職場の紹介状が不可欠だった。

　基本的に物やサービスの供給は不足していた。物を買おうと思っても、お金の他に、職場で配られる各種の配給切符（購入切符）を必要枚数だけ貯めておく必要があった。食糧、食用油、衣料品、食肉のほか、厳しい時は、たばこ、酒、マッチを買うのにも配給切符の提出が求められた。

国民は戸籍制度によって管理され、住む場所を勝手に変えることはできなかった。農業戸籍（農村戸籍）と非農業戸籍（都市戸籍）があり、戸籍は原則切り替えられず、農業戸籍の家庭に生まれたら、死ぬまで農村での自給自足の生活を押し付けられた。農民は国の社会保障の枠から外され、住宅、医療、教育などあらゆる面で、都市戸籍の住民に劣る扱いを受けた。戸籍制度の構造問題は、現在も基本的に変わっていない。戸籍によって国民を二元管理した理由は、都市の人口爆発を防ぎ、都市住民に食糧を供給する農民を確保するためだった、と解説されている。

　農村でも農場の集団化が進み、各地に人民公社ができた。「公社」はフランス語コミューンの中国語訳で、行政の末端組織を兼ね、集団所有、集団管理、集団作業による自給自足の社会となっていた。公社の中には産業部門、学校、民兵組織もあった。作業が集団化された結果、一人ひとりの自主性は奪われ、個人の工夫や努力が報われなくなり、「農家のやる気」が削がれていった。

　毛沢東は神格化され、個人崇拝が進んだ。一言一句が何よりも重要な「最高指示」として全国に伝えられた。毛沢東の著作のさわりをまとめた赤い表紙の小冊子「毛主席語録」は大ベストセラーとなり、多くの国民が携帯し、輪読会が盛んに開かれた。

　思想統制が進み、何でもイデオロギーに結びつけて考える思考回路が蔓延した。指導者間の権力闘争にも巧妙に利用され、政敵あるいは反対勢力と目された人たちには「右派」「反動」といったレッテルが貼られ、政治的に葬られていった。スパイ活動や密告も奨励された。人々は徐々に相互不信に陥り、ひどい場合は、親子や兄弟姉妹の間でも、自分が政治的に生き残るためには、身内を裏切り、「売り渡す」こともあった。

　マスメディアは統制され、電話や郵便など通信手段も発達しておらず、情報は基本的に閉ざされていた。外国語を話したり、海外とつながりがあったりすれば、「スパイ」の疑いをかけられるような状況だった。世界には多様な考え方や価値観が存在することを知る機会がないまま、子供は大人になっていった。マスメディ

アを通した一方的な政治宣伝に踊らされやすい社会だった、といえよう。

（3）毛沢東の呪縛を解く

　鄧小平らが目指した改革開放は、国民を貧困から救うことを目指したが、イデオロギー偏重の習慣は、毛沢東の呪縛といって良いほど社会に染み付いていた。鄧小平は、この呪縛と戦い続けなければならなかった。

　中国を政治的、経済的混乱に陥れた旧弊に区切りをつけるため、鄧小平が率いる改革派は、「実践は真理を検証する唯一の基準である」[18]という主張を持ち出した。これをきっかけに大きな論争が起き、時の最高指導者、華国鋒はほどなく窮地に立たされることになる。

　華国鋒が唱えた指導理念は「凡（すべ）ての毛主席の決定を我々は断固擁護し、凡ての毛主席の指示を我々は終始一貫従う」というものだった。改革派は、「二つの凡て（中国語で両個凡是）」という華国鋒の考えは誤り、と批判を続けた。

　「真理の基準」を説いた論文を支持する声は、改革派のキャンペーンによって全国に広がった。北京の西単には「民主の壁」が出現し、改革を支持するさまざまな壁新聞が貼り出され、「北京の春」とも言われた。しかし、改革開放が正式に決まり、1979年に入ると、間もなく民主の壁での活動は禁じられ、政治の民主化を訴える言論[19]は弾圧されることになる。

　さて、中国を変えた改革開放は1978年12月の三中全会（第11期中央委員会第3回全体会議）で決定されたが、その準備会合（中央工作会議）で鄧小平は、「思想を解放し、実事求是の態度で、前向きに一致団結しよう」と題する重要講話を発表した。実事求是とは、事実に基づいて、正しいかどうかを判断することである。

　準備会合は11月10日から12月15日まで開かれ、鄧小平の重要講話は12月13日にあった。この間、華国鋒主席は自己批判に追い込まれ、「二つの凡て」の考え方は誤りだと認めさせられた。

　中央工作会議が閉幕した翌日の12月16日、米中両国は1979年1月1日に国交を正常化する、と同時に発表した。それまで台湾の中華民国を「中国」として国

越境する市場、融合しない価値観　〜グローバル化と現代中国〜　　113

交を結んでいた米国は、台湾と断交する[20]。国際環境の面でも、改革開放への準備が着々と進んでいた。

　日本と中国は、1972年9月29日に国交を正常化していた。当時の田中角栄首相が空路、北京に乗り込み、周恩来との交渉の末、外交関係を樹立した。中国にとっては、経済力で当時1位と2位の国からそれぞれ経済支援を受ける体制が相次いで整ったわけである。

（4）競争原理導入の功罪

　改革開放は、経済システムとともに、中国社会主義が目指した「搾取のない平等な社会」という理念を大きく変えるものだった。広い国土と世界最多の人口を抱える国を一気に豊かにするのは不可能と考えた鄧小平は、「先富論」と呼ばれる戦略を採った。具体的には「条件を備えた一部の地域、一部の人たちを先に豊かにさせる。先に豊かになった地域は、遅れた地域を支援する」ことにして、最終的に、「一緒に豊かになること」（中国語で共同富裕）を目指す。

　共同富裕という目標は、実は、改革開放から40年になる今になっても実現していない。しかし、この目標を掲げないと、社会主義の道を完全に放棄することになる。鄧小平の先富論は、苦肉の策でもあったわけだ。

　条件を備えた一部の地域、というのは経済特区のことで、経済特区での実験がうまくいけば、開放政策を全国に拡大しようと考えていた。特区の一つ、広東省の深圳（旧宝安県）は、深圳河を隔てて目の前に香港がある。1980年当時の香港は英国統治下の中継貿易基地で、金融、物流、港湾、軽工業が発達していた。

　改革開放前の深圳は、資本主義の香港と直接対峙する国防の最前線で、人の立ち入り自体が厳しく制限されていた。それでも、食いはぐれ、希望を失った農村住民が、こっそり海を渡って香港に逃げていく事件が後を絶たなかった。

　その深圳が門戸を開けた。中国本土と香港の人の往来に関する制限も徐々に緩和された。広大な土地は絶好の工場立地点となった。香港は工業用地が足りなくなり、労働者の賃金も上昇していたので、工場経営者たちは中国共産党の思

惑通り、新天地に乗り込んできた。その後、中国という有望市場が華人・華僑という国際ネットワークを経由しながら世界とつながっていく。

鄧小平の思惑は当たった。先富論によって中国はそれまでの平均主義と決別し、競争原理を導入、機会や能力による格差を容認した。徐々に計画経済から市場経済への転換が進み、農村から潜在的な失業者である非正規労働者(農民工)が都市部に流れ込み始めた。その数、1億人以上。一方、競争力のない企業は、市場から退場を迫られることになり、正規労働者(都市戸籍の労働者)に対するレイオフ(一時解雇＝中国では事実上の失業)問題が拡大した。

(5)「負け組」の不満拡大

中国はいろいろな問題を抱えながらも、国内総生産(GDP)はここ40年、年率10％近い成長を続けてきた。社会は表向き、資本主義社会と違わない光景が広がっている。むしろ、日本や西欧よりも、弱肉強食を積極的に肯定する無慈悲な「むき出しの資本主義」の印象が強い。

中国は、正義や公正公平を守る仕組み、社会保障という安全弁(セーフティーネット)を整える前に、激しい競争社会に突入してしまった感がある。元々能力に恵まれた人たちや、能力は低くても親の助けや口利きを頼める人たちは「勝ち組」になりやすく、羽振りのいい暮らしや海外渡航、海外留学の夢を手に入れている。

しかし、能力や後ろ盾に恵まれず、「負け組」になったより多くの人たちは、不安と不満が募りがちだ。沿海地域と内陸部、都市と農村、国民間の大きな格差が生まれた。格差を是正する所得再分配の仕組みである税や財政の改革が立ち後れ、貧富の差が深刻化している。

生きていくには、何をするにも「金」が必要となり、拝金主義が蔓延している。人々は「負け組」になることを恐れ、「勝つ」ためには手段を選ばない風潮が顕著だ。その結果、自分が得をするような「抜け道」はないか、と目を皿にして探すことが習慣になり、ほっとする瞬間が多くない、ストレス社会になっている。

不満の矛先は、当然、共産党政権に向かう。ところが、権力集中の弊害で、人

治と官僚主義がはびこり、法と正義は重視されず、不安や不満は容易に解消されない。逆に不正と腐敗はとどまるところを知らない。時折、見せしめのために高級幹部が摘発されるが、「焼け石に水」「ガス抜き」と受け止められている。

　中国の今の経済体制は、縁故資本主義(crony capitalism)＝中国語では権貴資本主義＝に近い。共産党や政府の役人が許認可権を利用し、親密な関係にある企業や経営者と癒着し、不正に手を貸して事業を展開し、利益を分け合うシステムだ。

　共産党は、行政、立法、司法を掌握する特権的な立場にあり、政策決定、人事、予算配分に他を寄せ付けない影響力を持つ。共産党が支配する構造自体が、公正公平の実現および透明性の拡大を阻害し、汚職や腐敗の温床となっている、と言っても過言ではなかろう。国民にとって、「清貧な共産党」のイメージはすでに壊れている。

(6)グローバル化最大の受益者

　20世紀終盤から21世紀初頭にかけて中国は、グローバリゼーション（地球規模の一体化）の最大の恩恵を受けた、と言われている。第二次世界大戦後、世界は米国を盟主とする資本主義陣営と、ソ連を盟主とする社会主義陣営に分かれて東西冷戦が続き、相互の交流はごく限られたものとなっていた。それが1978年の中国の改革開放、1980年代末の東欧民主化、1991年のソ連解体を経て冷戦は終わり、世界の市場は融合に向かった。

　中国（1978年当時9億5,000万人）は竹のカーテン、東欧・旧ソ連（合わせて4億人以上）は鉄のカーテンで閉ざされていたが、そのカーテンが一気に開き、十数億人の消費者、あるいは労働者とその予備軍が共通の市場に流入した。国際分業体制に取り込まれ、労働者が輸出加工の工場で働き、国富を築き、小金を貯めた人々が各国の産品やサービスを消費しているわけである。

　1990年代半ばになると、インターネットの普及が始まり、その後の情報通信技術(ICT)革命によって、人、物、金、情報は国境を越えて自由に行き交い、文字通り一

体化した世界となった。

　中国は2001年、悲願だった世界貿易機関（WTO）に加盟（中国語で「入世」という）、国際貿易のルール遵守と市場開放を国際的に約束した。中国は「世界の中の中国」となり、投資をさらに呼び込み、「世界の工場」となって、各国・地域に中国で組み立てた製品や部品を供給した。

　稼いだ外貨で購買力をつけた中国は「世界の市場」になり、世界から物やサービスを購入。自動車販売は年間2,900万台（2017年）、世界の3割を中国で売りさばく計算で、米国市場を1,100万台も上回っている。

　インターネット利用者は7億7,200万人、普及率は55.8％。そのうち97.5％のユーザー（7億5,300万人）は携帯電話でインターネットに接続している。インターネット通販は5億3,300万人が利用。ネット決済は5億3,100万人が利用する[21]。

　社会基盤整備も進んだ。高速鉄道は延長2万5,000kmで、日本の8倍以上の距離。高速道路は延長13万kmに達する。北京首都国際空港は年間の旅客数（乗降客と乗継客）が9,400万人（2017年）に達し、米国アトランタ国際空港（ジョージア州）の1億400万人に次いで世界2位の多忙な空港となっている。北京には第二国際空港（大興国際空港）が建設され、こちらは2025年に7,400万人の利用を計画している。

　金を持った国民は、海外旅行にも出かける。2017年に海外旅行（香港マカオ台湾を含む）をした中国人は、前年より7％多い延べ1億3,051万人（そのうち半数は香港マカオ訪問）で、海外旅行出発者の数は世界一だった。海外旅行で支出した額は前年より5％多い1,152億9,000万ドル（約12兆6,800億円）だった。人気の訪問先（香港マカオ台湾を除く）は、タイ、日本、シンガポール、ベトナム、インドネシア、マレーシア、フィリピン、米国、韓国、モルジブの順。また、タイ、日本、韓国、ベトナム、カンボジア、ロシア、モルジブ、インドネシア、北朝鮮、南アフリカの各国にとって中国人は、外国人の中で最も多い観光客だった[22]。

　中国教育部（日本の文科省に相当）によると、2017年に国外留学した学生は前年より11.7％多い60万8,400人となり、初めて60万人を超えた。私費留学生は全体の89％を占め、54万1,300人。国費留学生は3万1,200人で、94カ国・地域に派遣さ

越境する市場、融合しない価値観　〜グローバル化と現代中国〜　　117

れている。改革開放が始まった1978年以降、519万4,900人が国外に留学。そのうち313万2,000人が帰国したが、145万4,100人は国外に留まり、研究や勉学に勤しんでいる。

外国人留学生の受け入れは2017年、48万9,200人に達している。国別でみると、韓国、タイ、パキスタン、米国、インド、ロシア、日本、インドネシア、カザフスタン、ラオスの順だった。

（7）国際的地位の向上

中国の経済発展は、政治的な民主化を要求する声を後押しすると思いきや、中国共産党政権は、そうした動きを抑圧し、一党支配を継続している。その一方で、経済力を国際的な地位の向上と発言力の強化に結びつけることに成功した。

各国政府は、中国の軍拡路線や人権・民族・宗教問題には疑問を感じながらも、市場の重要性を無視することはできず、中国との全面的な対立はできるだけ回避しようと腐心している。2017年2月、米国にトランプ政権が誕生すると、トランプ個人の差別意識や人権問題に関する認識の浅さも相まって、中国にとっては都合のいい国際環境が醸成されている、と言える。

勢力圏の拡大を狙った戦略も打ち出している。その例が「アジアインフラ投資銀行」（AIIB）や「ワンベルト・ワンロード」（OBOR、中国語では一帯一路）である。

AIIBは、中国が呼びかけた国際開発金融機関で、本部は北京、初代総裁は金立群・元中国財政次官。創設メンバーは英、独、仏、ロシア、インド、韓国、オーストラリアを含む57ヵ国が2015年12月に発足した。アジアのインフラ整備には、すでにアジア開発銀行（ADB）があるが、日米主導の金融機関のため、中国が思うように動かせるはずはない。AIIBは、中国の勢力圏拡大のための一つの足場になると見られる。

また、「一帯一路」は、中国が目指す経済圏の構想で、中国から陸路で中央アジア、中東を経て欧州に至る「シルクロード経済帯」（一帯）と、中国から海路で東南アジア、インド、アフリカ、中東、欧州を結ぶ「21世紀海上シルクロード」（一路）によっ

て構成される。経済圏に含まれる国は約60カ国、その総人口は約45億人で、世界の約6割に相当するという。実現可能性はともかく、中国が超大国の米国を意識して、経済面での勢力圏を拡大し、将来は軍事的にも米国と互角、あるいは米国を凌駕する地位を目指している可能性は否定できない。

3.ワンマン体制の確立と目指す国家像

（1）「終身指導者」への道

　中国共産党中央委員会は2018年2月25日、憲法改正案を発表した。国家主席(元首)と副主席の任期は憲法によって、「2期を超えることはできない」と制限されていたが、その規定を撤廃する、という内容だった。議案は3月の全国人民代表大会(全人代)で審議され、共産党の意向通り承認された。

　改正前の規定だと、習近平は国家主席を2期10年務めて2023年3月に退任する予定だったが、これで、時間を気にせず、職務に専念できる。憲法改正と同じタイミングで、国家副主席に選んだ盟友の王岐山[23]とともに、二人三脚で「習王体制」を確立し、納得がいくまで支配を続ける勢いだ。

　憲法改正案が明らかになると、「終身制」「皇帝になる」「袁世凱だ」といった批判のメッセージがインターネット上で拡散した。2017年10月の第19回党大会では、それまで習近平の後継候補と目されてきた幹部を誰一人、政治局常務委員に引き上げなかったことから、習近平は3期目を目指すとの見方が強まっていた。

　国の仕事とは違い、共産党の職にはそもそも任期がなかった。習近平は党のトップである総書記だから、自分で「辞める」と言うまでトップを務めることは可能だった。しかし、建国の父である毛沢東が1976年に82歳で亡くなるまで党主席を務め、晩年は取り巻き連中に利用され、文化大革命という災禍を招いた教訓から、毛沢東死去後、「党主席」は廃止された経緯がある。

　総書記の身分で終身君臨することには、さすがに党内の抵抗が強い、と判断したのだろう。そこで、憲法上のポストである国家主席として、再任を繰り返すことで権力を握り続けるのが現実的、と判断したと見ることができる。

越境する市場、融合しない価値観　〜グローバル化と現代中国〜　119

しかし、憲法の規定で、国家主席は「最長2期」と制限をつけたのは、先人の知恵である。現行の1982年憲法を制定する際、時の最高実力者、鄧小平らは、毛沢東の負の遺産を繰り返してはならない、と判断したためだ。今回の憲法改正は、鄧小平の遺志に背くものであり、その意味でも国内の反発は少なくないと見られる。

（2）習近平思想による権威づけ

　習近平は、以前の総書記と違い、カリスマ政治家の「指名」によって選ばれた指導者ではない。1978年の改革開放後、総書記に選ばれた指導者は、胡耀邦から胡錦濤（習近平の前任者）に至るまで、いずれも鄧小平が指名していた。ところが、習近平はカリスマ指導者による指名を受けていない。

　鄧小平が1997年に亡くなった時、習近平は福建省の共産党委員会副書記だった。その習近平が、総書記の筆頭候補に躍り出たのは、2007年の第17回党大会だった。胡錦濤の後継最有力候補として、長く下馬評に上がっていた李克強を最終局面で逆転しての劇的な登場だった[24]。しかし、胡錦濤やその前任の江沢民には、鄧小平のようなカリスマ性は認められない。

　だからこそ、習近平は権威の強化に余念がない。2017年の第19回党大会では、自身の政治理念「習近平の新時代の中国の特色ある社会主義思想」を党規約に盛り込んだ。最高実力者の名を冠した政治理念が党規約に載った例は、過去に毛沢東思想、鄧小平理論しかない。しかも、鄧小平の場合は、亡くなった後に開かれた第15回党大会（1997年9月）で、党規約への掲載が初めて決まった。現役のトップの名が党規約に書き込まれたのは、建国の父、毛沢東以来である。

　江沢民の政治理念「『三つの代表』重要思想」と、胡錦濤の政治理念「科学的発展観」も党規約に載ってはいるが、いずれも指導者本人の名前は盛り込まれていない。

　メディアでは、習近平に対して、「領袖」（指導者のこと）という言葉が使われるようになった。中央党校の機関紙「学習時報」は、繰り返し習近平を「領袖」と呼んでいる。「人民領袖は天命によってここから生まれた」と題する2017年8月24日の記

事は、革命歌曲・東方紅を取り上げ、「歌が讃えているのは、延安から一歩を踏み出した人民領袖毛沢東である」「中華民族の偉大な復興とチャイニーズドリームを実現する重要な時期に、人民領袖は再び延安から天命によって生まれた。これは党の幸運、国の幸運、人民の幸運、民族の幸運である」と褒めちぎってみせた。

　毛沢東は「偉大な領袖」と呼ばれ、後継者の華国鋒は「英明な領袖」と呼ばれた。台湾で「領袖」といえば、以前は蒋介石のことを指していた。

　領袖の言葉が習近平に向けられる前に、「核心」という称号も復活した。2016年10月の第18期6中全会のコミュニケで、「習近平同志を核心とする党中央」という言葉が用いられた。この年の初めから、地方の指導者が「核心」という言葉を用いるようになっていた。核心は、毛沢東、鄧小平、江沢民時代に使われ、胡錦濤には用いられず、「胡錦濤同志を総書記とする党中央」と呼んでいた。

　毛沢東と取り巻きによる独断専行と文化大革命の大混乱を反省し、鄧小平らが導入した集団指導体制は、実質的に形骸化している。毛沢東を彷彿させる個人崇拝の様相も呈している。

　中国では、建国以降の歴史を「中国が立ち上がった」「中国が豊かになった」「中国が強くなった」の三段階に分ける見解が喧伝されている。それぞれ、建国後の毛沢東時代、改革開放後の鄧小平時代、総書記就任後の習近平時代と重ね合わせている。共産党政権の正統性を強調するとともに、習近平が毛沢東、鄧小平に並ぶ「偉大な指導者」であるということを強く印象づけようとする動きだ。

（3）政敵および異論の排除
①実績より忠誠心重視

　共産党の主要幹部を見ると、政治局員・中央弁公庁主任兼国家主席弁公室主任（大番頭、官房長官といわれる）の丁薛祥は、上海市時代の部下である。政治局員・党中央組織部長（幹部人事を取り仕切る）と中央党校校長を務める陳希は、清華大学の同窓。地方のトップでは、政治局員・北京市書記の蔡奇（福建、浙江時代の部下）、政治局員・上海市書記の李強（浙江省時代の秘書役）、政治局員・天津市書記の

李鴻忠（「習核心」を連呼）、政治局員・広東省書記の李希（習近平の父の部下に引き立てられた）が、忠誠心の高い幹部として、それぞれ重要都市を担当している。政治局員・重慶市書記の陳敏爾は、浙江省時代の部下で、第19回党大会では、習近平の後継候補として政治局常務委員に昇格するとの観測もあった。

　習近平は政治的実績より部下の忠誠心を重視している、との分析が飛び出す根拠は、破格の抜擢が目立つことである。北京の蔡奇は中央委員でもないのに北京の書記になり、第19回党大会で一気に政治局員に。上海の李強は第19回党大会直前の7中全会で中央委員候補から中央委員になり、党大会で政治局員に引き上げられ、すぐに上海のトップとなった。広東の李希は中央委員候補から政治局員に引き上げられた。

　共産党員は約9,000万人。そこから選ばれた中央委員は204人、中央委員候補は172人である。政治局員はわずか25人、そのうち7人が政治局常務委員として最高指導部を形成している。

②後継候補指名は先送り

　2022年までの任期を務める政治局常務委員7人は、いずれも60歳以上で、次世代の後継者は見当たらない。2018年3月の憲法改正で、国家主席の任期制限がなくなったことから、習近平の3期目（2022〜2027年）入りがほぼ確実の見通しとなった。2027年には74歳になる。

　ところで、独裁者は、どんな結末を迎えるのか。毛沢東の場合は、1976年に亡くなるまでトップの地位にあり、取り巻きたちの好き勝手な振る舞いを許し、国内を大混乱に陥れた。毛沢東死去後、権力を受け継いだ華国鋒は、毛沢東の権威を利用しようとしたが、鄧小平らの批判を受けて主席の地位を追われた。1978年、政策は改革開放に大転換し、高度経済成長期に入るわけだが、経済優先の道にたどり着くまで、中国は長い時間を浪費した。

　習近平がもし「賢明」な指導者であれば、終身制ではなく、4期目に入る前に、円滑に権限を譲る道を選ぶだろう。一般国民から見れば、多数が納得する後継

者が現れ、権力奪取の争いが起きないことを祈るのみ、ということだろう。習近平が「賢明」な道を選ばなかった場合、国民が災禍を被ることになる。

③反腐敗という名の権力闘争

2012年以来、習近平のライバル、あるいは抵抗勢力と目される共産党幹部が次々に摘発され、失脚していった。代表的な人物は、周永康、薄熙来、徐才厚、令計画、郭伯雄、谷俊山らがいる。

周永康は胡錦濤政権で政治局常務委員を務め、治安・情報部門を掌握していた。中国石油天然ガス総公司の元総経理（社長）で、石油閥でもある。国土資源相、四川省書記、公安相（警察のトップ）、国務委員（副首相級）を歴任。2012年11月に引退した。その後、腐敗問題が発覚。党籍剥奪となり、最高検によって逮捕された。2015年6月、天津市第一中級人民法院（地裁）で、収賄、職権乱用、国家機密漏えいの罪により、無期懲役の判決を受けて服役している。「政治局常務委員は刑を受けない」という改革開放後の暗黙のルールが破られる結果となった。

薄熙来は、中国革命指導者の一人である薄一波の次男として生まれた。胡錦濤政権で政治局員・重慶市書記を務めた。大連市長、大連市書記、遼寧省長、商務相を歴任し、積極的な外資誘致活動を通して、日本とのパイプも太かった。

しかし、犯罪に関与して、2012年3月、重慶市書記の職を解かれ、9月には党籍剥奪。2013年9月、済南市中級人民法院（地裁）で、収賄、腐敗、職権乱用の罪により、無期懲役の判決を受けた。薄熙来はこれを不服として控訴したが、二審の山東省高級人民法院（高裁）でも2013年10月、無期懲役の判決となり、服役している。

徐才厚は、人民解放軍の指導者で、「東北の虎」と呼ばれた。胡錦濤政権で、政治局員・中央軍事委員会副主席を務め、軍のトップを兼ねる胡錦濤主席を凌ぐほど、軍に対する大きな影響力を持っていた、と伝えられる。済南軍区政治委員、解放軍総政治部主任を歴任。2012年11月、引退した。その後、収賄問題が発覚。2014年6月、党籍剥奪となり、7月には軍籍と上将の階級称号を剥奪された。2015年3月、北京の病院で病死した。

越境する市場、融合しない価値観　〜グローバル化と現代中国〜　　123

令計画は、党エリートの養成機関、共産主義青年団出身で、胡錦濤政権時代に党中央弁公庁主任を務め、胡錦濤の大番頭と目されてきた。2012年8月、弁公庁主任の職を解かれ、党中央統一戦線部長に「左遷」された。2012年の第18回党大会は、令計画の昇任が一つの焦点となっていたが、政治局員には選ばれず、中央委員に留まった。2013年3月、全国政協副主席となった。

　2014年12月、問題が発覚し、統一戦線部長を解任。2015年2月、全国政協副主席も罷免された。7月には党籍剥奪。さらに、最高検に収賄の疑いで逮捕された。2016年7月、天津市第一中級人民法院（地裁）で、収賄、国家機密の不法取得、職権乱用の罪で無期懲役の判決を受けた。

　外国メディアは、令計画のクーデター未遂の件を報じている。第18回党大会は、「習近平総書記、李克強次期首相」の選出が確実視されていたが、これをひっくり返し、「令計画総書記、李源朝次期首相」の実現を企てていた、というものである。周永康、薄熙来、徐才厚、令計画の4人は手を組み、「新四人組」として準備を進めていた、という。真偽のほどはわからない。

　郭伯雄は、解放軍の指導者で、「西北の狼」と呼ばれた。胡錦濤政権で、政治局員・中央軍事委員会副主席を務めた。2012年11月に引退した。2015年4月、問題が発覚し、党内で調査が始まったが、この時は公表されず、7月になって、収賄の疑いで党籍剥奪が発表された。2016年7月、一審で無期懲役の判決を受け、上将の階級称号を剥奪され、服役している。

　谷俊山は、解放軍の元中将。総後勤部（兵站・補給などの後方勤務を担う）の基建営房部長、全軍住宅制度改革弁公室主任、総後勤部副部長を務め、2012年に問題が発覚した。腐敗、収賄、公金流用、贈賄、職権乱用の罪で、2015年8月、解放軍軍事法院は、執行猶予付き死刑判決を下し、中将の階級称号は剥奪された。

（4）奮闘目標と強国の夢

　習近平は「二つの100年」という数字を挙げて、2つの奮闘目標を示している。

　1つは、中国共産党創設100年に当たる2021年。その時までに国内総生産と都

市・農村部住民の一人当たり国内総生産（GDP）を2010年の2倍とし、小康社会（いくらかゆとりがある社会）を全面的に達成するとしている。世界銀行のデータでは、2010年の一人当たりGDPは4560ドルで、2017年には8826ドルに達しており、2倍の目標は余裕で達成できる。

2つ目の100年は、中国建国100年に当たる2049年。その時には、豊かで、強く、民主的、文化的で、調和のとれた社会主義近代国家になっている、という。

習近平は2017年10月の第19回党大会で、建国100年を念頭に置いた「二つの奮闘15年」という行動計画を発表した。第1段階は、2020年〜2035年で、近代化した社会主義国を大体において築き上げる目標。具体的には、経済力、科学技術力が大幅に飛躍し、イノベーション先進国になり、法治を進め、社会の文化水準を向上させる、という。さらに、中間層を増やし、都市と農村の格差を縮小させ、環境問題の好転を目指している。

第2段階は、2035年から今世紀半ばまでで、近代化した社会主義強国にし、総合的な国力と国際的な影響力において、先頭に立つ、と述べている。習近平氏が繰り返している「強国の夢」「中国の夢」の実現だ。

中国はすでにアジアにおける地域大国の地位を築いている。経済力は、いずれ米国を超えると見られ、軍事力でも米国に対抗する姿勢を見せており、国際社会における発言力はますます強まるだろう。

ただし、政治理念や価値観に絡む国際的な影響力については、疑問が残る。中国は今も、自由や平等、人権に関わる普遍的価値観を認めていない。西洋型の民主主義、三権分立も受け入れない、としている。むしろ、自由や民主主義に対する脅威にもなっている。

中国が今後、国際協調的な国として進むのか、それとも、欧米先進国の価値観とは一線を画したまま、独自の価値観と支配意識を持って米国と軍事的にも対決していく道を歩むのか。周辺国の日本としても、気が抜けない状況なのは間違いない。

共産党の一党支配は、しばらく続くと見るのが合理的だ。独裁的な政治体制が

越境する市場、融合しない価値観　〜グローバル化と現代中国〜　　125

もたらす数々の構造的な矛盾は、解決の糸口を見つけるのが難しい。今後、政治的な民主化は進むのか。国民の政治参加は拡大するのか。そうした単純な疑問に、現政権は何もこたえていない。

　国際社会で中心的な役割を果たすには、国家として不確実性を極小化することが重要となる。中国がどこに向かうのか、世界の中国ウォッチャーの分析が常に不確実性を伴うのは、中国そのものの不透明性が最大の要因であると言える。

　そもそも、どうして習近平が中国のトップに選ばれたのか。そこに至る過程は明らかではない。政治、経済、社会のあらゆる領域で、不透明感、不確実性が付きまとう。地方によって、あるいは人によっても、状況の判断やルールの解釈に違いが出てくる。それが中国の中の多様性でもあるが、制度として予測可能性が低いことは良いとは言えない。

　不確実性の最大の懸念材料としては、政権の今後。現在のような独裁的な指導者がいる状況だと、指導者の命が国家の命運に直結する可能性があるといってよい状況だ。

　早く透明性のある後継者の選抜制度を定める必要がある。例えば国家主席の選挙だろう。全人代代表による間接選挙でもよいが、複数の候補が立候補し、無記名投票で選挙を実施し、投票結果を公表することが権力の正統性を証明するものとなるだろう。

　国内の紛争、国際的な対立についても、予測可能性が高くなるよう法制度の整備や公平・公正な裁判の実現、市場経済化の拡大、共産党や政府による干渉の縮小が求められるだろう。こうした政権の根幹にかかわる諸課題にどう対処するか、まだ不明な点が多い。

（5）各種指標を通してみる中国の立ち位置

　各国・地域について調査した各種指標を比べて、中国の現状を分析してみたい。ここでは、華僑・華人社会に属する香港、台湾、シンガポールおよび日本、韓国、米国と中国本土を比較してみることにする。

各種指標とその出典は、国際競争力（世界経済フォーラム2017－2018）、経済自由度指数（米ヘリテージ財団2018）、民主主義指数（英エコノミスト2017）、腐敗認識指数（トランスペアレンシーインターナショナル2017）、報道の自由度（国境なき記者団2018）である。

　政治の清廉度と国際競争力について見ると、中国本土の競争力はかなり追いついてきているが、政治の清廉度では、まだ見劣りがする。他の国と地域を見ると、政治の清廉度の高さと国際競争力の強さには、一定の相関関係がある。

　経済自由度と民主主義について分析してみると、中国本土は両面において課題が多い。経済自由度では、香港、シンガポールが突出しているが、この2ヵ国・地域は民主主義では見劣りがする。台湾、日本、韓国、米国は、経済自由度と民主主義の状況において、比較的近い立ち位置にいることもわかる。

図表 1 政治の清廉度と国際競争力ランキング

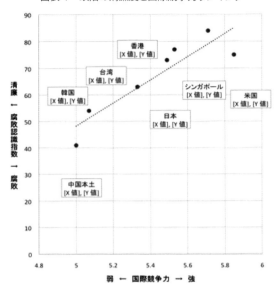

図表 2 経済自由度と民主主義ランキング

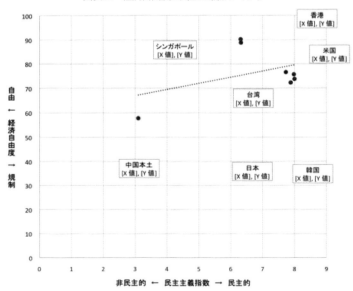

図表3　各種指標ごとの順位

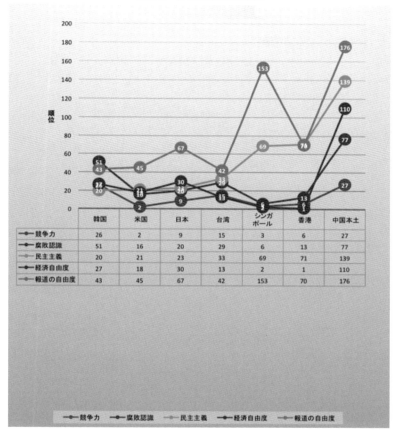

出典：国際競争力(世界経済フォーラム2017－2018)、経済自由度指数(米ヘリテージ財団2018)、民主主義指数(英エコノミスト2017)、腐敗認識指数(トランスペアレンシーインターナショナル2017)、報道の自由度(国境なき記者団2018)

参考データ

人民日報など中国各紙の電子版、新華社通信の記事

参与網の記事「樊立勤:維護党章, 中国必須堅決反対個人崇拝(党規約を擁護し、中国は断固として個人崇拝に反対しなければならない)」

http://www.canyu.org/n132964c6.aspx(2018年5月21日アクセス)

真頭殻Newtalkの記事「炮打司令部!鄧樸方友人貼大字報 痛批習近平搞個人崇拝(司令部を砲撃せよ。鄧樸方の友人が壁新聞を貼り出し、習近平による個人崇拝の企てを痛烈に批判)」

http://newtalk.tw/news/view/2018-05-08/123582(2018年5月21日アクセス)

学習時報の記事「做対党忠誠老実的共産党人(党に忠誠を誓う誠実な共産党員になれ)」

http://www.studytimes.cn/zydx/GCFT/2017-04-16/9005.html(2018年5月24日アクセス)

中国旅游研究院、携程発布《2017出境旅游大数据報告》

http://www.ctaweb.org/html/2018-2/2018-2-26-11-57-78366.html

(2018年6月21日アクセス)

中国新聞社の記事「教育部発留学大数据:中国成亜洲最大留学目的国」

http://www.chinanews.com/gn/2018/03-30/8479732.shtml

(2018年6月21日アクセス)

注

1 中国の改革開放を主導した共産党の指導者(1904年8月22日〜1997年2月19日)。外資導入と輸出振興によって飛躍的な経済発展の基礎を築いた。香港返還交渉でも英国と粘り強く交渉、「一国二制度」のアイデアによって、香港の資本主義制度の存続と「高度な自治」を約束し、1997年7月1日の返還を実現させた。

2 例えば、米国のシンクタンク全米民主主義基金(NED)は、中国やロシアのような独裁的な政権が、他国の外交や内政に影響を与えている力を「シャープパワー」と名付け、自由や民主主義の価値観に対抗する勢力として警戒している。

3 1898年、清朝政府が京師大学堂として設立。辛亥革命(1911年〜12年)の後、現在の大学名に。

4 現在の中国の最高指導者(1953年6月15日生まれ)。党、国、軍のトップ(共産党総書記、国家主席、中央軍事委員会主席)を兼ねる。2012年11月総書記に就任、2017年10月に再任された。習の権威を高めるため集権化が進み、毛沢東(1893年12月26日〜1976年9月9日)、鄧小平と並ぶ指導者になると目されている。習の指導理念「習近平の新時代中国の特色ある社会主義思想」は党規約と憲法に書き込まれた。

5 プロレタリアート(無産階級)文化大革命、通称文化大革命。1966年5月〜1976年10月まで続いた政治運動。毛沢東とその取り巻きが国民を動員、吊るし上げや家財没収、密告を奨励し、社会を混乱に陥れ、多くの幹部を迫害した。古い思想や文化を叩き壊すとの名目で、史跡や文化財が破壊された。「10年の大災害」と呼ばれる。

6 在米の中国反体制派言論人(1947年8月生まれ)。「北京之春」元編集長。北京大学哲学修士。1987年ハーバード大学留学。NPO「中国人権(HRIC)」理事。

7 中国が当時策定していた近代化計画で、工業、農業、国防、科学技術の四分野を対象としていた。

8 天安門事件のリーダーの一人（1969年2月生まれ）。当時、北京大学哲学系の学生だった。事件後も中国国内に残り、逮捕、服役し、1998年米国へ。ハーバード大学歴史学博士。台湾の大学で勤務した後、現在米国在住。

9 北京大学生の岳昕さんらが大学当局に対し、公開書簡の形で、教員による性的暴行事件の真相解明を求めたことに対し、大学当局は、岳昕さんに圧力を加えた。ところが、インターネット上で問題が拡散し、北京大学では2018年4月23日夜、岳昕さんを支援する壁新聞が貼り出された。

10 ソビエト連邦の改革はゴルバチョフ（1931年3月2日生まれ）が主導した。1985年3月10日、チェルネンコの死に伴い，ソ連共産党書記長に就任。ペレストロイカ（建て直し）、グラスノスチ（情報公開）によって政治経済改革を推進。新思考外交で緊張緩和を進め、東欧の民主化を支持した。1990年一党支配を放棄、大統領制を新設し、初代大統領に就任。1991年8月保守派によるクーデター失敗後、党書記長を辞任し、同時に共産党解散を勧告し、12月ソ連崩壊により大統領を辞任した。

11 現在も中華民国が実効支配している地域を「台湾地区」、あるいは「自由地区」と呼ぶ。「台澎金馬」と表記することもある。対義語は、中華人民共和国の支配地域を指す「中国大陸」、あるいは「大陸地区」である。地理的には台湾本島、澎湖群島、金門島、馬祖島、烏坵島、東沙諸島、南沙諸島の一部など。人口は約2300万人。

12 世界人権宣言60周年に合わせて、2008年12月9日、インターネット上で劉暁波ら303人が連名で発表した宣言文。憲法改正、三権分立、直接選挙、司法の独立、人権保障の拡大などを求めた。

13 「建国以来の党の若干の歴史問題に関する決議」で、1981年6月27日の中国共産党第11期中央委員会第6回全体会議（六中全会）で採択された。

14 毛沢東の権威を背景に文化大革命期にのし上がり、権勢を振るった政治勢力。メンバーは王洪文（中国共産党副主席）、張春橋（副首相）、姚文元（中国共産党政治局員）、江青（毛沢東の妻、政治局員）。

15 毛沢東死去後、一時的に中国共産党主席の座を継承した元側近の幹部（1921年2月16日－2008年8月20日）。毛沢東の政治路線を無批判に受け継いだため、鄧小平らに批判され、まもなく実権を奪われた。

16 米国のヘンリー・キッシンジャー大統領補佐官は1971年7月9日、密かにパキスタン経由で北京入り。周恩来首相と会談し、相互に信頼関係を築いた。7月15日夜、ニクソン大統領はテレビを通じ、キッシンジャー補佐官の極秘訪中と自身の訪中計画を電撃的に発表した。1972年2月21日、ニクソン大統領夫妻は北京を訪問、北京空港到着の模様はテレビで世界に生中継された。2月28日に上海で米中共同コミュニケが発表され、国交正常化に向けて努力する方針が示された。米中接近はアジアの国際情勢を一変させた。日本が中国と国交正常化に動きっかけにもなった。

17 世界大戦の勃発に備え、重要な産業拠点を守るため、国境から遠い中国西北部（陝西、甘粛、

越境する市場、融合しない価値観　〜グローバル化と現代中国〜　131

寧夏、青海など)、西南部(視線、重慶、雲南、貴州など)に集めて建設した。こうした内陸の地域を「三線」と呼んだ。

18 1978 年 5 月 11 日、全国紙の「光明日報」に特約評論員の論文として掲載された。中国語の標題は「実践是検験真理的唯一標準」。論文は「真理を検証する基準は社会で実践するしかなく、理論と実践の統一はマルクス主義の最も基本的な原則であり、いかなる理論もたえず実践による検証を受けなければならない」と指摘し、毛沢東路線を無批判に継承する「二つのすべて」論は誤りと決めつけた。この論争は改革開放への道を切り開き、年末の三中全会で政策の大転換が正式に決まった。

19 民主の壁を舞台にした「北京の春」を代表する人物の一人は魏京生(1950 年 5 月 20 日生まれ)。政治的な民主化を主張したため、1979 年 3 月逮捕され、反革命罪で懲役 15 年の判決を受け、1993 年 9 月に仮釈放されるまで 14 年半服役。仮出所後、再び 1994 年 4 月に捕まり、政府転覆陰謀罪により懲役 14 年の判決。1997 年 11 月、病気療養を名目として再び仮釈放され、その後、米国に居所を移した。

20 米国は台湾との断交後、「台湾関係法」を 1979 年 4 月制定した。米中国交正常化によって、米国が台湾と結んでいた米華相互防衛条約が失効し、米軍台湾協防司令部が廃止され、在台米軍が撤退し、アジアにおける軍事バランスの変化が懸念された。そのため台湾関係法が制定され、1979 年 1 月 1 日に遡って施行された。米国は台湾関係法に基づき、台湾への武器売却を継続している。

21 2017 年 12 月時点。「中国インターネット発展状況統計報告」(2018 年 1 月)による。

22 出典は、中国旅行研究院と携程旅行グループがまとめた「2017 海外旅行ビッグデータ報告」。

23 習近平体制の 1 期目で、政治局常務委員、紀律検査委員会主任を務めた中国共産党幹部(1948 年 7 月 19 日生まれ)。2017 年 10 月の党大会後、政治局を離れ、中央委員にも選出されなかったが、2018 年 3 月、国家副主席に就き、党内の序列は政治局常務委員 7 人に次ぐ 8 位となった。経済政策に明るく、元首相の朱鎔基に引き立てられ、中国人民銀行副総裁、広東省副省長、北京市長、副首相を歴任した。岳父は姚依林(元政治局常務委員、元副首相)。

24 第 17 回党大会で、同時に政治局常務委員に選出されたが、習近平は序列 6 位、李克強は 7 位で、習が総書記の最有力候補となった。

越境する市場、融合しない価値観　〜グローバル化と現代中国〜　　133

明治期の国内移住
～与論の民の軌跡～

国際社会学科　井上　佳子

　2019年4月から、改正入国管理法が施行された。新たな在留資格を設け、人材不足が深刻な介護や農業、漁業など14業種を対象に外国人労働者を受け入れる。初年度の2019年度は最大で4万7,550人、5年間で34万5,000人の外国人労働者を受け入れる見込みだ。

　案には2段階の在留資格が設けられた。「特定技能1号」は単純作業など比較的簡単な仕事に就くもので在留資格は最大5年、家族の帯同は認められない。「特定技能2号」は熟練した技能が要求される業務で在留期間の更新もでき家族の帯同も可能だ。

　現在、留学生がコンビニやファストフード店でアルバイトをしたり、技能実習生が建設現場や工場で働くなど日本では既に146万人が就労している（2018年10月厚生労働省まとめ）。長崎県の人口（約133万人）をしのぐ数だ。現実的には「労働力の国際化」は既に始まっているが、今回の入国管理法の改正は、移民の受け入れに消極的だと言われてきた日本が外国人の受け入れる方向に舵を切ったとも言えるのではないだろうか。

　かつて筆者は、熊本と福岡にまたがる三池炭鉱への労働者の流入について調査したことがある。三池炭鉱は明治になって官営となり、その後三井財閥の所有となった。明治、大正、昭和と、日本の近代化とともに三池炭鉱は発展していった。

　三池炭鉱への労働者の流入に関しては、現在も国際問題として軋轢を生んで

いる中国、朝鮮半島からの流入もあるが、今回この稿で取り上げたいと考えているのは、与論島からやってきた労働者だ。このときの移住は、島での食糧が不足して島民の生活が立ち行かなくなり必要に迫られての移住だった。彼らは「日本人」なのだが、当時の南西諸島のおかれた立場からどこか「外国人」のように見なされ、その状況を三井は炭鉱での差別構造に利用し搾取した。

1993年から日本で始まった技能実習制度は、低賃金、人がしたがらない仕事、当事者の被差別感、仲介者の存在、多額の借金と多くの問題点が指摘されており、時代が違っても与論の民と共通する点は多い。故郷への仕送りや新天地への期待など、移住に対して希望もある点も共通している。

当時与論出身者に向けられていた視線は、現在アジア各国からやってくる技能実習生と重なる点があるのではないだろうか。与論の民の軌跡を改めて辿ることは、これからの移民の受け入れを考えるうえで有益だと考える。

「与論の民」にとって、移民の出発点となったのは、長崎県南島原市の口之津だ。港の近くにある口之津歴史民俗資料館には当時の口之津港の写真が掲示され、往時の賑わいが伝わってくる。

当時福岡県の三池には大型船の着岸できる港がなく、石炭は有明海をはさんで対岸の口之津に伝馬船と呼ばれる小型船で運ばれていた。三池から運ばれた石炭はいったん港の貯炭場に下ろされた後、大型船に積み替えられた。当時の口之津港にはバッタンフールと呼ばれていたイギリス船籍の船が出入りしていて、三池の石炭は上海や香港に運ばれ世界の海を渡る船の燃料となった。当時石炭は日本の輸出品の主力商品だった。

1.三池炭鉱

(1)囚人労働

熊本県荒尾市と福岡県大牟田市・みやま市にまたがる三池炭鉱。三池炭鉱は、1469(文明元)年、大牟田市北東部の稲荷山で焚火をしていた農夫が「燃える石」を発見したことが始まりと言われている。江戸時代、炭鉱は三池藩が管理し

ていたが、1873（明治6）年に官営となる。当時、炭鉱労働の主力は囚人で、官営となった時点で50人の囚人が使役されていた。

　この頃、石炭は産業の近代化になくてはならないエネルギーだったが、地下での危険な作業に従事する労働力の確保は難しかった。国家権力によって自由に使役できる囚人はとても都合のいい労働力だった。三池では炭鉱労働の始まりは囚人労働だ。

　1883年、囚人の炭鉱での使役を目的として、内務省直轄の刑務所、三池集治監が大牟田につくられる。囚徒の数は年々増え、囚徒が炭坑労働に従事することで出炭量は飛躍的に伸びた。

　1889年、三池炭鉱は三井財閥へ払い下げられる。この頃三池炭鉱の囚徒の数は2,000人を超えており、坑夫全体の69％を占めていた。囚徒たちは、鎖につながれ、柿色の囚衣に編み笠姿で坑口と監獄を毎日行き来した。過酷な労働から三池集治監が設置されていた49年間に、2,591人の囚徒が炭鉱で命を落としている。死因は肺結核、気管支炎、坑内圧死などとなっている。(浦川守, 2005)。

(2)「世ニ慣レザル土百姓」

　実は払い下げの頃から既に三井は、囚人労働の再考を迫られていた。囚人労働は効率的でないとの理由からだ。

　「受刑者の鉱夫は低賃金ではあったが、一方、一般に低能率であり、看守護送、逃走防止、諸施設費などが増加し、総じて経費が割高で労務費節約の夢は破れることとなった。その上、『囚徒使役に関する諸種の法令、規則』等が煩雑で、しかも、作業命令が一般民間人の鉱夫と二重構造で正確敏速に行われず、世論の非難も多かったため、三池炭鉱は1902（明治35）年以降は、一般民間人の鉱夫の募集に努力した結果として受刑者の鉱夫を減少せしめた」(野瀬義雄,1993:148)。

　囚徒の使役は人道に反するという風潮も高まる中、三井は労働力を囚人から一般の坑夫に転換して行く。

　当時の三井が人夫募集にどんな考えを持っていたのか、1900（明治33）年、三池

炭鉱事務長が出した文書から伺うことができる。

「是迄募集致来リ候モノノ内土百姓ニシテ世ニ慣レザルモノハ足ヲ止メ候得共
　少シク世慣レタル者ハ皆逃走ヲ企テ甚シキニ至リテハ今夕来リテ明朝ハ既ニ
逃走シタルモノ多々有之　斯クテハ到底募集ノ目的ヲ達スル能ハザル次第ニ付
　世慣レザルモノノ他ハ断然募集セザル事ニ致申候、就テハ賃銭ノ如キモ此際
特ニ増加スル必要モ認メザル次第ニ御座候」。

（若松沢清,1966:20）。

　世間のことに無知な農民は、低賃金で重労働でも炭鉱に居つくが、世間のこと
を少しでも知っている者は逃走を企てるので、無知な者を雇うべきだ。賃金も上
げる必要はない、と言っている。素朴で貧しい農民を囲い込み、安い賃金で働か
せることに主眼が置かれた。熊本や福岡、鹿児島など九州各県から坑夫が集め
られた。

　熊本から募集に応じてやってきた、井本初蔵氏の談話がある。

　「私達の田舎は熊本の山村ですが、『後山六〇銭　先山八〇銭』の広告が
貼ってあり、募集人は一日一円にはなるというので、そりゃヨカぞ、村の宮さんでオ
ハライをしてもらい、馬車に乗って三池に来ましたバイ。ところが来てみると、一ヶ
月親子三人で金受け（給料）が一銭もなかった（中略）田舎から出た者ばっかりで、
どうして掘ってよいかわからず、下がった（入坑）その晩に落盤で死んだ者もいまし
た」（山根房光,1961:149）

　坑内では女性も働いていた。

　「昔のおなごし（女ご衆）は強かったですネ。私は入社した時は第一線の切羽で、
男同様に働いていました。採用時に支給された巾一尺、長さ八尺の紺の褌をき
りっと締め、頭髪は手拭で汚れぬように巻き、汗ふきの手拭を首にかけて、乳房を
プリプリさせ、殆んど全裸同様です。賃金も男の後山と同一でした。そのかわり、
荷いものでも何でも元気パリパリで、まごまごしよる男なんかかなわんくらい働いと
りましたヨ」。（山根房光,1961:152）

　子供も働いていた。

「尋常小学校を卒業したばかりの、数え年十三、四歳の、骨がまだかたまらぬ子供が、大正時代、大の男と一緒に働いたが、可哀想なものでした。賃金は大人の七合から八合だったが、作業量はそうたいして変わらず、石炭を一杯入れたバラを荷って、腰を切る（上げる）ときなんかうまくきれず、また仕事のかかりはじめはどうにかやってゆけるが、炭函のくる積み場まで遠いところを何十回と往復するうちには、肩が痛むし、腰がうずく等で右に左にヒョロヒョロしながらも、歯を食いしばって一生懸命頑張っていたようです。それでも係員や先山は冷淡に、仕事が満足にできんごたるなら帰れ、と怒鳴ってこなし（いじめ）てました。泣いた涙を拭こうと思っても、両手は粉炭で真黒だから拭くこともできず、落ちる涙も流しっぱなし・・・」(山根房光,1961:153－154)

そして「世二慣レザル土百姓」として集団で目をつけられたのが与論の民だった。

2.与論の民の軌跡
(1) 口之津へ
1898(明治31)年、与論島を未曾有の台風が襲う。

「この年の台風が去年十一月に新築校舎長さ十五間横五間の校舎大きな柱大きな平桁を以て思ふ存分沖縄の名大工が堅牢を誇って造った学校を倒壊して翁を泣かせた大風であったのである」(増尾国恵,1963:151－152)。

「台風、旱ばつ、悪疫の大流行という生地獄に襲われ死者続出し、一家全員が罹病し、餓死した子を墓穴に葬る力さえなく、岩陰にこもぐるみ捨てたるも者もあった」(若松沢清,1966:16)。

主食のさつまいもは枯れ、人びとは島に自生していた蘇鉄で命をつないだ。

「生の蘇鉄の実は有毒である。解毒には水が要る。旱ばつ、渇水のため、解毒用水が足りない。そのため中毒死する者や餓死する者が続出した。人々は埋葬する体力・気力を失って死体をこも包みにして風葬に付した。岩陰に骸骨の山積みができる。死臭が潮風に乗って漂う。島は死霊のさまよう生き地獄と化した」(上野正夫,1992:7)。

一方、三井の所有となった三池炭鉱は、三井の豊かな財力とヨーロッパから導入された近代的な技術で出炭量は大幅に伸びていた。石炭の積出港、長崎県の口之津では船積み人夫の人手の確保が喫緊の課題となっていた。与論島を未曾有の台風が襲ったことで、与論は人夫確保の対象として白羽の矢が立てられることになる。

　「大島島司が与論及び沖永良部両島の風害援助金請願のために鹿児島県庁に県知事をたずねて行き、たまたま人夫募集の交渉に来訪中の三井物産口之津支店長浅野長七と出逢い、両者を結び合わせた結果であった。つまり、奄美大島の島司の指令によって、与論役場は全力をあげて三井物産に人夫を供給すべく義務づけられたのである」。(森崎和江・川西到著,1996:43)。

　大島島司が台風被害に対して援助を求め、鹿児島県庁を訪れたところに、三井物産口之津支店長の浅井長七氏がいたのである。浅井氏は人夫募集の相談のために県庁を訪れていた。

　そして、与論の民を口之津に送る仲介を三井から請け負ったのが口之津に住む南彦七郎だった。

　「当時裸一貫であった沖仕頭の南彦七郎が常に機智に富める男だけに考え出したのが、自分がかつて往来してよくその人口稠密のために移住の希望があるのを知っている与論島の思想が、全く世間慣れしない質朴なところに注目して、之を引っ張り出して来たならば大した利益を得るであろうというので、早速同島の有力者と相談したところ、一般の島民がすでに移住の必要を感じている時であったため、機は直ちにまとまってここに七、八百の島民が全村こぞって移住することとなった。而して口之津港に来た彼らは南配下に属して随分正直に真っ黒くなって働いた。其の結果、大利益をしたのは南彦七郎で、彼は最初裸一貫の男であったのが、ズンズンと金が出来て、彼等が明治四十三年三池港の開港と同時に引移るに至った迄には、数十万円の資産家となってしまったのである。実に与論人は南のために福の神であった」(森崎和江・川西到著,1996:91)。

　口之津への集団移住の話を持ち掛けられた与論島では、何度も集会が持た

明治期の国内移住　～与論の民の軌跡～　　　139

れた結果「口減らし」として250人が島を出ることになった。

『与論島郷土史』には、「最貧窮の無財者、大負債者等が多くは先発者となり」
と記されている。

与論には、もともと、ヤンチュ（家人）制度と言われる身分制度があった。与論は
長い間、琉球に属していたが、江戸時代には薩摩藩に帰属していた。島の人たち
は、藩からさとうきびの栽培を強制され苦しんでいた。年貢を納めることのできな
い人たちは、集落の富裕層に借りをつくり身売りせざるを得なくなる。彼らはンダと
呼ばれた。ほとんどの人はいつまでも返せないから、終生ンダから抜け出すこと
はできない。

しかし身売りと言っても、もともとは知っている者同士。厳しい差別があるわけ
ではなかった。十五夜や盆、正月は着飾って主人とともに楽しんだという。

ンダは60歳まで主家に仕えなければならなかった。ただし3人の子を産み、それ
らの子が主家に仕えることができれば60歳を待たずに身分から解放された。だか
ら口之津への出稼ぎ話に応じたのは、ンダが中心だった。三井が借金の返済を
肩代わりしてくれるため、やっとンダから解放されるという期待からである。第1回
の募集で与論を出た山田峯富はこう語っている。

「ンダは口之津で三年間無給で働けば、これまでの借金、すなわちコメ三十二
俵は無代にしてやるという条件でした」（森崎和江・川西到著,1996:15）。

1899年、当時の区長（村長）だった上野応介自ら、島の人たちを率いる形で島
から本土への移住が始まった。上野応介の娘婿で、氏とともに移住の先頭に立っ
た人物に東元良がいる。東氏のひ孫にあたる東元良は曾祖父と同じ名だ。ひ孫
の東は、祖母から、外の世界を知らなかった島民たちを説得するのはとても大変
で、皆が決断するまでには時間がかかった、という話を聞いたことがある。筆者の
インタビューで東はこう語った。

「どういうところかわからないし、曾祖父も役所を辞めて自分が連れていく、という
ことで人を集めた。区長が行くなら、ということで人々は決心したと聞いています」。

与論に住む土持俊秀も、初めて人々が口之津に移住して行ったときの話を祖

母から聞いている。移住する人たちは、百合が浜から船に乗ったそうだ。当時は大きな船が停泊する港がなかったため、百合が浜の沖に本船が来てそこまでは繰り舟が人々を運んだ。土持はこう語った。「島から外に出たことがない人たちばかりですからね。よそに送り出す家族の気持ちはいかばかりか、計りしれません。悲しくもあり、心配でもあり。でも反面、希望もあったと思います」。

第一陣で口之津に渡った竹内ハルの談話があった。

「十二歳の時、お父さんに連れられて来ました。私はまだ子供でしたからどんなにして募集されたか知りません。船で口之津まで九日間かかりましたですよ。船負けで御飯も食べられんし、一銭で生唐芋を一つ買ってかじりよりました。船の人がにぎりめしを大人に一つ子供に半分ずつ、これを食べなさいとくれました」(森崎和江・川西到著,1996:19)。

第2回、第3回と次々と募集が行われ、与論の民は続々と海を渡った。

「最も多い頃、口之津には家族も含めて千二百二十六名の与論島民がいた。当時の人口が約五千六百人程度と推測されるのでその五分の一以上が移住したわけである」(森崎和江・川西到著,1996:19)。

3回目の移住までで島のンダはいなくなったと『与論島郷土史』は記している。

南島原市にある口之津歴史民俗資料館には、かつて石炭の積出港として賑わっていた頃の資料が展示されている。明治30年代の口之津港の写真には、沖を行き交う50隻ほどの船が写っている。手前には広大な貯炭場が広がっている。

与論の民の仕事は、三池から小型船で運ばれてきた石炭を港に下ろし大型船に積み替える仕事だった。石炭の荷役作業を担う彼らは「ごんぞう」と呼ばれ、一日中石炭運びに明け暮れた。積み込むときは、小舟から大型船に何本もの梯子をかけ、女たちがバケツリレーのように石炭の入ったザルを下から上に運び船に積み込んだ。この仕事は「ヤンチョイ」と呼ばれ、女たちは「ヤンチョイ、サラサラ、ヤンチョイ、サラサラ」と掛け声をかけながら重労働をこなした。

「石炭積みは、船からはしけまで棚をつけて、下のはしけから順送りに船の中へ積み込むとです。危ない仕事で、棚が揺れるので、海へぶりこまれて死によっ

た。死んだもんは三、四十人おります。南から香典金の二、三円がくるくらいのもん。怪我もよくしよった」（森崎和江・川西到著,1996:37）。

「寒い冬も、芭蕉の葉でつくった着物一枚を着て、黙々と石炭を運んだ」（井上佳子,2011:30）。

当時、口之津の人たちは、与論の民についてこう語っている。

「仕事の合間に付近の山畑を耕作して、さつまいもや野菜をつくり、さつまいもを常食にしておりました。家畜として豚や山羊も飼っていました。沖荷役で大型船の場合は帰宅しないので、陸からテンマ船で食事を運んでくるわけですが、さつまいものふかしたのをザルに入れ、味噌を丸めたのを葉っぱに包んでおかずとしてかたわらに入れてありましたよ。子供達は終日、海や山をかけまわって遊び、汚れたままの着物で、親も子もゴロ寝していました。地元の人達のかげ口では、豚小屋と云っているくらいでした。入港のない夜は、藁を抱えて一ヶ処に集まり作業のわらじを作りながら、三味線、太鼓で賑わい、島の民謡を唄って労苦を慰めていましたよ」「住居は長屋で、中央に通路があり、両側が向き合った部屋になっており、勿論畳などなく、板張りにゴザを敷いたものであり、カンテラを吊り下げ」（若松沢清,1966:22）。

「その頃は軍人と警察がいばっていました。ゆんぬ人（与論人）は朝鮮人の下とみられとったから、旅人（旅先の人。本土の人を指す）から「ヨーロン、ヨーロン」といって馬鹿にされました。ゆんぬ語は本土の人にはわからないし、ゆんぬ人は頭にものを乗せ歩くので、それを旅人は笑いました」。「いちばんくやしかったのは、家がないことでした。会社は、すぐ、家を出て行け、といいました。家を出たら行くところがない、どこも知っているところはないので、つらくてもくやしくても、黙って働きました」（森崎和江・川西到著,1996:31）。

与論の民は3年間無給だったが、与論から口之津までの船賃や、その3年間の衣食住の代金は、そののちの賃金から差し引かれ続けた。

与論の民謡にこんな歌がある。

　打ちじゃしよりじゃしより　誠打ちじゃしより

与論の民（口之津歴史民俗資料館提供）

　　　誠うちじゃしば　ぬ　はじかしやんが
　打ちだしなさい。誠を打ち出しなさい。誠さえ打ち出せば、何の恥ずかしいことがあるものか。
　民謡の底流に流れているのは、他人を欺くことなく、真心で接する「誠」の心。「誠」こそが、昔から与論の人たちの精神的な支柱になってきた。自然の脅威にさらされ、搾取にあえいだ人たちは助け合い、支えあわないと生きていくことができなかった。生きるための知恵でもあり、誇りでもあり続けた。

(2) 三池の与論村
　1902年、三井がヨーロッパの技術の粋を集めてつくった万田坑が掘削を始める。日清戦争、日露戦争に勝利した日本は、更なる大陸進出を目指しそのエネルギーの生産を急務としていた。
　1908年、大型船の着岸できる石炭の積出港、三池港が大牟田に完成、これによって石炭の積出しは、それまでの長崎県の口之津から大部分が三池に移った。
　当時口之津には、家族も含め1,126人の与論の民がいたが、このうち73人が口

明治期の国内移住　〜与論の民の軌跡〜　　143

之津に残り、623人が与論に帰った。そして428人が三池に移ることになった（三井鉱山五十年史編纂委員会,1944）。移住組は、住まいが与えられること、子供たちのために学校をつくることなどが条件として示され再移住を決心したという。

彼らの勤勉な仕事ぶりは評判になっていた。

「荷役人夫の柔順、精励、迅速、正確、掻並の平準なることは、当時関取汽船間でも評判であった」（三井鉱山五十年史編纂委員会,1944:73）

口之津から三池へ移動したときの証言があった。

「夜の十時か十一時頃三池港に着きましたですよ。潮が引いていて潟になっとったから潟の上を歩いて行きましたよ。社宅はまだ建っとりませんでした。琉球長屋に入りましたよ。琉球長屋といっていたから琉球の人が住んどったんでしょう。畳はなかったですよ。筵が敷いてありました。障子も襖も何もないとです。六畳くらいで、そこに二世帯や三世帯いれられました」（森崎和江・川西到著、1996、71）。

三池でも、与論の民の仕事はごんぞうだった。毎日毎日単調で重労働の石炭運び。他の仕事に就くことはできなかった。坑口から運ばれてくる石炭を貯炭場に下ろし、それを「塊」、「小」、「粉」に分ける選別作業（切り出し持ち直し）と、それを炭車や貨車に積み込む作業（入函）そして、港に入ってきた船へ燃料としての石炭（バンカー）を積み込む作業だった。

選別するのは女の仕事、貨車や炭車に積み込むのは男の仕事だった。頭上には高架が敷かれ炭車や貨車が走っていた。そこに梯子をかけて積み込んだ。男たちは手作りの六尺棒を肩に、調子をとりながら梯子を上り下りした。六尺棒は男たちの手作りで、長さが6尺（およそ182㎝）、左右に竹かご（バラ）がついていた。

彼らは「三間梯子の渡り鳥」と呼ばれた。梯子の長さは3間、およそ5.4m。16段で屋根ほどの高さがあったそうだ。

当時作業にあたった川田幸吉はこう語った。「朝は8時から作業を始めるけれど、船は何千トンでしょう。人力だからね。夕方終わるときもあるし、残業のときもあるし、全然決まっていない。一日中同じ仕事を終わるまでするんですよ」。

入港してきた船への燃料の積み込みも重労働だった。積み込む場所はバン

カーホールと呼ばれ深くて危険だった。夏は甲板の鉄板が太陽熱で焼けて、中は蒸し風呂のように暑かった。

　出炭が増えるにつれて、ごんぞうの仕事も多忙を極めた。岸壁で作業が終わらないときは、船は出港し、与論の民も船と一緒に沖に出た。そして積み込みが終わるまで船は沖に停泊した。作業が終わると、与論の民は迎えに来た小船に飛び乗り港へ帰った。積み込みを待って船が何隻も沖に停泊していることもあった。積み込み作業は天候が悪くても中止されることはなかったという。荒れ狂う海での作業はとても危険で人が海に落ちたこともあった。

　地元人夫も同じ作業を請け負っていたが、常に作業条件のよい仕事を先取りした。

　「地元人夫の日役賃金が四十銭、与論組は二十八銭という差があった。東元良氏らを通して数度にわたって会社に申し入れたが、取りあげられない。このように作業上における差別や圧迫や賃金差が地元人夫との間にあったことは、口之津時代と同じであった。(森崎和江・川西到著,1996:86)。

　三池に移住したとき、与論の民は、三池港の近くの西港町の長屋に集団で暮らしていた。女たちは頭にものを載せて運び、地元の人にはわからない島言葉が飛び交った。彼らの様子は本土の人間には奇異なものとして映り与論の民は差別の対象となっていく。

　福岡日日新聞(現在の西日本新聞)に、当時彼らのことを取り上げた記事があった。1913(大正2)年9月4日から10日まで「三池の与論村」と題して5回にわたって連載している。5回とも「全く鎖国主義の一部落」との副題がつけられている。記事は「垢に染まった五体を真っ裸にして、焼酎の酔いに浮かれ、単調なぐにゃぐにゃした踊りを踊っていたのは、全く日本人種の間にこんなのがあるかなあと不思議がらぬ者はなかったという」「今に至っても他との交通がないだけに、特筆すべき珍奇な風俗習慣が今もなお、この納屋のうちに行われ、全然別世界の観を呈している」と記している。

(3) 炭鉱の差別構造

　長年三池炭鉱で働き、労働組合の機関紙に炭鉱の暗部の告発を続けた武松輝男は、与論の民と囚人坑夫、そして当時良民坑夫といわれた一般の坑夫の賃金を比較している。与論出身者の賃金を他の労働者の賃金と比べた資料は残っておらず、武松は、与論出身者がまとめた『三池移住五十年の歩み』と他の労働者の賃金表を比較する形で考察している。

　『三池移住五十年の歩み』によると、1919年9月の賃金について「男性が一日当たり39銭に手当16銭がついて55銭、女性が、27銭に手当13銭がついて40銭」であったと記されている。武松は、この賃金と、同じ9月の「三池炭鉱一日当賃金」を比較している。それによると、与論の民と同じ坑外の仕事だと、職種によって63銭から1円39銭となっており、いずれも与論の民より高い。坑内だと97銭から2円40銭となっており、与論出身者と更に大きな開きがある。

　囚人坑夫の賃金と比較すると、坑外では、鍛冶工が44銭、坑内の支柱夫が45銭、大工が43銭、雑役夫が34銭などとなっており与論の民より安いが、棹取夫と馬夫はほとんど同じで、坑内作業の採炭夫と運炭夫は与論の民の賃金より高い。

　また武松の調査によると、与論の民の賃金は、朝鮮半島から来た人たちより低く抑えられていた。朝鮮半島から来た人の中には、日本人の賃金の9割をもらっていた人もいたが、そのようなことは与論出身者ではまず考えられないという。

　武松は機関紙の中で、与論の民について「囚徒坑夫を除いた、三池炭鉱労務者の最も低い賃金に据え置かれていて、差別の根幹を荷わされている」と結論づけている。

　そして与論の民が差別されたのは、与論の地理的、歴史的成り立ちをふまえ、与論の民が日本人とみなされていなかったからだと分析した。囚人はいくら罪を犯したとはいえ、日本人の枠の中に入っていたというのである。

(4) 旧慣保存政策

　もともと与論島など奄美群島は、12世紀に成立した琉球王国に所属していた。

琉球王国は、その支配が沖縄本島を中心に、奄美群島、宮古諸島、八重山諸島、与那国までに及ぶ長大な海洋国家だった。17世紀はじめ、薩摩の侵攻で王国は薩摩藩の厳しい監視下に置かれ、人々は米、砂糖、織物などの租税に苦しむことになる。

　1871（明治4）年には明治新政府が行った廃藩置県により、中央集権的な政治体制が確立し、3府と72県が誕生する。しかしこのとき琉球だけは特異な廃藩置県が行われた。鹿児島県に編入され、琉球国から琉球藩となったのだ。

　1879年に沖縄県となるが、このとき与論を含む旧琉球王国には、本土に適用が進められていた近代国家の新制度が適用されなかった。土地の所有者に所有権を認め、課税制度を改めた地租改正も、すべての国民が教育を受けられるように定めた学制も、国政選挙の選挙権も適用が除外された。これは「旧慣保存政策」に基づくもので、これら新制度の適用を除外する代わりとして、旧暦や、従来の租税制度など古い慣習を残すことが認められた。

　背景には、昔から琉球を支配下に置いていた清国が、沖縄県となることに抗議していたことや、農民統治の末端にあった地頭層の特権を据え置くことで、これら不平武士と自由民権派が手を結ぶことを防ぐとの狙いがあったと見られている。しかしそればかりではないと考える研究者もいる。

　近代史が専門の大阪大学名誉教授、猪飼隆明は、差別的な秩序をつくり安定を図った側面があるのではないかと考えている。

　「島を出ざるを得ない状況があったとしても、彼らはもともと近代的な権利を保障されない状態で移住して、不平等関係に入った。正当な賃金を要求する立場は認められていない。

　そういう状態を資本は上手に利用する。与論にせよ、囚人にせよ、政治的権利も市民的権利も認められていないから、彼らを低賃金の労働力として使うのは好都合。中国人や朝鮮半島から来た人たちもそうだし、女子労働も同じ。新しく差別を作り出すのではなく、もともとある差別を資本が組織化する。そういう状況であるからこそ、与論島の人たちはまとまって防衛し慰めあう。更にその共同体の力を

利用することで、資本はその労働力を安定的に維持することになる。政府や権力が一番考えるのは、秩序の維持。秩序というのは、差別的な方が安定することがある」。

　与論の民は搾取されても、住む場所を与えてもらっただけで有難いと黙々と働いた。もともと島を出ていかざるを得なかった人びとである。炭鉱は生き延びるための唯一の場所だった。住宅と食べていくだけの賃金を与えれば、そこを出て行くこともできず、そこで働き続けるしか方法はない。一家の働き手である父親が病気などで働くことができなくなると、住宅に住み続けるために子供があとを継いだ。会社も学歴も低い方が使い勝手が良かったのだろう。与論島出身の労働者の子供は、三井三池小学校三川分校を卒業した後、高等小学校への進学を阻まれた。与論の民は親から子へ、そして孫へと仕事を引き継いできた。会社としては、長きにわたって安価な労働力を確保することに成功したのである。

　「世話方が、小卒でも人夫として採用すると言って進学を阻止したり圧迫したりしたのである。その上、高等小学校は約一里半も離れた駛馬村にしかなく、たとえそこを卒業しても絶対に船積夫以外に採用されなかったので、高等小学校に進学する者はすくなかった」（山根房光,1961:142）。

　そこに見えるのは「生かさず殺さず」の方針だ。

（5）新港町

　1936年、与論の民が新港町社宅に移った。新港町は石炭のボタを埋め立てて造成された。

　新港町は、三川坑社宅と港務所社宅にわかれていた。三川坑社宅には、三川坑で掘削をする労働者とその家族が暮らし、港務所社宅には港で荷役作業をする与論出身者たちが暮らした。

　与論出身者は会社直轄の雇用ではなかったため、全体の仕事量が減ったときはすぐに影響を受け賃金は不安定だった。低賃金を補うため、会社は新港町に1人当たり30坪の土地を貸し野菜を作ることを奨励した。畑は美名登農園と名付け

られ、社宅から海水浴場までの埋め立て地につくられた。

農園の中央には三井が賓客をもてなすゴルフの練習場があった。その休憩所に2本のマストが立てられ、与論の民に入港を知らせた。新港町に暮らしていた堀円治は、いつもマストを気にかけていたという。

「遠出するわけにはいかん。マストが見えるところにおらんといかんとです。潮干狩りしよっても、畑をしよっても、時々見て、旗があがっとったら明日船が入るという合図なんです。さっさと帰って明日の準備をせんといかんとですよ」。

池田喜志沢も新港町に住み、ごんぞうに従事していた。夫の給料が安いため、妻のチヨは苦労したという。チヨは忘れられない思い出を語った。

「共同の洗い場に行くと、横で洗い物をしている人のたらいから、ぶくぶく泡がたってるんですよ。なんで泡がたつんだろうと、珍しくて珍しくて、しばらく立って眺めていたことがありました」。

泡のたつ洗剤を使っていたのは、夫が三川坑で働く主婦だった。賃金の高い三川坑社宅の主婦は泡のたつ洗剤を買うことができたが、与論出身者は、泡のたたない洗濯石鹸しか買うことができなかった。同じ新港町社宅でも三川坑と与論出身者の売店は別々で、買うものも全く違っていた。

「生活レベルが全く違いました。奥さんの服も、子供の服もすべて違っていた。三川坑の人たちはみんな靴を履いていたけど私たちは皆裸足でした」。

子供に満足な食事を与えることができなかったことが一番辛かった。

「味噌汁の具がなくて、お湯に味噌を溶かしただけだったりね。でも一食抜きましょうということはなかった気はしますね。米の代わりにレンコンだけ食べたことはあったけれどね」

チヨは新港町にいた頃、現金を使った記憶がない。新港町の売店で、毎日少しずつつけで買い物をして給料から差し引かれた。お金が残ったことは一度もない。幸いにも子供たちは丈夫で病気をすることはなかった。

有元ハナも若い頃ごんぞうとして働いた。体が丈夫だった有元は、男たちに混じって塩や砂糖を担いで倉庫に入れたり石炭を運んだりした。重労働をこなして

明治期の国内移住　〜与論の民の軌跡〜　　149

きたことに誇りを持っている。

「私は字も読めないし無学だけど、体だけは健康で力仕事は負けてなかった。だから親にありがたいと思ってるんだよ。与論の人は負けなかった。内地の人に負けなかったよ。内地の人はごんぞうなんて仕事はできない。する人もいない」。有元の親は与論から口之津、大牟田と渡ってきてごんぞうの仕事をした。有元も25歳からごんぞうの仕事を始めた。

「この仕事を親の財産だと思って頑張ったんだよ。」

ごんぞうの仕事は、残業をするとパンが2個支給された。川田幸吉は残業するときにもらうパンをいつも子供たちに持ち帰った。息子の三津次はその時もらったパンの味を覚えている。

「親父は偉いなって思ってましたよ、腹が減るだろうにいつも俺たちのことを思ってくれてた。ごんぞうの仕事だけでは親子で食べていけなくて、徹夜で仕事をして帰ってから、そのまま、また土方のアルバイトに行ったりしてましたよ」。

(6) 第三の故郷

東京八王子市に与論の民の「第三の故郷」がある。通称「高見団地」と呼ばれる雇用促進住宅だ。ここは炭鉱離職者のために1964年に建てられた。雇用促進事業団は、合理化で炭鉱から出て行かざるを得なかった全国の炭鉱労働者を都市部に吸収するため、東京、大阪、愛知などに7万1,272戸を建設した。高見団地はそのひとつで全部で350戸。当初は九州、夕張、常磐など全国の炭鉱から職を追われた人たちがやってきた。

この団地とその周辺に与論出身者がまとまって暮らしていた。彼らは調布市や町田市などの清掃作業員の募集に応じて上京した人たちだ。

林行憲は、大牟田では港でごんぞうの仕事をしていたが生活が苦しく、わずかに給料の高い雑貨倉庫の荷物の積み下ろし作業に移った。ここでは一日中、硫安などの荷物の積み下ろし作業にあたったが、生活は苦しいままだった。

賃金と労働が全く釣り合っていない。まるで奴隷のようなものだと林は与論の民

荷役作業(上・下)(大牟田・荒尾地区与論会提供)

の置かれた現状に疑問が膨らんでいった。林は次第に組合活動にのめりこんでいく。その結果1959年に会社から指名解雇される。活動家の烙印を押されたのだ。

炭鉱を離職した林は九州各地の職業安定所をまわって仕事を探したが見つからなかった。理由は指名解雇されたというレッテルだった。

明治期の国内移住 〜与論の民の軌跡〜　　151

そんなときに、調布市が清掃作業員を募集していることを知り応募したところ、すぐに来てくれという話になり、林は一も二もなく上京した。林にとってごみの収集は、かつての重労働と比べれば大変でも何でもなかった。

林は大牟田の与論出身者に声をかけ、応じた仲間が次々と上京した。与論出身者は真面目だと評判になり更に仲間が増えた。当時、林の伝手で15人が働くようになったという。

「八王子を第三の故郷にしよう」を合言葉に与論の民は結束した。口之津、三池に続き、八王子を新たな故郷として、力を合わせて生きて行こうと誓い合った。

しかし周囲の彼らを見る視線は冷たかった。炭鉱から来たとわかると「炭鉱太郎は荒っぽい」と露骨に嫌な顔をされたり、九州の方言を理由に学校で子供がいじめられたりした。

林は努めて人と話すことを避けるようになる。仲良くなると出身地を言わなければならなくなるからだ。その結果、与論出身者が結束することになった。昭和40年代には、与論出身者たちは団地とその周辺に300人ほどが暮らしていたという。川原で運動会を開催したり、子供の成長の節目や結婚、還暦などを皆で祝ったりした。人が亡くなったときは団地の集会所を借りて葬式を営んだ。そうやって数十年、皆で助け合って都会で生きてきた。

3．与論の民として

（1）与論の民のアイデンティティ

口之津歴史民俗資料館の展示物の中に、明治期の「海員人名簿」がある。これは1899年から1905年にかけ三井物産がシンガポールや中国に石炭を運んだ船の船員の名簿だ。名簿の中には、与論の他、沖永良部島、甑島、徳之島出身の人たちの名前がある。彼らは与論の民と同じく、明治31年の台風被害で口之津の仕事を求めてやってきた人たちだ。その後三池港が開港して口之津の仕事が減ると、彼らは島に戻ったり、別の仕事を求めて他の場所に移ったりしている。結束して三池に永住することになったのは与論の民だけだ。与論の民はなぜ生き抜

くことができたのだろうか。大きな理由として、彼らは幸いにも「集団」であったことから、彼らの持つアイデンティティを維持することが可能だったことがあげられると思う。以下、筆者の調査の中から、彼らのアイデンティティに関わるエピソードを挙げてみる。

（2）与洲同志会

　1911年、四山与論納屋の中に分教場が設けられた。三川分教場と呼ばれ、与論出身者の子弟が通う学校だった。

　「彼等は三池に於て不潔の代名詞となり、一般人と隔絶した低級生活を営み、言語、風俗、習慣を異にするため、三池では、特にその子弟のみを収容する三川分教場（萬田小学校）を設けた程であり」（三井鉱山五十年史編纂委員会,1944：16）

　三川分教場は、1936年の三川坑開鑿に伴い社宅が新港町に移るまで存続した。一般の公立小学校にならって国語、算術、音楽などがあったが、同時に内地化教育も進められた。言葉や風習を本土に合わせようとしたのだ。堀円治が苦渋の表情で語った。

　「いわゆる同化運動だったんですね。故郷の言葉も使えないとはどういうことだろう、自分たちはそんな身分なのかと随分悩みました。堂々と自分の言葉を話す大人になりたいといつも思っていました」。

　しかし同時にその頃、与論出身者の中から、自分たちの風習を改めようという取り組みが始まる。

　昭和に入った頃は、最初に口之津に渡った世代の子供たちが成人を迎える時期で、彼らは流行の音楽に親しみ、「本土」の暮らしに違和感を感じることもなくなっていた。彼らは、帯を前に垂らしたり、頭にものを載せて歩くなどの風習を改めるよう、上の世代に呼び掛けた。本土の人間に追いつき追い越すことを目指したこの取り組みは「生活改善運動」と呼ばれた。

　しかしこの取り組みはうまくいかなかった。彼らが努力しても差別はなくならなかったからだ。外からの差別に与論の民は結束したが、それは逆に排他的になる

明治期の国内移住　〜与論の民の軌跡〜　　153

ことにもつながった。

　一生「ごんぞう」の境遇から抜け出せないという絶望感の中で、皆長屋を出て外に自分の家を持つことを夢見た。成功して外に出た人もいたが、それはねたみの対象となった。

　この閉塞した状況を打破しようと、1938（昭和13）年、若者たちが中心となって「与洲同志会」を結成する。現在の与論会の前身だ。結成の宣言には、次のように書かれている。

　「四十年の歳月を経、一千六百余の人口を抱擁すといえども殆んど総てが終始一貫船積人夫として労働し、住居又与論長屋と称する一ヶ所に集団し、其の生活は全く地方人と没交渉にして、為に真実の与論同胞が理解されず、一種特殊人種なるが如き誤解を招く・・・」

　一、　我等ノ行動ハ、与論精神タル至誠精神ニ基ルコト

　一、我等ハ各自ノ職場ニ於テ同僚ヨリ一倍半ノ努力ヲナスト共ニ災害ノ防止ト
　　　能率増進ニ関スル研究ヲナスベシ

　一、与論ノ歴史ト生活ヲ研究シ機会アル毎ニ地方人ニ対シ与論ノ正シキ理解
　　　ニ努メ向上発展ニ努ムベシ

　一、服従ハスルモ屈服スルナ　常ニ自尊ヲ保テ

　一、従来ノ与論ノ生活ニ対シ検討ノ上新生活方法ヲ樹立スルモノトス

（若松沢清、1966：49－50）。

　与論の民の魂である「誠」の心で人に接しながら、人より努力すること、周りの人間に与論について正しい知識を広めていくことが大切だとしている。また自分たちの生活も見直すべきところは見直さなければならないとしている。そして、仮に服従することがあっても、決して屈服はするまい、与論の民としての誇りを持ち続けていこうとうたっているのである。会員による温度の差はあったものの、このとき彼らは自分たちの文化や言葉を大切に生きていくことを申し合わせたのである。この与洲同志会は、いくつか名称を変えて現在の与論会につながっていく。

　彼らが暮らしていた新港町は、島の言葉が行き交い、与論と同じく、神道で先

新港町での運動会（大牟田・荒尾地区与論会提供）

祖を祀った。十五夜を祝う十三祝や9月の十五夜には、子供たちが集落の家々をまわって餅を失敬するトゥンガモーキャーを楽しんだ。お年寄りを大切にする与論の人たちは敬老の日には演芸会を開き親たちの長寿を祝った。

(3) 奥都城

　大牟田市中心部の延命公園の近くに、与論出身者の納骨堂がある。納骨堂は、戦後間もなく会員たちが資金を出し合って建てたものだ。納骨堂の建物の前には「奥都城」と書かれた石碑がある。「奥都城」とは日本の古語で墓のことだ。石碑の前には一抱えほどもある大きな石炭が供えてある。

　毎年4月、ここで慰霊式が開催される。まず皆で南の与論の方角を向いて一礼した後、宮司によって祭文が読み上げられる。そして一人一人が玉串を捧げる。与論は神道だ。

　大牟田荒尾地区与論会会長の町謙二がこの石碑に向かって先祖に挨拶する。

　「皆、タビンチュに負けんごつ頑張っております。どうぞお導きをお願いいたします」。

明治期の国内移住　～与論の民の軌跡～　　155

奥都城での慰霊祭（大牟田・荒尾地区与論会提供）

　彼らは本土の人間をタビンチュと呼び、与論の民をユンヌンチュと言う。
　奥都城は、先祖が代々苦労して今の自分たちがあるということを確認し合う場だ。絆を確認し、また頑張ろうという思いを子や孫にも引き継ぐ大切な場所なのだ。
　会員がここに集まるのは1年に4回。春の慰霊式、お盆、お彼岸、そして正月だ。毎回関東や関西からも多くの人たちが大牟田に里帰りし奥都城で絆を確かめ合う。
　先祖の遺骨が納められた納骨堂では、それぞれが先祖の祭壇にたばこや果物、手作りの料理を供えてお参りする。子供たちも大人と一緒に手を合わせる姿が目立つ。
　遠い島からやってきて帰ることが許されなかった与論の民にとって、ここは一致団結するために必要だった。仕事がきつくても脱落していかないようにと皆で励まし合ってきたのだ。納骨堂の建設は、大牟田に骨をうずめる覚悟を確認した場所だったのだろう。
　式典の後は、納骨堂の前の広場で皆で弁当を開き近況を語り合う。酒が入り、三線と歌が始まると、やがて思うがままに賑やかなカチャーシーの輪ができる。

（4）与論に帰る

　与論の民としてのアイデンティティを大切にしたひとりに酒井菊伝がいる。酒井は大牟田、東京と移り住んで最終的に与論に帰った。酒井の住まいは集落の中でもひときわ目を引く。玄関前の庭一面に浜の貝が敷きつめられているのだ。酒井の日課は浜で貝を拾うことだ。家の近くの浜に行くことが多いが車で遠出することもある。ビニール袋を手に白いサンゴや巻貝、蝶貝などをひとつひとつ拾って歩く。

　「与論の人間はこんな貝は見向きもしないけれど、自分はこれまでずっと旅をしてきたから、目につくんです」酒井はそう語った。

　家に帰るとそれらの貝を庭に撒く。酒井がそこに水をかけると、たちまちにして豊潤な浜が現れた。

　酒井が与論を出たのは高等小学校を出て間もなくのことだ。生きていくには島を出るしかなかった。同級生の多くも島を出て行った。

　14歳の酒井は茶花港から一人、旅立った。見送りにきた母親は一言「頑張ってこい」と励ました。その時の酒井は、自立してお金をためて母と暮らしたいという一心だったという。いつの日か与論に帰ることが酒井の人生の目標だった。

　酒井は大牟田に出て叔父の家に身を寄せ就職口を探したがなかなか見つからなかった。仕方なく埼玉と東京で建設業に従事していたが、17歳のときにやっと炭鉱に働き口が見つかった。

　「炭鉱で仕事が見つかったときはとにかく嬉しかった。炭鉱に入ればまず生きていくことができる。社宅はあるし」

　酒井は同じ与論出身の女性と結婚、新港町では米や野菜もつくって賃金を補った。

　しかし1960年の争議で第一組合に残った酒井は、条件の悪い場所に配置されたり賃金を抑えられたりした。生活が苦しくなった酒井は炭鉱を離れる決意をする。そしてごみの収集作業の募集に応じるために上京した。

当時は、コンクリートの箱に直接入れられた生ごみを卓球のラケットのような器具で掬い取り袋詰めにしていた。

　「底辺の仕事でね、皆、タオルで顔を隠して仕事をしていたけど私はそんなことは一度もなかったよ。ありがたい、ありがたいって思ったね。炭鉱の仕事を思うとね、どんなに汚い仕事でも有難かった」。

　「与論の人たちは生きるためには堂々としてましたよ。与えられた仕事は一生懸命やっていた。とても尊い気持ちがしますね」。

　酒井は60歳で定年を迎えた後、念願かなって与論に帰ってきた。そして長い間こつこつと貯めた貯金と退職金で与論に家を建てた。

　「与論に帰る、与論に帰る、そればっかり思って頑張ってきました。与論で死ぬんだって思い続けて」。

　自分の人生は何点ですか、と尋ねると、酒井は恥ずかしそうな笑みを浮かべて、百点と答えた。

4.与論の民の現在

（1）大蛇山祭り

　毎年8月に開催される「大蛇山祭り」は大牟田最大の祭りだ。地区ごとに造られたご神体の大蛇が山車に乗せられ、法被姿の男たちに引かれて大牟田のメインストリートを目指す。大蛇同士が鉢合わせすると、大蛇は巨体を震わせて火を噴く。女たちは威勢のいい掛け声で大蛇と男たちを容赦なく煽る。ヤマの男たちがぶつかり合う大蛇山は、炭鉱の街が一年で一番熱く燃える日だ。

　もうひとつ炭鉱の街で人びとの身体に刷り込まれたものがある。炭坑節だ。大蛇山で行われる「炭坑節一万人総踊り」は祭りのもうひとつの呼びものだ。

　三池に移り住んだ与論の民には、ひとつの目標があった。それは「与論の民として」総踊りに参加することだ。

　2008年、大牟田荒尾地区与論会会長の町謙二の方針で、与論会は「炭坑節総踊り」に正式に参加することになった。「与論の人間は恥ずかしいことは何もな

炭坑節総踊りに参加した与論会（大牟田・荒尾地区与論会提供）

い。心を開く突破口として出たいと思ったわけです」。町はそう決意を語った。

「炭坑節総踊り」に与論会として堂々と参加したいという声は以前からあった。しかし皆その一歩を踏み出せないでいたのだ。町がひとりひとりを説得した結果、50人が参加することになった。そして祭り当日はカラフルな揃いの法被で炭坑節を踊りながら大牟田の町を練り歩いた。

夜の打ち上げのとき、会員のひとりが涙ながらに語った。「大牟田の夏祭りに出ることは長い間の私たちの夢でした。きょうそれがやっと実現したという感動でいっぱいです。やっと大牟田市民になれたという気持ちです」。

(2) ユンヌンチュの文化を守って

三池港の近くに与洲会館がある。もともとは職員住宅だったところを閉山後も無償で貸してもらい、与論会が活動の拠点としてきたところだ。四畳半の部屋が二間と台所。随分古いが、ふすまに立てかけた数棹の三線がしっくりと炭住のたたずまいに馴染んでいる。与論会では、ここに定期的に大人や子供が集まって、与論小唄やデンサー節など島の歌を歌い、踊る。ここで練習した成果は、与論島

からやってくる小学生や中学生との交流会などで披露する。

口之津への移住から120年。与論会では、現在、大牟田の小学生や中学生を訪問して与論の民の歴史を伝えたり、与論と大牟田、相互に訪問して交流するなどの取り組みを毎年、更に積極的に行っている。

おわりに

1898年から現在までの与論の民の足跡を辿ってみて、日本がこれから外国人労働者の移住を進めるにあたり何が大切なのかがおぼろげながら見えてくる。

今回の入国管理法の改正に先立ち、1993年から日本で始まった技能実習制度では、法令違反にあたる低賃金などにより生活が立ち行かなくなり失踪する者が、2018年には、32万8,360人のうち9,052人に上った(法務省まとめ)。

彼らは日本に渡航する前に、仲介業者に、パスポート取得費用や渡航費、また渡航前の日本語学習費用などで、百万円以上を支払うという。更に「保証金」として数十万円を支払うケースもある。「保証金」は、彼らが実習生としての契約期間を満了すれば返還されるが、途中で帰国したり失踪したりすれば返ってこない。こういった高額の費用は、親せきや銀行から借りて賄うことが多いという。彼らは多くの借金を背負ってのスタートとなり、予想より賃金が少なかったり残業がなかったりすると生活が立ち行かなくなり失踪する。

また2010年からの8年間に事故や病気で死亡した実習生の数は174人。溺死や凍死などの他、自殺も12人に上っている。死亡の経緯がわからない実習生もいるという。劣悪な労働条件に加え、言葉の壁、家族と遠く離れていること、外国人差別から、孤独を募らせていったことは想像に難くない。

与論の民の軌跡と重ねてみても、被差別意識、低賃金、仲介者の存在、人のしたがらない仕事、多額の借金など重なる部分も多い。

かつて与論島出身者も、劣悪な労働環境の中で、言葉や風習の違いから何代にもわたって差別されてきた。逆境の中で与論の民が異郷に定住することができたのは、生来、真面目で働き者であった点も大きな要因のひとつだが、まとまった

数の「集団」であったことが最も大きいのではないだろうか。差別されることで排他的になりながらも、家族や同郷の者たちと生活することで励まし合い、自分自身を見失うことを免れてきたのだと思う。

与洲会館にやってくる与論島出身者はこう語った。

「ここに来ると、島の血が騒ぐんです。自然に身体が動いているんですよ。ここは子供、孫に代々引き継いでいかなければいけない場所です」「ほっとするんです。自分は与論出身だという感覚を持って帰るんですよ。抑圧されてもプライドがあったからつぶれなかったと思いますよ」。

搾取されても「誠」の心で働く祖父母、親の姿は、やがて子や孫の記憶の風景となり、誇りとなり、自らの生きていく力となったのではないだろうか。何世代にも渡った時間の積み重ねによって、その力は強くなっていったのだろう。

外国人の受け入れを進めるにあたり労働環境を整えるのは至極当然のことだ。更に、家族の帯同も含め、彼らが孤独に陥らないようにする対策が必要だ。そして彼らの言葉や文化、風習を尊重する取り組みが欠かせない。

そして「生かさず殺さず」ではなくスキルアップによるキャリアアップの道を開くことが大切だ。それが彼らの意欲や生きがいに直結することはもちろんだが、彼らに対する周囲の見方も変わり、差別心をなくすことにもつながるのではないだろうか。

これから百年後、日本は、固有の文化と異文化の融合する多様な社会となっているだろうか。多文化共生への意識の変革は、私たちひとりひとりに既に突きつけられている。

参考文献
浦川守(2005)『鎮魂　歴史探訪　負の遺産』三池印刷
野瀬義雄(1993)『三井三池鉱山財閥史』野瀬産業
若松沢清(1966)『三池移住五十年の歩み』与洲奥都城会
山根房光(1961)『みいけ炭鉱夫』労働大学
増尾国恵(1963)『与論島郷土史』与論町教育委員会
若松沢清(1966)『三池移住五十年の歩み』与洲奥都城会
上野正夫(1992)『与論島に生まれて』町田ジャーナル社

森崎和江・川西到(1996)『与論を出た民の歴史』葦書房

井上佳子(2011)『三池炭鉱・月の記憶』石風社

三井鉱山五十年史編纂委員会(1944)『三井鉱山五十年史稿　巻19』三井鉱山

三井鉱山五十年史編纂委員会(1944)『三井鉱山五十年史稿　巻15』三井鉱山

若松沢清(1966)『三池移住五十年の歩み』与洲奥都城会

浦川守(2005)『鎮魂　歴史探訪　負の遺産』三池印刷

野瀬義雄(1993)野瀬産業『三井三池鉱山財閥史』

山根房光(1961)『三池炭坑夫』労働大学

増尾国恵(1963)『与論島郷土史』与論町教育委員会

若松沢清(1966)『三池移住五十年の歩み』与洲奥都城会

上野正夫(1992)『与論島に生まれて』町田ジャーナル社

森崎和江・川西到(1971)『与論を出た民の歴史』葦書房

井上佳子(2011)『三池炭鉱・月の記憶』石風社

三井鉱山五十年史編纂委員会(1944)『三井鉱山五十年史稿　巻19』三井鉱山

三井鉱山五十年史編纂委員会(1944)『三井鉱山五十年史稿　巻15』三井鉱山

第II部
グローバル・スタディーズ

国際コミュニケーションの視点から考える"越境"

国際社会学科　賈　　曦

　グローバル化が進展するなか、メディア・資本・人の流動がますます活発となり、ボーダレスな情報社会が実現されつつある。こうしたグローバル化の進展と共に、アジア諸国の間においても、メディア文化は国の境界を越えて相互に受容され、メディア産業の提携が深まっている。

　特に1990年代以降、多メディア化、多チャンネル化は、世界的な現象となり、デジタル伝送といった電気通信技術の発達を背景に、デジタル放送やIPTVなどといった通信と放送の融合型サービスが登場する一方で、インターネット網の整備により、国際コミュニケーション網が急速に発達した。このような多メディア・多チャンネル化、デジタル化、グローバル化といったメディア環境の変化の中で、非西洋メディア文化の越境化が大きく注目されるようになっている。日本や香港、韓国などのアジア発信のメディア・コンテンツが幅広く消費されるようになり、国境を越えた情報の流通やコミュニケーションを可能にするメディアの越境的な性格を浮き彫りにしてきている。このように東アジアのメディアの越境化がますます活性化し、グローバリゼーションを進行させるとともに、市場経済及び政治の民主化という世界的な潮流を後押しすることになった。

　トムリンソン(Tomlinson, J.)は、「近代の社会生活を特徴づける相互結合性と相互依存性のネットワークの急速な発展と果てしない稠密化を意味する」とグローバリゼーションを定義し、「複合的結合性」という言葉を使って、グローバリゼーショ

ンが経済、政治、文化などにおける多義的な結合であることを説明している(トムリンソン,2000:15)。グローバリゼーションが世界的に広がっていることは自明だが、国際コミュニケーションにおけるグローバリゼーションの位置づけとそれがもたらす影響に関しては、さまざまな見解が提示されている。

1991年に、スレバーニー＝モハマディ(Sreberny-Mohammadi A.)は国際コミュニケーション研究の視点からグローバリゼーションがメディアにもたらす影響について論究し、1990年代におけるメディア環境の急速かつ複雑な変化を、既存の理論モデルによって説明するのはもはや限界であり、さらに新たな視点と視座が必要であると指摘している。

また、2000年代に入ると、カラン(Curran, J.)も欧米発のメディア理論の偏狭性を指摘、特にグローバル化が進む時代において、新たなアプローチの必要性を呼びかけている。

図表1　カランによるメディア理論の脱西欧化の構図

冷戦構造	西側(資本主義)　　東側(社会主義)	二極化
冷戦後	ネオリベラル　　　　規制的 民主的　　　　　権威主義的	二つの軸で 四つの象限

西欧のメディア理論そのまま適用するではなく、政治、経済制度が
異なる国々のメディアに対して、客観的な視点が必要

本章では、グローバリゼーションが進む中、国際コミュニケーション研究の視点から東アジアにおけるメディア・コンテンツの越境化の背景となるメディアの自由化と規制緩和を考察し、さらに国際的なコミュニケーション研究のパラダイムシフトについて検討を試みたい。

国際コミュニケーションの視点から考える"越境"　　165

1. 国際コミュニケーション研究の系譜

スレバーニー＝モハマディは、1960年代以降の国際コミュニケーション研究において、3つのパラダイムが順にその中心的な位置を占めてきたと指摘する。つまり、コミュニケーションと近代化理論、文化帝国主義理論、及び文化多元主義論である。

(1) コミュニケーションと近代化理論

コミュニケーションと近代化理論は、欧米先進諸国の発展の経験を一般化することで、1950年代後半から60年代にかけて発展途上国における経済発展を柱とした国家建設、いわゆる近代化に貢献する理論を提示する国際比較研究である。ここでは、コミュニケーションを近代化の指標とみなし、マスメディアの普及や通信施設の拡充、またメディアによる西洋的な価値観の導入やリテラシーの向上などを含むコミュニケーション・システムの発達を、国家の近代化を推進する一つの要素として位置付ける。言い換えれば、マスメディア、とりわけ放送メディアは、近代化と経済発展を促す有力なエージェントである(Servaes, 1986)。

このコミュニケーションと近代化理論は、開発理論主流のパラダイムに則ったものである(坂田,2004)。つまり、経済開発と近代化を目的としていることに、その特徴を見て取られるのである。しかしながら、それらの研究の多くがアメリカの強いイニシアチブの下で行われたことからも明らかなように、当時の国際政治情勢における共産主義勢力の拡大を阻止するための政策的研究の性格が色濃く、後に多くの批判を浴びることとなった。

これらの批判は、主に送り手側の意図、及びマスメディアと近代化の関係に対する認識が不適切であるという点について行われた。とりわけ、先進諸国の価値観をそのまま発展途上国に適用しうるかどうかについては、最も議論されたところである。また、量的な測定のみが重視され、質的な側面が見落とされているとの批判もある。

こうした問題点を踏まえ、欧米による近代化概念とそれに基づくコミュニケー

ションと近代化理論を相対化しようとの考えから、ラテンアメリカで生み出された
従属理論から発生した文化帝国主義理論が提起されたのである。

（2）文化帝国主義理論

　文化帝国主義理論は、1960年代にラテンアメリカの研究者を中心に提起され
た従属理論から発展した理論である。マルクス主義の帝国主義論や従属理論の
影響を受け、文化帝国主義理論は、マスメディアが、世界の中心部（Center）として
の第一世界による支配構造を強化する役割や機能を果たしているという問題提
起を行い、世界的な文化支配の構造を批判的に解明するアプローチとされる。第
三世界の発展を左右するグローバルな構造や相互依存関係に注目し、文化的
生産物の流通とメディア技術の移転が、第三世界の発展を助長するのではなく、
むしろ先進諸国への従属を強化し、真の発展を妨げてきた、と指摘する。そして、
真の発展は先進諸国の文化のコピーではなく、第三世界の優れた伝統文化に
基づく、内発的かつ自己選択的なものでなければならない、と主張するのである
（Sreberry-Mohammadi, 1997）。

　ところで、こうした文化帝国主義論に対して、さまざまな批判がなされた。批判
の中には、理論的正確性・論理的一貫性が欠如しているとの指摘もあるが、受け
手の能動的な受容の可能性を無視しているのに加え、圧倒的に実証研究が不足
していることが最も批判された点である。さらに、スレバーニー＝モハマディは、こ
の文化帝国主義理論は、当時の国際コミュニケーションの状況、特に発展途上
国のメディア体制の草創期を前提にして構築された理論であると指摘、1970年
代以降のコミュニケーション情報技術の浸透・普及、発展途上国のメディア・シス
テムの産業化、及びメディア文化の拡大などといった急速な変化について、十分
な説明を行うことができなくなっており、時代的・理論的な限界を迎えていると強
調している（Sreberry-Mohammadi, 1997）。

　その後、コミュニケーションと近代化理論における西欧近代中心主義の傾向、
及び文化帝国主義的アプローチの経済決定論を乗り越える、新たな価値原理と

して称揚されるようになるのは、文化多元主義である。

（3）文化多元主義理論

　文化多元主義について盛んに議論された背景には、1970年代から、発展途上国のメディア産業が飛躍的な発展を遂げ、非アメリカ・非先進国発のメディア文化が、世界的に流通し始めたことがある。このようなメディアの急速な発展とグローバル化という新しい動きを把握する枠組みとして、1980年代以降の国際コミュニケーション研究では、文化多元主義が唱えられてきた。文化多元主義理論は、現実のグローバル文化状況、メディア環境が、文化帝国主義モデルが前提とする以上に多元的なものであり、グローバル・メディアが伝統的な文化に及ぼす影響もそれほど大きなものではないという認識に立ち、文化的多元主義を標榜する。またアメリカをはじめとする先進国から押し付けられたヘゲモニー文化に対する発展途上国の自発的な抵抗、発展途上国の自立性と自律性を重視すべきであると主張する(Giddens, 1990)

　ここで指摘しなければならないのは、文化多元主義理論と文化帝国主義理論は、発展をめぐって異なる主張を唱えている点である。文化帝国主義理論の提唱者たちは、発展途上国は本当の意味での発展を遂げることができず、むしろ従属関係が強められると指摘することに対し、文化多元主義理論の提唱者たちは、ローカル文化の力強さを強調し、発展途上国におけるメディア生産物に内在している経済力を楽観的に評価しているのである。

　以上、国際コミュニケーション研究の系譜を振り返ってみることでもわかるように、この3つの理論は、経済発展をめぐって異なる立場から論を展開してきた。つまり、経済発展への問題意識は変わらないものの、議論の立場が変わるだけで、コミュニケーションと近代化理論、文化帝国主義理論、及び文化多元主義理論が相次いで登場し、攻防しあってきた。言い換えれば、経済発展という軸に沿って、国際コミュニケーションの理論が発展してきたと考えられる。また21世紀に入り、グローバル化をめぐる経済発展の位相の変化に合わせるように、国際コミュニ

ケーション研究の焦点も移っていったのである。

2.国際コミュニケーション研究の焦点の移行

　先述したように、カランは2000年に、グローバル化時代の新しいメディア理論の
アプローチを呼びかけている。この時期において、国際コミュニケーション研究の
焦点も、すでにラテンアメリカ地域から東アジア地域に移されたのである。

　1990年代当時、スレバーニー＝モハマディは、メキシコやブラジルなど、ラテン
アメリカ地域のテレビ番組に関する研究に注目し、その背後にある複雑なメディ
ア環境の存在、メディア事業システムやメディア・コンテンツの流通システムの移
行を指摘していた。それに対して、2000年にカランが指摘したのは、国際コミュニ
ケーション研究には、社会システムの移行途上にある国や混合体制を持つ地域
に注目する傾向があるということである。特に、東アジア地域のグローバル化によ
る諸影響が研究者の関心事となっている。つまり、グローバル化が進むなかで、
経済的な発展が著しい地域こそ、社会や、政治、文化などの領域に大きな変化が
現れると考えられ、国際コミュニケーション研究は、そこに新しい研究課題を見だ
すことになるのである。

（1）従来の国際コミュニケーション研究の焦点

　20世紀半ば以降の世界的なメディアの趨勢を考えた場合、長らく欧米、とりわ
けアメリカの圧倒的な文化ヘゲモニーが強調されてきた。文化帝国主義研究者
は、資本主義的・商業的価値観の氾濫、及び欧米支配層の言語・宗教・政治制
度、信条などメッセージの浸透が、マスメディアを中心とする近代的コミュニケー
ション・インフラストラクチャーの普及によって、一層深められると指摘する。そうし
た研究の代表的なものの多くは、ラテンアメリカ地域を事例として取り上げてい
る。例えば、ドルフマン（Dorfman, A.）とマテラルト（Mattelart,A.）は、アメリカ発のディズ
ニーコミックスという娯楽メディアが持つ民族差別的・帝国主義的文化侵略のイ
デオロギーを明らかにし、ラテンアメリカ地域におけるコミュニケーション装置に関

国際コミュニケーションの視点から考える"越境"　　169

する代表的な研究を行っている(Dorfaman, Mattelart, 1984)。ベルトラン(Beltran, L.R.)は、ラテンアメリカ地域で放送された米国製の代表的テレビ番組「セサミストリート(Sesame Street)などに関する内容分析を行って、その中に浸透している欧米社会の価値観を析出している(Beltran, 1978)。

　一方、文化多元主義理論の多くも、ラテンアメリカ地域におけるテレビ産業の著しく発展を、その研究対象都市、特にラテンアメリカ地域内発の文化所産であるテレビ小説を、文化変容の具体的な研究対象に取り上げている。

(2)1990年代以後国際コミュニケーション研究の焦点

　ところで、1990年代に入ると、グローバリゼーションは明らかに国際コミュニケーション研究のキーワードとなってきた。多くの国々において、グローバル化はさまざまな領域に自由化、及び規制緩和をもたらした。メディア産業に関しても、民営化・商業化、または市場化など、多様な自由化の傾向がみられた。ヘムリンク(Hamelink, C.)は、グローバリゼーションに応じて、多くの国は自由化及び規制緩和によって自国のコミュニケーション体制を修正していると分析する(Hamelink,1997)。特にアジア地域は、経済面でグローバリゼーションの一つのモデルとなっていく。これに伴い、アジア地域におけるメディア産業の自由化、及び規制緩和が世界的な関心を集めていった。

　1980年代から、アジア諸国の多くは自由市場経済を導入し、大きな経済発展をみせつつ、一方で政治的改革もある程度進行していく。このような潮流の中で、それらの国々においてメディア政策、メディア構造も大きく変容していった。このような変容は、メディアの商業化、つまり財源の市場収入への依存度が高まっていくようになることと緊密にかかわっている(Chan,1996)。さらに、政治、経済、または文化的な多様化が存在しているにもかかわらず、これらの国におけるメディアの自由化、及び規制緩和のプロセスには、共通な特徴がみられる(Hong and Hsu, 1999)。ただし、西欧社会と異なる社会環境の中で、アジア諸国で進行しつつある自由化及び規制緩和は、西欧社会とは異なる影響や意味合いを持っていると、

多くのメディア研究者に認識されてきたことも見逃せない点であろう。

3.東アジア地域におけるメディアの自由化と規制緩和

（1）放送事業の市場としての東アジア

　先に論及したように、国際コミュニケーション研究対象の焦点がアジア地域に
シフトしたことは、アジア地域における急速かつ持続的な経済発展がなければ語
れないものである。

　アジア地域においては、国家の近代化に伴って、1970年代から急速に工業化
が始まり、1980年代に入って継続的に高度成長を成し遂げた。

　新興工業国（NICs）に続いて、マレーシア、タイ、インドネシアなどのASEAN諸国
も安定的な経済成長を見せていく。そして、ソ連の崩壊、東欧社会主義国家の崩
壊が起こる一方、世界最大の社会主義国家として存続し続ける中国も、「改革開
放」政策の下で持続的経済成長を続けている。これらの国家の経済成長には、
一つの共通の特徴がある。それが、市場経済体制を導入しながら工業化を図り、
経済発展を見せつつあることである。

　東アジア地域は、経済市場として世界的な注目を集め、さらに放送事業の一
大マーケットとして成長してきた。

　マスメディアが社会の発展・建設に寄与するものとして密接に国家と関わり
あってきて、放送体制の確立と経済成長の進展により、国家を超えた放送・通信
サービスが注目を浴びるようになった。情報通信技術の進展は、グローバリゼー
ションの最大の推進力となり、1960年代以降、欧米を中心として通信衛星が次々
と打ち上げられ、大量の情報が国境を越えて同時的に流れるようになった。特
に、1980年代以降、放送衛星や通信衛星を通じてテレビ放送のグローバルな
流通が活発化した。欧米のメディア企業は、こうした通信衛星を利用して、積極的
に海外市場を開拓していった。同時に、アジア各国において、経済成長の波に乗
り、国家主導の情報産業を促進する政策が次々打ち出され、衛星を利用した情
報産業の成長に力を入れていた。香港では地元企業の出資で1991年にアジア

国際コミュニケーションの視点から考える "越境"　　171

38ヵ国をカバーする放送サービススターTVが開始されたが、1993年にルパート・マードックのメディア・コングロマリットであるニューズ・コーポレーションによって買収された。中国、東南アジア、南西アジア等地域に合わせた番組を提供することによって、放送サービスの現地化を図っている点が大きな特徴となっている。しかし、衛星放送による海外情報の直接流入を防ぐ目的でCATV政策を進めている中国や、国家の情報化推進政策の基幹ととらえる韓国など、さまざまな発展形態があるのがアジア的な特徴とも言える。

　また、この地域の高い経済成長率が消費支出の拡大をもたらし、それがテレビ受信機や広告需要の伸びにつながっていったのである。また、こうした広告需要の伸びは、既存のチャンネルの収入拡大と同時に、相次ぐ新たなチャンネルの開設を招くことになる。

　この時期のテレビ広告収入の急速な拡大の背景には、1980年代末まで、東アジア諸国の多くが地上波放送を国営放送という形態の下に置いていたことがある。基本的に政府の補助金に依存してきたテレビ放送事業が、この時期に多数、広告放送ないし公共放送に経営形態を変えていく。広告収入及び番組受信料体制に切り替わることで、新興広告市場が生成・成長していく。特に、中国、インドネシア、タイなどの国において急速な市場拡大が期待されている。

(2) 東アジアにおけるメディアの自由化と規制緩和

　東アジア地域において、近代国家の発展や国民統合の促進を目的に放送事業を開始する国は多く、各国政府は、国内の政治的、社会的な統制のため、放送事業の実際的な運営に対するさまざまな規制を加えてきた。

　リー(Lee,P.S.N)とワン(Wang, G.)は、放送事業に対する政府側の規制を、放送事業の所有権、放送内容、広告放送の3点に分類する(Lee and Wang 1995)。またルビン(Rubin, B.R.)は、放送事業の独占化と統制、放送事業の免許に対する政府の決定権、放送内容に対する政府の事前検閲、プレスとジャーナリズムに対する政府の介入などの諸点を、1980年代末までの東アジア諸国の放送事業における規制

の特徴として取り上げている(Rubin 1993)

　しかし、メディア事業のグローバル化により、東アジア地域においても、従来の放送事業の規制は次第に緩和されつつある。主に外資参入、外国から輸入された番組の割り当て、及び外国衛星放送の受信に対する規制緩和があげられる。

　また、放送事業の規制緩和の推進に加えて、放送事業の民営化も推進されてきた。カールトビゲス(Karthigesu, R.)によれば、東アジア地域における放送事業の民営化を実施する理由は、主に次の3点である。すなわち、政府が財政難から脱却すること、公共政策の領域における政府の支出を減少すること、放送事業を含む情報産業の全般を活性化することである(Karthigesu 1994)。

　さらに、東アジア諸国は国内放送事業の整備を積極的に推進している。近年、コミュニケーション技術の進歩により、放送事業と情報産業の境界線が曖昧になりつつある。東アジア諸国は、放送事業を含む情報産業を社会全体の情報化の一環をなす最も重要なものとして位置づけ、情報産業政策を国家プロジェクトとして次々と打ち出している。

　こうした放送事業の整備は、持続的経済成長と経済産業型への転換などの目標を達成するための情報産業の一環として位置づけられると考えられよう。

　次に中国のケーススタディーを通して、アジアにおける放送のグローバリゼーションの実態を見てみよう。

4.中国におけるメディアの自由化と規制緩和

(1)中国における放送体制の変遷

　周知のように、中国の放送体制は行政管理の主導により発展してきた。1997年のテレビ業界に対する管理規定「ラジオ・テレビ放送管理条例」により、「国務院ラジオ・テレビ部は全国のラジオ管理業務に責任を負う」と規定されている。

　このような管理体制の下で、中国におけるテレビ局の体制は次のように変化してきた。

　発足期においては、比較的に発達している全国の重要な都市でテレビ局が設

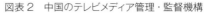

図表2　中国のテレビメディア管理・監督機構

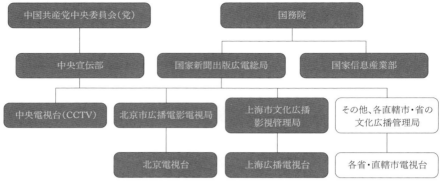

各種資料により作成。2013年3月に国家新聞出版総署と国家広播電影電視総局が統合され、「国家新聞出版広電総局」となった

立、それぞれの省（自治区・直轄市）の党委員会と政府に所属していた。もちろん、当時の経済的、技術的制限によって、カバーする範囲はほとんど当該都市に限られていた。

　また、1970年代初頭から80年代初め頃まで、地方の自治権拡大（とりわけ財政執行権の地方への大幅な委譲）によって、地方政府がテレビ局を建設し、テレビ事業を発展させる財政基盤を与えられていた。その結果、各省、自治区、直轄市においてテレビ局が次々と建設され、北京テレビは国家テレビ局として改組され、中央テレビと名付けられた。これで、中央と省（自治区・直轄市）との二つのレベルでテレビ放送事業を発展させる、いわゆる「二級制」の基本的な構造が形成されたのである。

　1983年に北京で開催された第11回全国広播電視工作会議（ラジオ・テレビ事業会議）により、テレビ局の建設方針は、従来の「二級制」方針から調整され、「四級制」に変えられた。行政組織のように、放送事業も中央、省・自治区・直轄市、市、県の4段階（四級）に分け、それぞれの行政管理部門に所属させようとする政策である。四級放送体制の基本理念は、全国の視聴者に公平に受信機会を与えること、受信条件を改善すること、新しい技術を導入すること、放送範囲の拡大を図ることである。具体的には、テレビ放送局の新設を進めて、全国各地で、所属する各レベルの行政部門の放送を受容できるようにする政策である。つまり、四級の各

レベルで独自に放送局を運営し、各放送局は、上級の放送に自局波を加え再送信するというシステムである。

　この政策を進めたことで、中国における放送局の数が急速に増えていく。1978年に全国で32局しかなかったテレビ局が、1988年には422局、193年には614局、1997年には923局へと増加。また、テレビ放送の人口カバー率も、1980年の30％から、1999年の91.59％まで上昇した。

図表3　中国におけるテレビ局数の推移

『中国広播電視年鑑』各年度版より作成。1998年の急減は中国メディアの統合によるものである

図表4　中国におけるテレビ放送の人口カバー率

『中国広播電視年鑑』各年度版より作成

1980年代後半から、CATV、衛星技術の利用によって、テレビ放送は新たな時期に入った。CATVは地域メディアとして、衛星は国境を越えるメディアとして利用され、番組の内容が一層豊富になった。また市場経済導入の恩恵を受け、地方局は独立財政が認められた上、番組の制作や編成の権限も与えられ始めた。特に制作力と経済力の高いテレビ局には、元来の総合番組以外に専門チャンネルの出現も見られた。

（2）中国におけるテレビ事業の変容

　このように、テレビ局数の急速な増加に伴い、各地域の視聴可能チャンネル数も大幅に増えてきた。1997年中国全国視聴調査によると、中国全国受信チャンネル数は、1980年代の中央テレビ局（CCTV）や地元の省・市テレビ局など3〜4チャンネルから、1997年の平均15チャンネルまで伸びた。さらに、都市の場合は20チャンネル以上視聴可能という状況である。

　中国全土における多チャンネル化につれ、テレビ局の経営基盤にも構造的な変化が起こった。市場経済の導入により、党の喉舌（党の代弁者）として機能してきたテレビ放送事業にも大きく変容した。

　周知のように、中国のメディアは成立当時から中国共産党と国家の宣伝機関として位置付けられたため、計画経済に従い、営利活動を一切行わずに、すべて政府の財政予算に依存してきた。すなわち、中国のメディアの運営は政府によってコントロールされ、保有されていた。

　しかし、改革開放によって導入された市場化は、中国のメディアシステムの財政的な構造に重要な変化をもたらすことになった。市場経済が導入された中国においては、放送事業の持続的な発展するために、政府予算だけが賄うことができなくなり、放送事業は潤沢な資金が得られないため、慢性的資金不足の問題も起こした。

　その問題を解決するために、1983年3月に、第11回全国放送工作会議が開かれ、「財源を多く求め、経済収益を上がろう」と放送事業の方針が決められた。ま

た、同年10月に「テレビ放送事業報告」の中に、「コストを削減、新たな財源を開発し、政府予算の不足を補う」と書かれていた。さらに、1992年6月に、国務院が「第三次産業の発展を加速することに関する決定」を公布し、第三次産業に属する機構に「自主経営、自収自支、事業型機関が企業化管理に移す」と明確に要求した。

　そのような方針の下で、財源の不足の解決策として、放送に対し規制緩和を行い、経営面では請負制を導入し、広告の経営も認めるようになった。従って、テレビ放送局も次第に企業化経営に移行し始め、広告業務の開始及び長足な発展や経済的内容を中心とするチャンネルの開設等経済的行為を試していた。多くの放送局は損益を自己負担して、名義上では国営放送局であるが、事実上、国家の予算投入もなく、行政上の優遇も受けず、完全な企業として運営を行っている。つまり、国家予算から広告収入を始めとする多角経営に移行する改革が進められたのである。

　また、番組の質、編成、チャンネルの安定、広告経営の効率化などをより重視し、メディアの利益属性や情報伝達属性を十分発揮させようとしている。これにより、テレビ局の相対的独立の管理体制が確立した。資金面を始め、政策、人事、番組内容面などに対するテレビ局内部の管理体制には様々な変動が起った。このような変化によって、テレビ放送の商業化、産業化、脱集中化が進んでいるのである。

図表5　中国における放送メディアの変容プロセス

	改革開放前	改革開放後	放送グループの登場
経営制度	単一制度 事業単位事業型管理	多種制度の併存 事業単位の企業型経営	経営的自立の実現
経営管理	国家統一の経費支給 党サービスを目標とする 人事は中央管理 指導的な管理 経済利益の無視	経費源の多様化 利益重視の開局 人事雇用における募集制度 目標管理思想の確立 広告重視の経営	
経営理念	指導が主 送り手中心	指導とサービス 送り手と受け手が中心	

国際コミュニケーションの視点から考える "越境"　　177

経営戦略	大鍋飯モデル 単一経営 閉鎖的	競争モデル 多角経営の展開 開放型
テレビ番組 (ニュース 番組)	政治宣伝が目的 少量・古い 固定した番組は少なく、 深みはない 批判の観念はない	ニュースの目的多様化 大量・速いニュース 固定化、雑誌化 経済ニュースの強化 テレビ批評・評論の開始 世論権力監視機能の強化
テレビ番組 (ニュース 番組以外)	自局制作と番組交換が主 投資利益は考えない テレビドラマは少ない 番組と民衆の生活とは 無関係	番組の制作源の多元化 市場原理の導入 テレビドラマ市場の発展 番組内容が民衆の生活と身近になる 海外メディアの参入

(石井、2001を参考し作成)

　このように、市場経済の全面的な展開につれて、情報を手に入れる速さやみられる番組の豊かさなどに対する要求が次第に増えてゆき、テレビをはじめとするマスメディアに対する期待は高まってきている。また、新しい放送局の開局が盛んに行われて、チャンネルが増える一方、番組コンテンツの不足などの問題が目立つようになってきた。2000年北京で開催された「国際放送と理論シンポジウム」で北京テレビ局の陸総編集長は、テレビ放送事業に8つの矛盾があると指摘。つまり、第一は、チャンネルの多さと人材の少なさの矛盾である。第2は、番組の需要量と番組制作能力の不足の矛盾である。第3は、マーケットの大きさと競争の無秩序の矛盾。第4は、技術設備の不足と有限な財力との矛盾。第5は、流通のコストの上昇と平均利潤下降の矛盾。第6は、類似番組の多さと特色がある番組欠如の矛盾。第7と第8は、番組流通の効率の低さと視聴者需要の高さとの矛盾、発展の将来性と資源の浪費との矛盾があげられた。

　このような中国の番組コンテンツ事情から、中国の巨大な市場を狙って、外国メディア企業による中国のメディア市場への進出が激しくなってきた。また、統制が厳しかった中国のメディア業界も、市場経済の衝撃を受けて、外国メディアとの協力に向かって動き出している。

（3）外資及び海外テレビ番組に対する規制

中国においては、政治体制の維持、並びに自国文化の保護・育成の観点から、異なるイデオロギーや資本主義の価値観、文化意識等の外国からの文化浸透を防ぎ、社会の安定性を維持することを目的に、海外テレビ番組の放送に関してさまざまな制限が設けられてきた。

①外資及び海外テレビ番組の放送に関する規制

中国のメディア管理機関にとって、海外から流入するテレビ番組の管理は大きな悩みであった。1990年代初めの調査によれば、1989年に中国における海外番組の年間輸入数は、前年の1988年の年間輸入数の倍以上になっており、また各テレビ放送局の買収競争により番組の値段が高騰した。さらに、1989年には、海外ドラマの放送比率は全ドラマ放送率の35％～55％に占めていた。その後、1993年ラジオ映画部が、省、市レベルのテレビ放送局の放送状況を調べたところ、海外番組の違法放送の比率は74％にも達していることが報告されている。

そのような混乱状況を是正するため、1994年から数多くの外資や番組を規制する条項が発布された。その主なポイントは以下の通りである。

「海外テレビ番組の輸入及び放送に関する規定」（ラジオ映画テレビ部、1994年2月発布）：ラジオ映画テレビ部社会管理司は、外国テレビドラマ、共同制作ドラマの輸入、審査、交流、放送を行う管理機関である。また、外国ドラマの輸入、放送にあたっては同輸入部門より省級ラジオ映画テレビ行政管理部門に審査を依頼し、審査の結果を報告してから、ラジオ映画テレビ部に審査許可をもらう。放送管理部門の審査許可を受けていない、あるいは衛星から直接受信した外国及び台湾、香港、マカオのテレビドラマなどの番組の放送を禁ずる。

「外国テレビドラマの輸入と放送管理をさらに強化する通達」（ラジオ映画テレビ部、1995年8月発布）：各テレビ放送局は毎日19時より22時までの3時間のプライムタイムにおいては、必ず国産の優秀な番組を主とする編成にすべきとの通達。外国映画・テレビドラマの放送比率は全放送の15％を超えてはならない。また各テレビ

国際コミュニケーションの視点から考える"越境"　179

局には、毎月の第一週に、その月の放送状況を上級の行政管理部門に報告する義務が課せられた。

「ラジオ・テレビ管理条例」(国務院、1997年8月発布)：テレビ局が海外番組を放送する際には、行政部門の審査を経なければならない。また規定する放送時間の海外番組の比率を超えてはならない。さらに外資経営、外資との合弁経営、外資との共同経営による放送局の設立を禁ずる。

「外国のテレビ番組の取引の規制に関する条項」(ラジオ映画テレビ部、1997年発布)：放送時間に占める外国番組比率は全放送時間の25％以下で、地上波のプライムタイムにおいては15％以下とする。

さらに、2000年1月4日、中国のラジオア映画テレビ総局は、「外国ドラマの輸入及び放送に関する管理をさらに強化する通達」を放送関係機関に送った。これにより、18時から22時までの時間帯は外国ドラマの比率は15％以内とすると定められ、また19時から21時30分までの時間は許可なく外国ドラマを放送することが禁止された。

中国政府は地上波テレビによる海外番組のみならず、ケーブルテレビに対しても厳しい規制をかけた。1992年の「ケーブルテレビ放送局の番組放送に関する暫定規定」や、1994年2月の「ケーブルテレビ管理規定」などが規定するように、「ケーブルテレビ放送局が放送したドラマなど映像作品は、国産のものを主にすべき」と定めており、「外国及び香港、マカオ、台湾地域からの映像ソフトの放送は、毎週のドラマ・映画の放送総量の1/3を超えてはならない」と外国で制作された番組の国内での放送に関して制限が設けられている。

2004年「海外番組の輸入・放送に関する管理規定」により、「各チャンネルで毎日放送する輸入ドラマは、その日そのチャンネルで放送するドラマの25％を超えてはならない。広電総局の別途の許可がない限り、海外のドラマはプライムタイム(19時～22時)で放送することが禁止されている」と規定。さらに、2012年2月に「さらに海外番組の輸入・放送に関する管理を強化する通達」が公布され、「各チャンネルで毎日放送する輸入ドラマは、その日そのチャンネルで放送するドラマの

25％を超えてはならない。また広電総局の別途の許可がない限り、プライムタイム（19時〜22時）で輸入ドラマを放送してはならない」以外、「広電総局の許可を得ていないドラマコンテンツを、ミニドラマ枠や海外ドラマ紹介の形などを取って、ドラマ全体を放送するようなことがあってはならない。番組やコーナーの一回の放送では海外ドラマを3分以上放送してはならず、累計でその時間枠で海外ドラマ部分が10分を超えてはならない」や「海外ドラマ輸出国の比率の管理をさらに強化し、一つのチャンネルが一定の時間帯に特定の国・地域のドラマを集中的に放送することを回避する」など、輸入したテレビドラマの放送管理がさらに強化された。

　このような厳しい規制が定められる背景には、政治体制の維持・防衛と国民統合を優先する中国政府が、テレビ放送を政策浸透の最重要手段として位置付けているためである。しかし、WTOをきっかけに、外資のテレビ局や番組の中国進出をめぐり、新しい対応策がとられるようになったのである。

②テレビ番組の共同制作に関する規制

　上述したように、テレビ放送局の急増やチャンネル数の増加などにより、テレビ番組、特にテレビドラマの需要が高まっていく。1989年に衛星チャンネルの放送開始によって、ドラマ等娯楽番組の需要量がさらに拡大されていった。そのような状況を受け、様々なドラマ制作機関が登場するようになった。

　中国におけるテレビ番組の制作機関は大きく三つの種類に分けられる。一つは、中央テレビが所有している番組制作機関、中国国際電視総公司と上場企業である中視伝媒である。もう一つは、各省レベルの放送集団が所有している番組制作機関。最後には、民間資本による番組制作会社である。しかし、政策上の制限によって、これらの番組制作機関の数も限られていたため、高まってきた番組に対する需要を満たすまでには至らなかった。番組の制作能力不足や資金不足等の問題を抱える中国の番組制作の現場は、その解決策として、海外に眼を移し、海外との提携を求めた。この状況をきっかけに、外資が中国のテレビ番組制作市場に浸透していく。しかし、ラジオ映画テレビ部が進めるテレビ番組の管理

国際コミュニケーションの視点から考える "越境"　　181

にとって、海外資本や民間資本の参入はまだ好ましいものとはしなかったため、1986年に「テレビドラマ制作許可証制度の暫定規定」が制定され、ドラマ制作にあたっては、許可証が必要とした上、「長期」と「臨時」の許可証を設ける一方、民間資本又は海外資本の参入が禁止された。また、2000年6月に、国家ラジオ映画テレビ総局は「テレビドラマ管理規定」を発布し、海外とのドラマの共同制作機構の資格認定をさらに厳しくする一方、海外と共同制作によるドラマの題材、長さなどについて規定している。

（4）中国のおけるメディアの規制緩和

前述したように、中国のテレビ放送局で海外衛星チャンネルの番組の中継や中国のメディアに対する海外資本の直接な投資が禁止されているが、米国を中心とした巨大なメディア資本は相次いで中国市場に参入するチャンスを探り、様々な形で中国の巨大市場に進出しようとしている。

実際に、中国のメディア部門は、需要規模が巨大の上、今後の成長余地も大きいため、国内市場が飽和気味となっている欧米諸国の企業にとっては、非常に魅力的な市場といえる。特に成長の期待が大きいのが広告業界である。中国の広告市場の規模は、1997年の460億元から2000年には713億元、2003年には1,078億元へと、平均して前年比15％増の勢いで急速に膨らんでいる。2013年に1,119億元まで増加してきた。近年、テレビ広告の支出額は横ばい状態が続いてきたが、広告市場の全体規模は日本より上回り、さらに2019年に982億ドルまで成長する見通しである。中国の高いGDP増加率が代表されるように、急速な経済成長の中、広告産業も中国経済の牽引役を果たすではないかと、中国のメディア市場の将来性に目をつけ、外国のメディア企業が中国に投資し続けている。

その投資意欲にこたえるため、中国政府は明確かつ積極的な政策反応を示さなければならない。従って、WTOに加盟する前に好ましいとされなかった外資の参入を認めることによって、国際的な圧力を軽減しようとしたと考えられる。2001年8月に、中国共産党中央弁公庁が「中央宣伝部、国家ラジオ映画テレビ総局、

新聞出版総署が新聞出版放送映画産業改革の意見書」を公表し、「メディアグループに外資及び民間資本が導入されない。しかし、事業発展の需要に応じ、宣伝部門の許可により、新聞出版放送映画部門から資本を導入することが認められる。流通部門に限り、有限会社や株式会社を作ることが可能である。その会社の51%以上の株式をメディアグループが持ち、国有大型事業部門の資金を導入することが許されるが、投資者はメディア業務や経営管理に関与することを禁ずる」と規定し、新聞出版放送部門内部から融資することが認められるようになった。また、放送デジタル化の過程でチャンネル数が大幅に増える見通しになったことから、優良コンテンツの確保や国内事業者の国際競争力強化のため、2004年2月、国家ラジオ映画テレビ総局は「ラジオ映画テレビ産業の発展を促進に関する意見」を通告し、国有の番組制作機構に、民間資本または外資の参入を認める方針を打ち出した(山田,2005)。さらに、「中外共同資本による放送番組の制作経営企業の管理に関する暫定規定」では、外資の番組制作に参入することが認められるようになった。その後、2005年6月に、「地方テレビ・ラジオ局に対する対外事業管理規定」を公表し、外資のテレビ・ラジオ放送への運営参画を明確に禁止したが、国有企業に限られていた新聞やテレビ、出版等の文化関連産業について、民間企業が50%未満の比率で出資できるという内容で、「文化産業への非公有資本の導入に関する規定」を発表。従来の厳しい参入規制を大幅に緩和し、国有企業中心で競争意識の乏しかった文化産業を活性化することで、映画やテレビドラマ、アニメなどの制作力を高め、有力な輸出産業に育てる狙いがあるとみられている。

　さらに、中国チャンネルの急増による番組不足は、自局制作番組だけでは放送時間を埋めきれず、地方テレビ局にとって大きな問題となっていたことから、番組の不足と資金の不足を埋めるために、外国メディア資本から番組を購入することが考えられるようになった。また、放送局の間での競争激化により、地方テレビ局の外国メディア資本との協力を求め、番組の輸入、交換及び共同制作などについて積極的に取り組むところも増えてきた。このように、放送事業の資金不足や番

組資源の補充要求は、外国メディア資本に中国メディア市場への参入するチャンスを与えているといえよう。

（5）外資参入に関する中国メディアの資本化

　このように、中国政府は、中国共産党の指導権に脅威をもたらす西側の政治的・イデオロギー的なものの浸透を警戒しながら、外資参入に対する市場開放政策を慎重に進めている。しかし、中国のメディア市場の開放は条件付きのものであり、中国政府はその主導権を握っていることが明白である。

　特にWTO加盟後、中国政府は予想した衝突を回避し、自分の政治的なコントロールの正当性を維持するために、メディア政策を調整しつつある。まず、メディア構造改革に対する姿勢が積極的に変わってきている。それは、内外の圧力に対応することと連動している。また、政治的なコントロールでは、政治的な安定性を維持しながらも、規制緩和が進められ、規制範囲も縮小されている。しかし、ニュース編集または政治的な安定性を動揺するイデオロギーに関わる規制は逆に厳しくなってきていると思われる。

　以上の分析から見られるように、グローバル化に伴い、市場開放が進む中国経済にあって、中国政府は政治的コントロール機能を堅持しながらも、国際的な金融資本システムから資金の調達を進めるという中国市場の資本化を推進している。

　中国政府は最大限に資本を活用し、グローバリゼーションの環境の中に自分の管理手段を多様化し、さらにメディアに対するコントロールを確保すると同時に、資本は政治支持を得て、最大限の利潤をもたらすことを狙っていることが考えられる。

　このように、中国政府の外資に対する実践的な態度が明らかになっている。中国経済の発展を図り、外資を吸収するとともに、メディアの所有権及び共産党のメディア事業に政治的なコントロールを失わないようにすることは基本となっている。言い換えれば、中国のメディア、さらに中国経済を発展させるために、中国政

府は慎重に外資を導入しながら、中国のメディア市場を開放する方向に向かっているといえよう。しかし、それと同時に、政府のメディア・コントロールの手段も担保しているのである。

5.アジア地域におけるメディアの自由化と規制緩和
（1）東アジアの開発独裁体制とグローバリゼーション

　このように、東アジアにおいて、マスメディア、とりわけ放送メディアが国家の発展にどのような役割を果たしてきたかについては、多くの研究者が関心を寄せてきた。実際に、近年盛んに行われているアジア諸国に関する比較政治学、制度経済学など新しいアプローチの発展が目覚ましく、東アジア各国のみならず途上国の開発問題を分析するのにその比重を高めつつある。

　これらの政治経済的アプローチは、東アジア諸国の政治・経済体制を「開発独裁」又は「新権威主義」の枠組みの中でとらえたものが多い。末廣昭の定義によると、開発独裁は、「後発国に共通するキャッチアップという経済的課題を抱え目標達成に尽力する一方、政治的には権力集中的かつ抑圧的な危機管理体制」である（末廣,2000）。また、「新権威主義」は、「過渡的に政治権力を個人独裁に近い程度まで集中化して政治的な安定を図り、その安定を基に円滑な経済改革の運営と高度な経済発展を目指す」ものである（加々美,1989）。いずれにも欠かせないのは、持続的経済成長と政治秩序の安定である。そこで開発主義国家に関して問われるべきは、政治的安定と経済発展の両立をいかに達成する（あるいはした）のか、という視点である。

　岩崎育夫が提唱する「経済発展を指向する権威主義体制」、すなわち「開発体制」は、この領域における一つの重要な先行研究である。岩崎育夫によれば、ASEAN諸国の開発体制は、①政治・社会分野、経済分野、行政分野が一体化した国家システムである。②権力の中核は軍もしくは政党が占めている。③外資導入政策が体制形成の重要な要因となり、国家主導型開発戦略である。④開発体制下の持続的な経済成長で権力基盤が強化され、長期安定的な体制となって

いる(岩崎,1994)。彼は東南アジアを中心にフィールド研究を行っているが、東アジア諸国にも同じことがいえよう。

さらに、「開発独裁」を「経済成長という大きな目的のために非民主的独裁を正当化する体制」とすれば、今日の中国もその開発独裁体制を遂行しているといえよう。中国の改革開放の総設計師といわれる鄧小平はしばしば中国の発展モデルとして国家主導の東アジア経済発展モデルを提起しているのである。

この意味からすれば確かに、東アジア諸国にはその近代化、開発を支えてきた政治および経済体制の両面にわたって、共通点が多い。実際に、これら東アジア諸国の政治、及び政治体制の基本的共通性を検討し、欧米型の政治体制との区別を強調する研究は、国際コミュニケーション研究の視点からアジア諸国のメディア・グローバリゼーションを考察する際、理論的な根拠を提供しているともいえる。

(2) アジア地域におけるメディアの自由化と規制緩和の特徴

グローバル化により進展した自由化と規制緩和は、各国メディアにもたらされた共通の変革であるといえる。しかし、メディア政策、メディ体制及び実施過程に関しては、多様な形式が存在している。特に、アジア地域においては、各国の発展段階がそれぞれ異なっており、またアジアの政治的、社会的文脈を考慮すれば、アジア地域におけるメディアの自由化と規制緩和は独自の特徴を持っているといえよう。

以上の考察をまとめると、単一政党が支配する権威主義体制の下で経済開発を効率的に実現するためには、政府が民主化の動きを抑えつつ、市場に対応するために積極的に産業政策を行うことがアジア的な特徴といえよう。

また、自由化と規制緩和は世界的潮流だが、アジア地域における自由化と規制緩和は、欧米先進国で進められた自由化や規制緩和に比べて、異なる点が多い。

まず、欧米先進国より、アジア地域において、メディアの自由化と規制緩和は社会的政治的な意味合いをより強く持っている。西欧においては、メディアの自由化

は、自由貿易と同じように、既存の政治体制・社会体制及びイデオロギーとの関係が薄い。言い換えれば、メディアの自由化は自由貿易と同様に、民主主義社会における経済活動の一つ原則となる。

　しかし、アジア地域の場合、メディアの自由化は社会の開放、さらに民主化を意味することもある。ラウー（Lau, T.）によれば、メディアの自由化と商業化は市場の開放だけを意味するわけではない。メディアに対する政府のコントロールがある程度緩められ、さらに、政治体制、社会体制及びイデオロギーに対するコントロールも緩和されることを意味している（Lau, 1992）。この意味からすれば、アジア地域におけるメディアの自由化は民主化とつながる可能性が高いのである。

　また、メディアの自由化には外的および内的誘因が必要であるが、欧米先進諸国の場合は外的な誘因が大きな役割を果たしたのに対し、アジア諸国の場合、政府の意図など内的な誘因が大きな役割を果たしている。そのため、欧米先進諸国におけるメディアの自由化はテレビの越境化と一致するのに対して、アジア諸国では政治的改革の時期と一致することがほとんどである（Sepstrup, 1989、Servaes and Wang, 1997）

　台湾の場合、1970年代に入ると、米中緊張関係の緩和によって政治的な危機に陥った。この局面を乗り越えるため、国民党は内部の民主化を進めることに踏み切った。蒋介石時代の「ハードな権威主義」から蒋経国時代の「ソフトな権威主義」へ転換し、内部の正当性を増強することによって外部の正当性の不足を補い、統治権威の崩壊を回避しようとした。この漸進的な政治構造の転換と経済の持続的発展による社会状況の変化は確実に進行し、政論雑誌の活躍とケーブルテレビの普及など、マスメディアの変容の契機を作り出したのである。

　また、中国においても、改革開放後政治体制の変容は中国の政治環境を緩和し、マスメディアの変容を促進する条件を提供した。政治体制改革初期の目標は、基本的に、順調に推進される経済体制改革と相対的閉鎖的な政府の行政管理体制との矛盾を解消することにあるため、中央指導部が打ち出した解決策は、党と国家機関の職能を分離し、また集中した権限を中央政府から地方政府へ移

譲するという措置であった。結果的に、これまでメディアに対して行われてきた党による高度な一元管理が終焉し、党と政府の役割分担を出現することになり、またマスメディアに対する管理方式は、直接コントロールから、地方政府との協議を経由し、政策的指示、規範となるガイドラインの提示などの間接的な手段へと移りつつある。特に放送メディアに対する党の絶対的な指導は、行政管理に取って代わられ、政府機関としての管理機能を強化する結果、メディア統制におけるイデオロギー的な色合いが次第に弱まっていく形となった。これは、客観的に、メディアの自立的発展を促す比較的適切な環境を提供したといえよう。

　シンガポールにおいては、大きな政治改革がなかったものの、人民行動党は急速に増大してきた中間層を懐柔するため、1980年代後半にかけて、民意を政治に反映するための制度をいくつか新設した。さらに、ますます厳しくなってきた市場競争に生き残るため、放送市場の規制緩和及びある程度の商業化を推進しなければならないだろう。

　ところで最後に、同じアジアにおいても、メディアの自由化には多様性が存在することを指摘しておかなければならない。社会体制で分別すると、日本・台湾・韓国などの資本主義的開発主義国家におけるメディアの自由化と、社会主義的開発主義国家と位置付けられる中国におけるメディアの自由化とは、その発展形態が異なっていることは言うまでもない。また民主化を一つの指標とすれば、開発独裁を堅持しながら、民主化のきっかけが冷戦崩壊直前に起こり、大きく進展した韓国、台湾と、依然として国家の権威を全面に押し出しているシンガポール、マレーシアなど、それぞれの国・地域において、グローバリゼーションの影響によるメディア変容の具体的内容は異なっているといえよう。

　アジア地域のメディアの越境化を考察する際、グローバリゼーションによるメディアの変化のありようを検証するには、さらなる国際的な比較が必要であるといえよう。

参考文献

石井健一編(2001)「改革開放下の中国におけるメディアの変化」『東アジアの日本大衆文化』蒼蒼社.

岩崎育夫(1994)『開発と政治』アジア経済研究所.

音好宏(2007)『放送メディアの現代的展開―デジタル化の波の中で』ニューメディア.

加々美光行(1989)「民主化―暗転の構図」『世界』1989年8月号.

国分良成(2004)『現代中国の政治と官僚制』慶應義塾大学出版会.

坂田邦子(2004)「開発コミュニケーション論再考―メディアと途上国開発」『東京大学大学院情報学環紀要　情報学研究』(66),pp.45-76.

末廣昭(2000)『キャッチアップ型工業化論』名古屋大学出版会.

Beltran, L.R.(1978)"TV Etchings in the Minds of Latin Americans: Conservatism, Materialism, and Conformism", *Gazette*, Vol.24(1), pp.61-85.

Chan, J.M.(1996)"Television in Greater China: Structure, Exports and Market Formation", in J. Sinclair, E. Jacka and S. Cunningham(eds.), *New Patterns in Global Television: Peripheral Vision*, Oxford University Press.

Chan, J.M and Ma,E.K.W.(1996) "Asian Television: Global Trend and Local Process", *Gazette*, Vol.58(1),pp.45-60.

Curran, J. and Park,M(2000) *De-westernizing Media Studies*, Routledge.

Dorfman, A., Mattelart, A.(1972) *Para leer al Pato Donald.* Siglo XXIEditores.(Dorfman, Mattelart著(1984)、山崎カヲル訳『ドナルド・ダックを読む』晶文社.

Giddens, A.(1990) *The Consequences of Modernity,* Standford University Press.

Hamelink, C.(1997)"International Communication: Global Market and Morality", in A. Mohammadi(ed.) *International Communication and Globalization: A Critical Introduction*, Sage.

Hong, J. and Hsu,Y.C.(1999)"Asian NIC's Broadcast Media in the Era of Globalization: The Trend of Commercialization and its Impact, Implications and Limits," *Gazette*,Vol.61(3-4), pp.225-242.

Karthigesu, R.(1994) "Broadcasting Deregulation in Developing Asia Nations: An Examination of Nascent Trendcies using Malaysia as a case study, Media, Culture and Society, Vol.16(1), pp.73-90.

Lau, T. (1992) "From Cable Television to Direct-Broadcast Satellite," *Telecommunications Policy*, Vol.16(7), September-October, pp.576-590.

Lee, P.S.N. and Wang, G.(1995) "Satellite TV in Asia: Forming a New Ecology" *Telecommunication Policy,*Vol.19(2), pp.135-149.

Rubin. B.R. (1993) "Asia Survey: New Technologies Breach the Five Barriers of Media Control", *Intermedia*, Vol.21(1), pp.22-31.

Sepstrup, P.(1989) "Implications of Current Developments in West European Broadcasting",

Media, Culture and Society, Vol.11(1), pp.29-54.

Servaes, J.(1986) "Development Theory and Communication Policy: Power to the People", *European Journal of Communication,* Vol.1(2), pp.203-229.

Servaes, J. and Wang,G. (1997) "Privatization and Commercialization of the Western-European and South–East Asian Broadcasting Media," *Asian Journal of Communication*, Vol.7(2), pp.1-11.

Sreberny-Mohammadi, A.(1991) "the Global and the Local in International Communications", in J. Curran and M. Gurevitch(eds.) *Mass Media and Society*, Edward Arnold.

Sreberny-Mohammadi, A.(1997) "The Many Cultural Face of Imperialism," in P.Golding and P. Harris(eds.) *Beyond Cultural Imperialism*, Sage.

Tomlinson, J. (1999) *Globalization and Culture* (ジョン・トムリンソン 2000 グローバリゼーション―文化帝国主義を越えて　片岡信訳　青土社).

国際コミュニケーションの視点から考える"越境"　　191

越境するヒト・消えるマネー「香港・ドバイ・対馬」
―ゲートウェイ都市の政治経済論―

国際社会学科　小原　篤次

港は海外との玄関口―はじめに代えて

　日本はユーラシア大陸の東側に浮かぶ島国である。15世紀から本格化する大航海時代、ヨーロッパ諸国によるアジアや南北アメリカなどの植民地化の広がり、キリスト教の海外布教活動においても、最も遠い地域、影響が遅れる地域に位置していた。戦国時代や江戸時代の武士や商人たちは、中国や東南アジアにおける欧米諸国の軍事、政治、経済活動の情報を得ながら、国際社会における戦略を練っていた。お隣の中国が清朝と呼ばれていた1842年、清朝はイギリスとのアヘン戦争で敗れた。清朝からイギリスへの茶の輸出の対価として、麻薬のアヘンがイギリスから中国に輸出されていたが、清朝がアヘンの輸入を拒否したことで戦争が起きた。アヘン戦争の敗北で、香港が清朝からイギリスに割譲される。これはアメリカ海軍である黒船が、江戸湾（東京湾）の入り口、浦賀沖（現在の神奈川県横須賀市）に来航する9年前のことだった。つまり、日本は、政治、経済、そして文化でも、外国からの影響を受けにくい地理的条件を持っていた。

　現在、出稼ぎなどの移民は世界で2億人を超え、70億人を越える世界人口の3％にあたる。移民問題は欧米で政権選択を左右するテーマになっている。日本はすでに人口が減少する社会になっている。2018年、45万人の人口が減少している。ほぼ長崎市全体の人口が1年間で減少していることになる。日本人では、人手不足対策のため、これから移民の受け入れが本格化していく。

192

人口は少ないものの、多くの労働者や観光客をひきつけている都市がある。まず、中東（西アジア）のドバイ（写真1）は世界有数の石油輸出国のアラブ首長国連邦（UAE）にあり、世界で最も国際線の利用者が多い空港を持ち、アジア、ヨーロッパ、アフリカの交通・物流拠点である。UAEの人口に占める移民の割合は2017年、88.4％にのぼり、10人に9人が外国国籍の住民である（図表1）。この比率は世界一である。次に、香港（写真2）は1997年、中国に返還された後も、中国への金融・交通・物流拠点として、多くの外国人が生活をしている。香港の人口に占める移民の割合は2017年で、39.1％、10人に4人は香港籍以外の住民が暮らしている（図表2）。

写真1　ドバイの運河、停泊中の船は、観光用のドバイ船。2017年11月24日筆者撮影。

　インバウンド客の購買力、「爆買い」が流行語になったのが2015年である。日本政府が観光業や1次産業の付加価値を高める6次産業など「地方創生」を重要視しはじめる。インバウンド客（訪日外国人観光客）がアベノミクスの目玉となり、ビザ緩和による中国人観光客の「爆買い」が流行語になった。
　われわれは2015年5月以来、大阪・ミナミで定点観測している。ミナミを選んだ

写真2　ヒトが動けばモノも動く。香港国際空港内の資生堂広告と航空搭乗の機械。2018年7月15日筆者撮影。

　理由は、インバウンド客増加によって、日本で最も柔軟に変化する街になると予想したからである。特に、心斎橋・難波・天王寺の商店街・専門店、そして百貨店など流通業が中国人で溢れている。ドラッグストアなどで買い物かごいっぱいに化粧品などを購入し、百貨店や専門店では高級時計やブランド商品が売れていた。高級時計はひとつ数百万円もするものがある。これは日本人の平均的給与の半年分に相当する金額である。

　流通業はこれまで典型的な国内サービス業であり、表現を変えると、内需産業だった。売上高や利益に占めるインバウンドの割合が高まると、内需がインバウンドを通じてグローバル経済と密接な関係になる。

　われわれの定点観察先のひとつが高島屋大阪店である。この大阪店は2018年2月末までの1年間の売上高が、日本橋店（東京都中央区）を抜いて、高島屋の国

図表1　人口に占める移民の割合（2017年、単位:%）

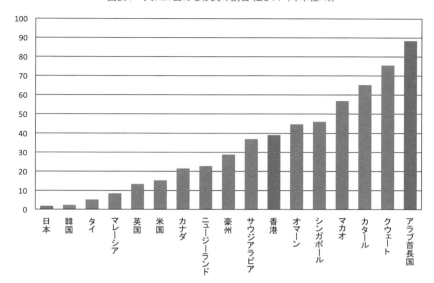

（出所）United Nations, International Migration Report 2017.より筆者作成。

内17店舗のうちで1位になった。大阪店が首位になるのは1951年度以来66年ぶりの快挙となった。大阪店は1932年に開店した。伝統を持つ店舗であるが、太平洋戦争後、日本の大手企業の多くは、段階的に拠点を関西から関東に移したことなどから、大阪店は東京店に対して長年、売り上げが及ばなかった。百貨店はスーパーマーケットやコンビニエンスストア、ショッピングセンター、アマゾンや楽天のような買い物サイトとの競争による影響も受けている。こうした中でも、髙島屋は、他の百貨店やスーパーマーケットを買収することも、吸収されることもなく、地道に独自の経営戦略を堅持してきた。

　髙島屋大阪店は、ミナミの拠点である南海電鉄難波駅に直結しており、さらに、その難波駅は、アジアから多数の観光客が利用する関西国際空港と接続している。建物の外観は伝統を守る大阪店も一歩、足を踏み入れると、最先端の売り場である。

　売場には中国語などたんのうな職員の配置、QRコードを利用したスマホ決済

サービスの「支付宝（アリペイ）」や「微信支付（ウィーチャットペイ）」への対応、免税手続き、時計などの品ぞろえ、Wi-Fi対応、富裕層のリピーター対策、中国最大のインターネット旅行予約会社、「携程旅行網（シートリップ）」と提携するなど、特に中国人観光客へのきめ細かな対応をしている。大阪店は、内需産業がグローバル経済と密接に結びついていることを示す好例であろう。

　インバウンド客にとって、高島屋大阪店や阪急百貨店梅田店など大阪都心の百貨店は、必ず訪問したい場所のひとつとして知られるようになっている。中国人観光客にとっては、百貨店は、ディズニーランド、ユニバーサル・スタジオや、サンリオピューロランド、ハウステンボスのような「テーマパーク」的な存在と言っても過言ではない。百貨店は、中国人観光客などインバウンド客に対して、夢を提供していると言えるだろう。

　統計で比較すると、日本のインバウンドの現状と潜在性がみえる。中国を除けば、日本は依然、名目GDPで「大きな経済」である。このため現状はインバウンドによって生まれる旅行支出のインパクトは他のアジア諸国よりは小さいことになる。

　「爆買い」現象は最初、香港やマカオで起きた。中国に接するマカオは中国人にとって香港より格段に移動に便利である。徒歩や自転車を押しながらでも「越境」できる。マカオはもちろんカジノが貢献している。さらに時計などを利用した現金化・外貨交換も盛んである。銀行カードで新品を購入し、即座に同じ店で中古品として買い上げてくれる。新品と中古品の差額が手数料となる。手数料を払うのは持ち出し規制がある。1万ドルを超えると、政府に届けが必要である。マカオや香港に近い爆買い現象が起きたのが大阪、とりわけミナミだった。

　国土交通省は「定住人口1人の減少分は日帰りの国内旅行者だと76人分、宿泊の国内旅行者で24人、インバウンドなら9人で補える」のような表現でアピールするが、日本もカジノ解禁が近い。インバウンド客は変動リスク（海外要員で急増・急減の可能性）の他、周辺地域へのさまざまな影響があるという覚悟も必要になる。

　さて、本章*は、4つの部分で構成されている。第1節では、アジア域内労働者について、平川・小原ほか（2016年）『新・アジア経済論』の第5章を、次に、第2節、第

3節では、小原・平良（2018年）を、それぞれ参照している。第1節では、なぜヒトは越境するのだろうかという問いを考えている。第2節では、インバウンド客増加の背景として年表「九州を中心とするアジア・インバウンド観光に関連する動向」で整理したほか、第3節では、キャッシュレスの動向について、さらに、第4節では、韓国との国境の島、長崎県対馬市で2017年10月に実施した調査をもとに、韓国人観光客の消費行動（お金の使い方）について説明している。

　タイトルの「越境するヒト」は、労働者をはじめとする移民と外国人観光客（インバウンド客）を指している。「消えるマネー」は、クレジットカードやモバイル決済が普及すると、現金の受け渡しが減っていく。キャッシュレス社会を示している。副題に、「ゲートウェイ都市の政治経済論」としたのは、アヘン戦争をめぐる香港割譲をはじめ、国際航路につながる港湾都市（ゲートウェイ都市）は歴史的に政治と経済が交錯する舞台となってきたためである。ドバイや対馬のほか、長崎を加えることができるだろう。ゲートウェイとは玄関口という意味である。

　結論を先に述べると、日本は長らく移民やインバウンド客が少ない地域だったが、対馬市をはじめ長崎県各地は、ドバイや香港のように、多くの外国人をひきつけて発展していく可能性を秘めている。

1.労働力移動の変化

　厚生労働省の2017年の人口動態統計の年間推計によると、1年間に生まれた子供の数は94万1,000人で、亡くなった人が134万4,000人で、生まれた子供の数を上回っている。40万3,000人が自然減少したことになる。長崎市や宮崎市に匹敵する人口が減少したことになる。日本は本格的な人口減少期に入り、日本政府は、「建設」、「農業」、「宿泊」、「介護」、「造船」の5分野を対象に外国人労働者を受け入れる方針を決めている。これまで日本政府は、研究者や技術者など高度な専門性を持つ外国人の受け入れには積極的だったが、単純労働者の長期受け入れに消極的だった。上記の5分野は、長崎県の産業構造とも深く関係している。

（1）アジア域内労働力移動

　なぜヒトは越境するのだろうか。アジアでは、日本のほか、韓国も労働人口の減少が進行し、中国、タイやベトナムなどでも労働力減少が始まっている。他方、南アジア、フィリピンなど今後も数十年にわたって、労働人口が増え続ける国もある。このように、アジアでは異なる人口特性を有している。アジア域内では、すでに国境を越えて活発な労働力移動が起きており、経済活動のグローバル化により、アジア地域の経済連携が高度に進んでいる。さらに、情報通信技術や、格安航空会社（LCC）の登場などから進化・普及し、人口増加国（送り出し国）から人口減少・停滞国（受け入れ国）への労働力移動を活発化させている。

　今後、アジアの多くの国が加速的に少子高齢化することで、アジア域内の労働力移動は質、量ともに変化する。具体的には、ドバイをはじめ西アジアに多くが流れていたさまざまな職種のアジア人労働者が労働環境と賃金の比較的良い東アジア諸国にシフトしていくだろう。高齢化が特に進んだ日本や韓国、シンガポールや台湾などでは、すでにある産業ベースの労働力需要に加え、介護、看護、家事サービスなどの分野で人材需要が大きく増えると予想されるからである。またイノベーションに欠かせない高度技術を持つ人材は、先進国のみならず、経済の高度化に力を入れたいアジアの高所得国や大都市部でも需要が増えていく。労働者の供給サイドをみると、高まる需要に対応する準備のある国が多い。南アジア諸国やフィリピンなど比較的労働力人口に余裕があるものの国内で雇用を確保しきれない国では、高度人材から非熟練労働者まで幅広い労働者が海外就労を希望する可能性が高い。また、人口規模は小さいものの、ミャンマー、カンボジア、ラオスはまだ潜在労働力がある。すでに、これらの国から多数の労働者が、急速に高齢化するタイやベトナムに出稼ぎしているが、そのペースは当面、衰えない。また、アジアの高所得国を中心に、人材の高学歴化による国内労働力受給のミスマッチが起きており、教育水準の高い人材が、アジア域内で移動する可能性もある。欧米で高等教育を受けたアジア人留学生の帰国数に増加もみられ、高度人材の確保口もより幅広になってきている。以上のとおり、労働者受給の状況

を総合すると、アジア域内でより多くの人材が還流するという構図がみえてくる。

　アジア最大の人口を抱える中国は1979年、一人っ子政策を実施し、爆発的な人口増加に歯止めがかかり、逆に労働力が減少に転じ始めた。弊害がみえ始めた一人っ子政策は2016年1月から廃止されたが、出生率が大幅に増加するという予想は少ない。農村と都市の戸籍区分も廃止されたが、農村部から上海や北京市など大都市部へ正式に移住するのは制限されている。大都市部は高度人材や富裕層に限って制限的に移住を認める方針である。

　高度人材について中国は華僑や留学組などの帰国を盛んに促してきた。未だ留学のために出国する人数が帰還する数を大きく上回っているが、海外留学生の数が急速に増えていることもあり、帰還する人数は増えてきている。中国政府は、外国人に永住権、国籍を付与する優遇策導入し、その雇用を積極的に行う姿勢をみせはじめている。

　労働力移動はさまざまな（人口増減も含めた）背景から生まれる「賃金格差」によって引き起こされる。同じ労働をしても賃金が大きく異なることが海外就労の原動力である。図表2は、アジアの月額賃金（非製造業スタッフ一般職）を米ドル換算で比較している。パキスタンのダッカと東京、ドバイ、香港を比べると、7倍の差があり、アジア域内だけでも賃金格差が生じていることが分かる。

　人口増加の鈍化や経済成長によって、中国、インド、ベトナム、フィリピンなどの労働者送り出し国で労働需要が高まり、国内賃金が上昇すれば、海外就労希望者が減少する可能性がある。一方、賃金の高い先進国がさらに深刻な人材不足に陥れば、賃金が上昇し、引き続き海外からの労働者を引きつけることになる。長期的視点でみれば、アジア域内で十分な人材確保が難しくなれば、アジア以外の労働力供給国に頼らざるをえない状況になるだろう。

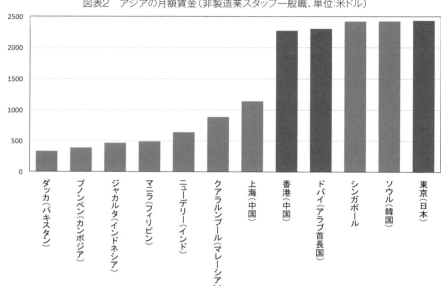

図表2　アジアの月額賃金（非製造業スタッフ一般職、単位：米ドル）

（出所）日本貿易振興機構（2018年3月）「2017年度 アジア・オセアニア投資関連コスト比較調査」

　注目されるのが2030年ごろから人口ボーナス期を迎えると予測されるアフリカ諸国である。すでにヨーロッパでは多くのアフリカ人労働者が多岐に渡る分野で就労しており、定住化も進んでいる。2025年の予測で人口が5千万以上のアフリカ諸国を挙げると、ナイジェリア（2億4,000万人）、エチオピア（1億2,000万人）、エジプト（9,700万人）、コンゴ共和国（9,200万人）、タンザニア（6,900万人）、ケニア（5,900万人）、南アフリカ（5,700万人）などがある。

　アフリカ全体では人口ボーナス期が2080年代末まで続き、西アジアやヨーロッパなどで就労する労働者の数も増えると予想される。しかし、アフリカ人労働者のアジアでの就労実績は乏しく、言語や文化の大きな違いがあり、移動コストも高い。アフリカから労働者を迎えるにあたっては、さまざまな課題を乗り越える必要がある。

（2）日本と外国人労働力

　日本の労働力は1998年の6,793万人をピークに減少をたどり、2013年の6,577万人からさらに2030年には5,678万人まで減少すると予測される[1]。2014年の日本の人口に占める在留外国人の割合は1.67％（2,121,831人）と、先進国の中でも非常に低い。しかしここ数十年で、外国人労働力は特定の産業分野で欠かせない存在となってきた。おおよそ20万人の日系人が在留しており、多くが製造工場などで就業している。コンビニエンスストアや飲食店などのサービス産業は外国人留学生（約20万人）に大きく依存している。また、17万人近い外国人実習生が農業、漁業、製造業や建設業などで貴重な労働力を提供している。今後、外国人労働者の数は日本人労働者と反比例して増え続けると予想される。

　さらに人材不足が深刻なのが、医療介護分野である。介護分野では、団塊の世代が75歳を超える2025年には30万人が不足すると試算されている[2]。看護・介護従事者については、2008年より、経済連携協定（EPA）の一環として、インドネシアやフィリピン、ベトナムから看護師・介護士候補生の受け入れを開始している。しかし資格試験の合格率は特に看護師では非常に低く、受け入れ・研修コストも膨大で、大量採用を望めるスキームではない。これを受け、政府は既存の外国人技能実習制度を活用し、介護分野でも実習生の受け入れを可能にする決定をしている。また、震災復興と2020年のオリンピック需要のため人手不足が深刻な建設業でも、実習期間の延長を可能とする措置を講じた。アジア人労働者にとって、労働法や最低賃金が外国人労働者や実習生にも原則適用される日本は、実習制度自体がさまざまな問題を抱えているとしても、他の就労国と比べて魅力のある就労先である。ただ、現在17万人ほどいる外国人技能実習生の半数が中国出身で、近年、希望者の先細りがみられるなど将来の見通しに不安が残る。南アジア諸国やミャンマーなど制度対象国の拡大が急がれる。

　日本で働く高度技術を持つ外国人人材は、現在のところその半数近くが中国出身者で占められている。中国経済が成長する中、今後、人材獲得競争が日中間で激しくなるだろう。日本企業が給与や昇進など十分な待遇を提示しない限

り、母国・中国で働くメリットは捨てがたい。また、アメリカ、オーストラリアなどの移民国家は、市民権の取得要件が明確で比較的容易なこと、英語が公用語であること、移民コミュニティが根付いた多文化社会であることなどから、中国を含めたアジアの労働者にとって非常に魅力的な移住先である。日本は移住に際して、ポイントシステムを2012年より導入し、高度人材には通常より長い在留資格(5年)の付与、永住許可要件の緩和などの優遇策を導入した。しかし、日本企業が外国人社員に対して十分なキャリア形成(役員や管理職への昇進や給与が上昇すること)を提供できているとは言えないのが現状である。

　さらに日本は、外国人が安心して働くための生活・社会環境の整備が他の先進国に比べて非常に遅れている。文部科学省の調査によれば日本語指導が必要な児童生徒のうち2割ほどは必要な指導を受けられていない。また、外国人子女の高校進学率は半数程度にとどまっているとされ、二世、三世の職業選択の幅が狭まり、ひいては、外国人労働者家庭の底辺化が危惧される。ヨーロッパ諸国の経験から、問題を放置すれば、高い社会費用となってはね返ってくることは明らか、受け入れ拡大にあたっては、外国人労働者と家族の社会・生活の基盤の整備が急務である。

(3)アジア地域レベルでの人材育成と活用

　本節では、アジアにおける今後の国境を超える労働力の流れについて、各国の状況をみてきた。次に、国際労働力移動の今後について、アジア域内各国の経済連携・協力という視点から考えてみたい。アジア域内の経済・賃金格差が継続し、少子高齢化が進む国では外国人労働者の登用がさらに進むことから、アジア域内を還流するアジア人労働者が増加すると予想される。アジアの経済成長と発展のため、必要な労働力を各国間で円滑に補完し合える制度設計が求められよう。アジア域内移動の労働者の大半が非熟練労働者であるが、まず受入国が自国の労働需給状況を正確に把握し、現実的な外国人労働者政策を実行することが求められる。非現実的な障壁の撤廃、不法就労や劣悪な労働環境の是

正、搾取的な海外就労斡旋業者の取り締まり等、課題が山積するのがこの労働市場の特徴である。これらの課題への取り組みは、送り出し国との協力が欠かせない。また、地域で必要な人材を協力して育成、活用する体制の構築も有益であろう。

　2015年に発足したASEAN経済共同体（ASEAN Economic Community: AEC、シンガポール、マレーシア、タイ、フィリピン、インドネシア、ベトナムなど10ヵ国）は、高度人材の労働移動の自由化も考えており、アジアに移動の自由な労働市場が出現するのも時間の問題である。そもそも高等教育を受けた人材が少ない開発途上国からの労働力移動は「頭脳流出」と呼ばれ、母国の開発に悪影響を及ぼすと懸念されてきた。その反面で労働者が母国へ送る労働者送金は多くの途上国で重要な外貨収入源となっており、ネパールではGDP比で25％、フィリピンやバングラデシュなどでは10％を超える額に相当し、母国経済を大きく牽引してきたのも事実である。特に低開発国に配慮し、一定の頭脳流出防止策、例えばEUの推進している還流型の労働者移動などの対策が求められる。

　アジア人労働者にとって、アジア域内でよい仕事やビジネスの環境を手に入れられるのであれば、欧米まで出稼ぎに行くインセンティブ（出稼ぎしたい理由）はそう大きくはない。また、近隣国での就労は文化・言語的の類似などで、生産性のアドバンテージも見込める。アジア地域経済が台頭し、成熟していくなかで、社会・経済活動を支え、イノベーションをつくり出すのは人材である。アジア各国間で切磋琢磨するような人材育成・活用のための健全な競争と協調の施策が求められる。

（4）メキシコ国境に壁建設を公約したトランプ大統領

　移民は世界で2億人を超え、世界人口の3％にあたる。移民問題は欧米で政権選択を左右するテーマである。カナダ・トロントの教育委員会はアメリカへの遠足や職員旅行禁止方針を打ち出している。これは、イスラム圏6ヵ国を対象とする入国禁止の米大統領令を受けた対応で、同教育委員会は「国境で追い返される可能性のある状況に生徒を置きたくない」と説明する。他方、アメリカ内の不法移

民がカナダへ入国し始めている。また、壁建設が公約されたメキシコ国境では、中国人4名が自動車のトランクに隠れて密入国を試み、摘発されたと報じられている。メキシコから「カナダ移民」の動きも出始めている。不法移民はアメリカ内に1,100万人とされ、約半数がメキシコから入国しているという。

国連統計によると、世界の移民（合法）は2015年、2億3,000万人で、2005年比27.4％、1995年比51.6％とそれぞれ増加している。アメリカの移民受け入れ数は世界一で4,662万人、2005年比18.8％、1995年比63.9％で、近年、増加が鈍化している。ただし人口比では14.5％を占める。アラブ首長国連邦、カタールなど湾岸産油国、シンガポール、ルクセンブルクなど人口が小さな国・地域でアメリカ以上の比率はあるものの、人口5,000万人以上の国々に限れば、14.9％のドイツとともにアメリカは世界を代表する移民受け入れ国である。アジアでは、韓国が2.6％、日本が1.6％、インドが0.4％、中国が0.1％と、アメリカに比べて桁違いに少ない。海に囲まれ陸の国境線を持たず、移民に消極的だった日本で「メキシコ国境の壁」に関する論争を実感しにくい。

アメリカ統計によると、アメリカ同時多発テロの後、移民数は一時減少したが、2005年以降、2013年を除いて毎年、100万人超の移民を受け入れている。合法移民に占めるメキシコ人の割合が高かったのは1989年から1991年までの期間で37％〜52％も占めていた。この期間は共和党の父ブッシュ政権期にあたるが、レーガン政権で不法滞在者も罰金を払うことで合法化できる「移民改革統制法」が成立している。その後も不法移民に歯止めがかからず、2016年のアメリカ大統領選では、白人中間層は党派を超え、失業や社会保障への不満から、トランプを支持したという変化がある。2003年以降、メキシコからの合法移民比率は20％以下で推移する。2015年で、メキシコ（15.9万人）のほか、中国（7.5万人）、インド（6.4万人）、フィリピン（5.6万人）、国交を回復したキューバ（5.4万人）が上位にある。また、世界で移民の送り出し国は2015年、インドが最大で1,588万人で、メキシコ、ロシアと続き、中国は955万人で4位となっている。送り出し国の移民数からアメリカの割合を見ると、メキシコが98.6％と突出している。アジアではベトナムが50.9％、韓

国が47.7％、日本が43.3％と、アメリカ移民率が高い。なお中国が22.0％とインドの12.6％を上回る。

　国連統計の定義では、合法的な移民には長期の企業派遣や留学も含まれる。安倍首相は「移民政策をとらない」と公言しながら、同時に、高度人材、研修生、留学生と幅広く「外国人材」の受け入れの政策を打ち出している。だが、日本でも確実に「移民政策」の重要性は高まる。反面教師であれ、トランプ大統領をはじめ欧米から学ぶことは少なくない。

(5)幸福とは何か。

　アメリカファースト(アメリカ中心の考え方)を掲げるトランプ大統領は、雇用などアメリカ国民の経済的利益を考えて、移民政策に否定的である。雇用や所得水準は国民の幸福に欠かせない要素であるが、すべてではないのだろう。次に、幸福とは何かを考えてみたい。

　「経済学を学ぶ意義は端的に言えば、何ですか」。法律学者から根源的な質問を受けたことがある。私の回答は「経済学は人々を幸福にする道具でありたい」だった。

　人はなぜ幸福と感じるのだろうか。幸福や生活への満足度など人々の「主観」に研究者が挑戦している。経済学、社会学をはじめ多様な研究者が競う分野でもある。学術論文データベース(Academic Search PremierおよびBusiness Source Premier)で、幸福(Happiness)をキーワードとして、論文要旨を検索すると、1997年〜2001年で639本、2002年〜2006年で1,401本、2007年〜2011年で2,740本、2012年〜2016年で4,467本と増加している。OECDや国連などでも多様な指標を公表し始めたほか、世界金融危機により先進国で貧困や格差問題に関心が高まったことが背景にある。

　Worldwide Independent NetworkとGallup International Associationは、来年は今年より経済的に繁栄するか否かについて、世界の約70ヵ国で質問を続けている。経済的繁栄を肯定する回答割合は、インドをはじめ途上国で高く、先進国

で低い傾向にある。「個人的に幸せですか」との問いは2016年調査で、フィリピン82％、中国81％、インドネシア79％、タイ68％、アメリカ62％、インド61％、イギリス60％、日本59％、韓国49％で、インドを除いて経済的繁栄の割合より高くなっている。日米英で幸福度について大きな差はみられなかったが、日本人は韓国人とともに経済への見方が悲観的である。経済的繁栄の回答率が一桁なのは、ギリシャ、イタリア、香港などを含めて7ヵ国・地域だけであった。

　経済成長が幸せに結びついていないとする「幸福のパラドックス(Paradoxes of Happiness)」が議論されるようになったのは1970年代である。二人の心理学者が1971年、所得や富といった経済状況を良くすることは個人の幸福に何も影響していないという結論を示してからである。さらに、経済学者のイースタリンが1974年に所得との関係を詳細に分析し、一国内では、所得の高さが幸福度との間で相関がみられるにもかかわらず、国際比較では少なくとも先進国間では一国の所得水準と幸福度の平均値に相関性がない(関係がない)ことを示したものである。「イースタリンのパラドックス」(Easterlin Paradox)とも呼ばれている。

　その後、パソコンが普及し、分析に利用できるデータも増加している。矛盾を解く「幸福の経済学」という研究分野となり、一人あたりGDP、年齢、雇用状況、学歴、家族形態、信仰度など多様な要因を用いた実証分析がなされている。アメリカでは年収7万5000ドルまでは、幸福度に対する所得効果が確認できるという研究がある。また、絶対的な所得よりもむしろ他人の所得との相対関係が幸福度に影響するとの研究成果も報告されている。さらに、一国において所得上位と下位を対比して幸福度と所得の関係をみた場合、その関係は、裕福な国と貧しい国を対比して国家間の幸福度と所得の関係を見た場合と類似の関係を示すということを指摘もある。

　ノーベル経済学賞を受賞したダニエル・カーネマンは、時間の使い方と幸福度との関連性について研究し、国民の幸福度が低減する行動(例えば通勤)を減らして環境整備することで、幸福度が向上し社会の生産性が増すと提言している。日本や、アメリカの大都市圏にも当てはまる提言ではないだろうか。

2.インバウンド観光・政策の動向とキャッシュレス決済

　第1節で、高齢化を背景に、アジアで労働力の移動が共通アジェンダにあることを説明した。第2節では、インバウンド観光が「外需」獲得につながるほか、九州を中心とするアジア・インバウンド観光に関連する動向を年表として整理している。第3節では、キャッシュレスを取り巻く世界の動向を紹介する。第2節と第3節は、第4節で取り上げる対馬におけるインバウンド客の受け入れについての調査結果の背景説明として位置付けている。

（1）インバウンド観光と国内観光

　インバウンド観光は1900年代初め、第一次世界大戦後の西欧諸国で、外貨獲得の手段として注目され、ドイツ、イギリス、イタリアの大学で、観光に対する研究が積極的に行われた。インバウンド観光が国内観光と異なる点は、国内観光が消費選択、あるいは代替的行為に過ぎないのに対して、国際旅行者の受け入れによる需要の拡大、外貨獲得で生産的な活動といえる点にある。国内観光は国内全体の観光需要を喚起させず、観光地間のパイの奪い合い、つまり国民所得の地域的再分配に終始している。また、人口減少が進んでいる日本で、インバウンド観光は「外需」獲得のほか、日本の生産性向上への貢献も期待される。インバウンド観光については「見えざる輸出」とも言える。

（2）インバウンド観光政策の動向

　対馬をはじめ九州では1980年代から、市民、企業人、学校、地方自治体が韓国との地道な交流を継続させている（図表3）。インバウンド観光政策の推進は、不法滞在者抑制、治安維持を優先しがちだった入国管理政策との相克だった。この入国管理政策もデフレ経済の継続と、豊かな隣人の増加に後押しされ、21世紀にはいってから、緩和の方向にある。日本は1990年代半ば以降、低成長を続けたのに対し、中国、韓国、東南アジアなどアジア諸国が一人当たりGDPで示される経済水準を高め、平均年齢が高い日本人（とりわけ地方都市）とアジア諸国の観

光客(富裕層や都市中間層)の消費力を逆転させた。アジアの観光客にとっては、欧米に比べて日本は近くて安い観光地として魅力が高まっている。アジア系エアライン、LCCや船舶が彼ら、彼女らを運んでくる。

図表3　九州を中心とするアジア・インバウンド観光に関連する動向

1978年	厳原町民有志、朝鮮通信使行列振興会、結成
1980年8月	厳原町、アリラン祭りで朝鮮通信使行列が始まる
1988年	長崎県立豊玉高校、韓国へ修学旅行開始。1993年度から韓国語講座
1989年11月	上対馬町など出資の第3セクター「対馬国際ライン」、旅客船「あをしお」(乗客定員12人)、比田勝港−釜山港間で不定期就航
1991年3月	JR九州、博多港−釜山港間に高速旅客船「ビートル」を定期就航
1991年5月	盧泰愚・韓国大統領、国会演説で、朝鮮通信使に触れ、日韓関係の改善を訴える
1991年8月	韓国要請で、高速旅客船「ビートル」比田勝港、厳原港に臨時寄港
1992年8月	第1回日韓海峡沿岸県市道知事交流会議(於:韓国・済州島)、福岡県、佐賀県、長崎県各知事、釜山直轄市長、全羅南道知事、慶尚南道知事、済州道知事。1999年から山口県知事も参加
1996年	対馬国際ライン、旅客船「あをしお」を乗客32人乗りに改造、年間22往復、1997年度は30往復
1999年4月	日本、韓国とのワーキングホリデー開始(アジアと初めて)
1999年7月	大亜高速海運、厳原港−釜山港間に高速船「シーフラワー」不定期運航
2000年9月	中国人団体旅行への観光ビザ発給開始。対象は北京市、上海市、広東省
2002年5・6月	日韓ワールドカップ開催に伴う韓国人の査証免除
2003年度	対馬、構造改革特区で、韓国人観光客(就学旅行と団体旅行)の短期滞在査証の発給手続きの簡素化
2003年3月	対馬市誕生(厳原町・美津島町・豊玉町・峰町・上県町・上対馬町合併)
2004年度	対馬、構造改革特区で、対馬高校で単位上限を緩和し、「韓国学」開始
2005年3月	愛知万博に伴う韓国人の査証免除。終了後も継続(現在90日以内免除)
2006年12月	観光立国推進基本法が成立
2008年10月	観光庁設置
2011年10月	JR九州、比田勝港—釜山港間に高速旅客船「ビートル」を定期就航。同年11月から、韓国・未来高速も就航

2015年	入国者が出国者を超す。53年ぶりに旅行収支黒字に
2016年10月	訪日外国人旅行者2000年万人達成
2017年3月	観光立国推進基本計画(閣議決定)。2020年、4000万人、2030年、6000万人を目標
2017年10月	日韓の地方自治体や民間団体が連携した「朝鮮通信使」記録群、ユネスコ「世界記憶遺産」登録

(出所)小原篤次・平良棟子(2018年)「インバウンドのキャッシュレス需要に関する研究―韓国訪日客2017年対馬調査―」『東アジア評論』第10号、長崎県立大学東アジア研究所をカラー化した。

　小泉首相は2003年1月の施政方針演説で、「観光立国」を宣言した。2006年には、インバウンド観光を推進するため、「観光立国推進基本法」が成立、2008年には、観光庁が設置され、全国で統一されていなかった観光統計の整備に着手した。2008年リーマンショック、2011年の東日本大震災といった需要低下要因を越えて、インバウンド客は増加した(図表4)。2014年に設定した2020年を達成目標とするインバウンド客2000万人という目標は、2016年10月に達成している。目標が2020年には4000万人、2030年には6000万人に引き上げられた。

　近年のインバウンド客は、中国、韓国、台湾、ASEAN6、香港と、アジアの訪問客数が圧倒的に多い(表2)。上記アジア5地域・国の構成比は2006年の69.5％から2017年、84.4％に増加している。

図表5　インバウンド客と出国日本人の推移（単位:万人）

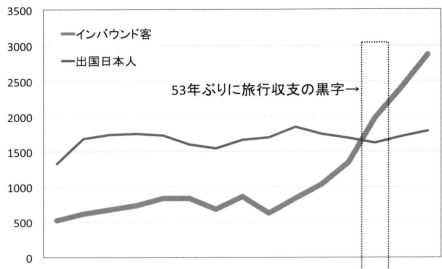

（出所）日本政府観光局（2018年1月26日）「統計データ（訪日外国人・出国日本人）」より筆者作成。

図表6　国・地域別のインバウンド客

	2006		2016		2017		2016/2006	2017/2016
	実数(万人)	構成比	実数(万人)	構成比	実数(万人)	構成比	（倍）	増減率
中国	81	11.1%	637	26.5%	736	25.6%	7.9	15.4%
韓国	212	28.9%	509	21.2%	714	24.9%	2.4	40.3%
台湾	131	17.8%	417	17.3%	456	15.9%	3.2	9.5%
ASEAN6	51	6.9%	251	10.4%	292	10.2%	4.9	16.2%
香港	35	4.8%	184	7.7%	223	7.8%	5.2	21.3%
米国	82	11.1%	124	5.2%	138	4.8%	1.5	10.6%
その他	142	19.3%	282	11.7%	311	10.8%	2.0	10.4%
合計	733	100.0%	2,404	100.0%	2,869	100.0%	3.3	19.3%

（注）2017年は日本政府観光局の推計値。ASEAN6は、タイ、マレーシア、フィリピン、シンガポール、インドネシア、ベトナム。
（出所）日本政府観光局（2018年1月26日）「統計データ（訪日外国人・出国日本人）」より筆者作成。

(3) 韓国人の港湾別入国状況

　韓国は、日本にとってアジア初のワーキングホリデー対象国である(図表3)。2002年の日韓ワールドカップ、対馬を対象とした「構造改革特区」などビザ緩和の試行が続けられた。そして、2005年の「愛知万博」開催にあわせたビザ免除が同万博終了後、継続措置となった。韓国人への観光ビザ免除は、経済よりも治安の管理を優先してきた法務省の入国管理政策の大きな転換である。2017年、韓国インバウンド客は前年比40.3％増の714万人で、中国インバウンド客に次ぐ規模で、全体の24.9％、つまり4人に1人の高いシェアを占めている。

　地方空港は中国系FSA、中国系・韓国系LCCによって、近距離アジア限定で国際線が維持されている。日本のFSAは採算性から、ファーストクラスやビジネス・クラスの客が期待できる羽田空港と欧米路線を重視する。韓国人入国者数は関西空港と福岡空港の伸びが大きく、成田や羽田を上回る。福岡空港の利用拡大もあり、博多港は減少傾向で、比田勝港が単独でも、韓国人入国で日本一の港となった(図表7)。

図表7　空港・港別の韓国人入国者数(単位:万人)

(出所)法務省(2018年1月26日)「出入国管理統計統計表」より筆者作成。

（4）インバウンド観光の先進地・九州・対馬

　九州や沖縄はアジア地域と地理的近接性による便益がある。LCCで航空運賃が低下、韓国とは航路もある。福岡では1990年代前半から、アジアとの需要拡大に備えて福岡空港移転や拡張が検討・研究されてきた。同空港では2800m滑走路のほか、2本目の2500m滑走路を建設、2024年度の運用開始を目指す。主に中国訪日客が利用するクルーズ船は2017年、博多326回（前年328回）、長崎港267回（同197回）、那覇224回（同193回）と、2年連続で全国1位から3位を占めた。

　インバウンド客の宿泊、飲食、買い物を通じて経済効果がある。対馬北部は韓国から45.9kmに位置し、釜山から比田勝と厳原まで航路がある（写真3）。韓国の対馬訪問客は東日本大震災などの影響から一時、減少したものの、2011年後半には、日韓3社体制で航路増便となり[3]、入国者が伸びた（図表8）。対馬は韓国客急増で、宮本常一ら人類学者を引き寄せた「辺境」ではなく、北海道ニセコ町、沖縄県、大阪ミナミなどとともに「インバウンド」の先進地となった。対馬ではインバウンド地域貢献指標（外国人入国者数ベース）は2017年、10倍となる見通しである[4]。観光客は地方自治体の範囲を超えて自由に移動するため、各地域の観光客数を正確に記録するのは難しい。対馬市の場合、国境離島のため、パスポートを確認する入国審査を担当する国家公務員が常駐しており、信頼度の高い統計を得ることができる。インバウンド地域貢献指標は、インバウンド客数を各地方自治体の人口で割り算をする簡単な計算方法で、地域への影響度を比較することができる。この指標を用いると、対馬市は、日本の国際観光地として知られる京都市よりも、インバウンド地域貢献指標よりも高く、つまり日本全体を見ても、非常に国際的な場所だと言える。

　韓国客向け飲食店・土産物店開業、観光バスの増加、宿泊施設建設などに波及し、公共バスの路線維持、運転手や宿泊業など新規雇用創出（写真4）と、地域経済に貢献している。

写真3 釜山・対馬・博多を結ぶ高速船。対馬観光物産協会提供。

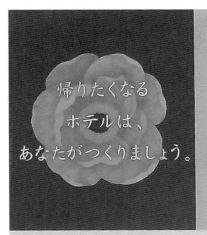

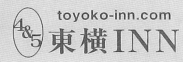

写真4 東京の会社が対馬に新しいホテルを開業するにあたり、出した求人情報。2017年3月14日筆者撮影。

3.世界のキャッシュレスの動向ー「消えるマネー」

　第3節は、次の3つの項目から構成されている。(1)1万円札は必要か、(2)キャッシュレス化対応が進むコンビニ、(3)誰が世銀に金融包摂データベースを作らせたのか?第3節をと通じて、世界のキャッシュレスの動向について、エピソードも織り交ぜながら、マネーをめぐる新しいトレンドを紹介していく。

(1)1万円札は必要か

　対馬を訪問した時のことである。午前7時前、早めに朝食を済ませようと、老若男女が行列を作っている。なぜかお揃いのように、アウトドア・ブランド「THE NORTH FACE」のウェアを身に着けている。対馬のホテル・ロビーで出くわした。「国境の島」や「国際交流の島」としてアピール中の長崎県・対馬。韓国まで高速船で70分という近さから、韓国人で観光地や商業施設が賑わいを取り戻した。東京の大手ホテルチェーンが2017年3月末、ビジネスホテルを開業し、さらにリゾートホテルを建設する計画である。地元の人に、外部資本のホテル進出は「いつ以来ですか」と尋ねると、「高度成長期以来か」という。対馬の港は韓国人の入国手続き数で、千歳空港、中部空港、博多港を凌駕している。対馬の縄のれんで2017年3月、「日本人のみ」という張り紙を見つけた。理由を聞くと、どうも好き嫌いの問題ではなく、クレジットカード決済の問題だということがわかる。

　韓国ではクレジットカード決済が小口決済にも対応しており、キャッシュレス化が進んでいる。対馬に限らず日本の個人経営の店や観光地でクレジットカード導入は進んでいない。店舗側は売上に対して2〜3%の手数料を負担する。しかも経営の透明化を嫌い導入が進まないと説明された。対馬の韓国人観光客の決済方法については第4節で詳しく説明する。

　海外に目を転じると、インドの首相が2016年11月8日午後8時、国営テレビで、1,000ルピー紙幣と500ルピー紙幣の高額紙幣が翌日から使えなくなると発表した。「わずか4時間後」である。1,000ルピアは日本円に換算すると1,800円程度。代わって2,000ルピア紙幣と新500ルピー紙幣が用意された。この発表からほぼ

2ヵ月後の12月30日が、銀行で両替できる期限だった。インド政府の目的は富裕層の資金を把握し、税収増につなげることだった。25万ルピア（現在の為替レートで43万円）以上の紙幣を銀行に持ち込めば、銀行員が資金源を質問し、税務当局が脱税の有無を調べる。中国では「上に政策があれば下に対策あり」と言われる。紙幣廃止がもたらした経済混乱に比べて地下マネーがどこまで税務当局にあぶりだされたのだろうかと政策効果を疑問視する指摘もある。ただ、政府主導のモバイル決済アプリ、指紋認証決済も可能にすると、キャッシュレス化を表明している。実際にキャッシュレス化が進み、流通する貨幣やコインの通貨量が年々、減少している国がある。本格的なキャッシュレス社会はすでにリアルである。国際決済銀行（BIS）によると、各国の紙幣・硬貨流通量をGDP比によって国際比較している。日本や香港、インドが高く、キャッシュレス社会からほど遠い。アジアでは韓国が低く、オーストラリアからスウェーデンまでが5％を以下である。イギリスおよびイギリスと関係が深い南アフリカ、カナダやオーストラリアが含まれている。ヨーロッパ、とくに北欧では携帯電話を利用した支払い方法が普及している。スウェーデンでは携帯電話番号と銀行口座を関連付けている。

　日本でもインドのように高額紙幣の1万円を廃止すれば、キャッシュレス化が進むのだろうか。

(2) キャッシュレス化対応が進むコンビニ

　「イノベーションに触れたい」。ドバイの友人で情報工学の専門家がラマダン中の2017年6月、アメリカシリコンバレー出張前に、来日した。東京大学工学部研究室から、バイオテクノロジー、ゲームソフト、自動車工場、物流センターとアレンジした。意外に関心を持ったのがコンビニエンスストアに設置されている「マルチコピー機」だった。チケット販売、写真や電子ファイルの印刷にも対応できる。中華系、ヨーロッパ系と人種や民族を問わず、スマートフォンを片手に、銀座で「迷子」状態の外国人観光客に、おもてなしができる「ガイド」の役目を果たしていた。ただ、東京の中心地に滞在しながら、週末、彼を困らせたのは両替だった。コンビニ

越境するヒト・消えるマネー「香港・ドバイ・対馬」 —ゲートウェイ都市の政治経済論— 　　215

ATMでクレジットカードのキャッシングができるものの、外貨両替は新宿、浅草、福岡県太宰府など限られた店舗で始めた程度である。

　確かに中国観光客は支払方法で困ることは少ない。中国で発行される銀行カードには「銀聯カード」サービスがセットされ、海外でも使用できる機能がある。SNSベースのモバイルアプリ決済も、コンビニエンスストアをはじめ日本で利用できる場所が増えている。中国観光客以外への対応には改善の余地がある。

　世界銀行の調査では2015年現在、日本で設置されたATMは13万台を超え、中国、ロシア、インド、ブラジルに次いで世界5位である。現金アクセスの利便性を示す指標になる。国際比較のため、ATM一台あたり人口を算出すると、韓国は418人で世界トップ、日本は928人でイギリスやスペイン並みである。開発援助では、金融包摂（ファイナンシャル・インクルージョン）というテーマがある。途上国では銀行口座を持てない人が多いためである。人口増加率が高いインドやフィリピンでATM一台あたり人口が突出した。一人あたりGDPで示される経済水準とこの指数の関係性が高いだろう。さらにATM台数の前年比増加率は、ミャンマー、モザンビーク、エチオピア、中国などでは40％を超す。さきに、現金（紙幣・硬貨）流通量の対GDP比率を紹介した。日本が最大、つまり経済規模に比べて現金が使われている。ただ、現金が使われているかどうかと、ATM一台あたり人口との間の関係はあまりない。ヨーロッパでキャッシュレス化が進行しているにもかかわらず、すでに整備されたATMネットワークが温存されている状況だろう。ただATM設置数はヨーロッパのほか、アフリカの一部で、すでに減少し始めている。フランス18.3％、フィンランド7.7％、ノルウェー5.6％、ケニア3.9％、それぞれ減っている。ATMが、軍艦島（石炭の島）のように「産業遺産」となる日もやがて訪れてくる。

　パソコンやスマートフォンによるネットワークが確立するなか、ATMも含めて日本は20世紀後半に確立した大型コンピューターベースの情報ネットワークがまだまだ活躍していることが分かる。時代遅れの「ガラパゴス」と切り捨てられない根強さがある。

　おもてなし文化を体現するかのような「マルチコピー機」にしても、他国に広が

る余地は少ない。印刷なら安価なプリンターを設置すれば、問題は生じにくい。ましてやFAXやコピーの需要は限られているためである。

（3）誰が世銀に金融包摂データベースを作らせたのか？

　なぜ世界銀行がこんなデータを集めだしたのか興味がわいてきた。世界銀行によると、コンピュータ・ソフトウェアで財を成したビル・ゲイツが創設した「ビル＆メリンダ・ゲイツ財団」が財政支援し、アメリカ調査会社ギャラップの協力を得ている。同財団は投資家として知られるウォーレン・バフェットからも寄付を受けて413億ドルの資産を持つ世界最大規模の慈善財団である。アメリカ政府は税金を優遇される財団に対して年間、資産の5％以上を慈善活動に使うことを求めている。同財団は実際に2015年で61億ドル、2016年で55億ドルと、資産の10％を超える金額を慈善活動に支出している。同財団の慈善活動費は2015年の政府開発援助の規模と比べると、世界6位のスウェーデンに次ぐ規模になる。世界銀行グループのジム・ヨン・キム総裁は「我々は、2020年までに全ての人に金融アクセスを普及させるという極めて意欲的な目標を設定した。そして今、この目標に大きな前進が見られる。われわれの取組みには、クレジットカード会社、銀行、マイクロクレジット機関、国連、財団、そしてコミュニティのリーダーなど多くのパートナーとの協力が必要だ」と述べている。同財団のほか、VISAやマスターカードなどは国際機関と協力してモバイル決済などの普及事業を進めている。

　開発途上国の人が銀行口座を持てない理由は、貧困のほか、住民登録の未整備、口座開設に伴う費用、開設手続き、銀行までの距離などである。人々が金融機関にアクセスできないことで、預金ができないほか、生活費や事業資金を高金利で借りなければならない問題がある。前回調査の2011年と今回調査の2014年の間で、世界で15歳以上の人口に占める銀行口座を持つ人の割合は51％から62％に上昇している。世界銀行は「サブサハラ・アフリカで、モバイル口座が金融サービスの急速な普及と金融アクセス拡大に貢献」と説明している。たしかに、ケニアでは42％から75％、ウガンダでは20％から44％、タンザニアでは17％から

40％にそれぞれ増加している。

　ただし、銀行口座保有における男女間の格差は、さほど縮まってはいない。全世界で2011年、女性が47％、男性が54％であったのに対し、2014年には女性が58％、男性が65％であった。地域別では、南アジアや西アジアで、男女差が大きい。トルコ25パーセントポイント、インド20パーセントポイント、サウジアラビア14パーセントポイントも口座の保有率に男女差がある。モバイルを用いた決済口座の普及も宗教など文化に根付く男女差を打ち破れていない。

　多くの国で銀行口座の保有率は「男性上位」になっているが、フィリピン、ロシア、スロバキア、モンゴルなどで「女性上位」の国がみられる。フィリピン以外は、旧社会主義圏で女性の労働参加率が比較的高い国々である。フィリピンの場合、海外出稼ぎ者の影響も考えられる。キャッシュレス決済のメリットは利用者コストの低減だけでなく、決済時間の短縮、販売動向の管理なども含まれる。国際決済銀行（BIS）統計によると、2015年、日本は紙幣・硬貨流通量GDP比率が20％近く世界で最も高い。とくに紙幣に対する信頼度が高いことで、キャッシュレス決済が進んでいない[5]。経済産業省によると、日本の民間消費支出に占めるキャッシュレス決済比率は2008年の12％から2015年には19％まで増加している。だが、同比率は、中国55％、韓国54％、アメリカ41％に対して低い値にとどまっている。

　第4節のアンケート調査の対象国である韓国と比較すると、人口一人当たりの利用額比率（利用額合計／総人口）は2016年で、韓国は日本の2.2倍に及ぶ。米ドル換算した一人あたり年間クレジットカード利用額も、日本が3,666ドルに対して、韓国は8,156ドルと2倍以上の差がある[6]。

　浅草・仲見世商店街（55店舗のうち44店舗協力）では、現金決済一人あたり平均購入金額は2,825円、クレジットカードの一人あたり平均購入金額は4,557円と現金の1.6倍、とくに「食べ物」が3.3倍と、両者の決済方法で購買金額の差が最大だった[7]。

4.対馬におけるアンケート調査の結果

　第3節では、世界のキャッシュレス化の動向を紹介した。第4節では、インバウンド客の日本の決済方法とともに、韓国人の母国での決済方法に着目し、2017年10月に、対馬市(写真5)で、実施したアンケート調査で、その違い(キャッシュレス需要)を明らかにしていく(図表9)。

写真5　蔵をイメージした建物はインバウンド客向け免税店、右側にはハングル文字。2017年3月14日筆者撮影。

図表9　韓国インバウンド客のキャッシュレス需要

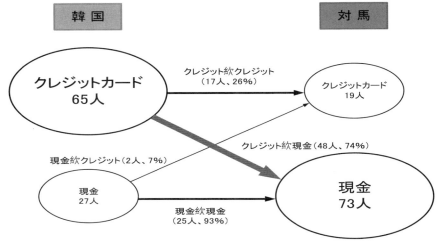

(注)韓国の日常で使用頻度1位の決済方法の回答を対象。

(1)アンケート調査の概要

　対馬を訪れた韓国人観光客を対象に、韓国人1人、日本人2人の調査員で、2017年10月18日から10月22日までの期間、対馬市厳原町「いづはらショッピングセンター　ティアラ」周辺および比田勝港国際ターミナルにおいてアンケート調査(韓国語：A4で2枚)を実施した。設問は属性を含めて合計11。

①目的

　韓国人観光客の消費行動を分析し、訪日観光促進へつなげることを目的としている。特に、決済方法に関する質問項目では、対馬だけでなく韓国(母国)での決済方法にも言及し、日韓の決済ギャップを明らかにする。

②属性

　有効回答者(n=109)のうち、男性65人、女性44人で、男女別の年齢構成は以下のとおりである。

郵便はがき

850-8790

料金受取人払郵便

長崎中央局
承認

5021

差出有効期限
2027年1月
31日まで
（切手不要）

長崎市大黒町3-1
長崎交通産業ビル5階

株式会社 長崎文献社
愛読者係 行

|ᴵᴵᴵᵢᴵᴵᵢᵢᴵᵢᴵᴵᵢᴵᴵᴵᵢᴵᴵᴵᵢᵢᴵᵢᴵᴵᵢᵢᴵᴵᴵᵢᴵᴵᵢᴵᴵᴵᵢᴵᴵᴵᵢᵢᴵᵢᴵᴵᵢᵢᴵᴵᴵᵢᴵᴵᵢᴵᴵᴵᵢᴵᴵᴵᵢᵢᴵᵢᴵᴵᵢᵢᴵᴵᴵᵢᴵᴵ|

本書をお買い上げいただきありがとうございます。
ご返信の中から抽選でオリジナルポストカードを
プレゼントいたします。12月末に抽選、発送をも
って発表にかえさせていただきます。

インターネットからも送信できます↑

フリガナ	男・女
お名前	歳

ご住所　（〒　　　－　　　）

Eメール アドレス

ご職業 　①学生　　②会社員　　③公務員　　④自営業 　⑤その他（　　　　　　　　　）

記入される情報は適切に保管いたします。

愛読者カード

ご記入日　　　年　　　月　　　日

本書の タイトル	

1. 本書をどのようにしてお知りになりましたか

①書店店頭　　②広告・書評（新聞・雑誌）　　③テレビ・ラジオ
④弊社インスタグラム　　⑤弊社ホームページ　　⑥書籍案内チラシ
⑦出版目録　　⑧人にすすめられて　　⑨その他（　　　　　　　　　　）

2. 本書をどこで購入されましたか

①書店店頭（長崎県・その他の県：　　　　　　　　　　）　　②アマゾン
③ネット書店（アマゾン以外）　④弊社ホームページ　　⑤贈呈
⑥書籍案内チラシで注文　　⑦その他（　　　　　　　　　　）

3. 本書ご購入の動機（複数可）

①内容がおもしろそうだった　②タイトル、帯のコメントにひかれた
③デザイン、装丁がよかった　④買いやすい価格だった
⑤その他（　　　　　　　　　　　　　　　　　　　　）

本書、弊社出版物についてお気づきのご意見ご感想ご要望等

（ご感想につきましては匿名で広告などに使わせていただく場合がございます。）

ご協力ありがとうございました。良い本づくりの参考にさせていただきます。

（2）アンケート調査分析

①日韓の決済方法ギャップ

　韓国と対馬で、使用頻度が高い決済方法を順位付けして3つ選択してもらった。選択肢は「クレジットカード」、「プリペイドカード」、「デビットカード」、「モバイル決済」、「現金」「その他」の6つとなっている。

　韓国においては「クレジットカード」を利用した決済が最も多く、次いで「現金」、「デビット」、「モバイル」、「プリペイド」、「その他」となっている[8]。一方、対馬では「クレジットカード」の値が減少し、「現金」の値が伸びている。クレジットカードだけでなく、「プリペイド」、「デビット」、「モバイル」といったその他のカード／モバイル決済も対馬では全体的に利用数が減ってしまっている。ここでは、1位から3位までで回答数が多かった「クレジットカード」と対馬（日本）での主な決済方法である「現金」を取り上げ、利用割合の違いをみる。

　まずは、韓国における「クレジットカード」と「現金」の利用頻度の割合をみてみる。韓国で、クレジットカードを1位に選択した割合は60％と高い値となっている。さらに、2位、3位も含めた合計は73％に及ぶ。

　一方、韓国で「現金」決済の割合は1〜3位合計で70％となっているものの、1位の選択は25％で、4人に1人に過ぎない。デビットカード1位が13人、プリペイドカード1位が2人だった。モバイル決済を1位に挙げた人はいなかった。韓国が中国のようなモバイル決済によるキャッシュレス社会ではないことが分かる。韓国ではクレジットカードによって、キャッシュレス化が進んでいることが今回の調査で確認できる。

　次に、韓国人観光客到着地の対馬における決済方法をみる。対馬で「クレジットカード」を1番多く利用した割合は18％と、上述した韓国におけるクレジットカード利用（1位で60％）と比較して3分の1以下になる。

　さらに、1〜3位の合計では韓国で73％の人がクレジットカードを1位に挙げながら、対馬では52％と、20％ポイントほど低下している。このため、対馬では、現金決済割合が高くなっている。対馬で現金1位の割合は81％に対して韓国では28％

越境するヒト・消えるマネー「香港・ドバイ・対馬」 —ゲートウェイ都市の政治経済論— 　　221

だった。

　韓国での決済方法の1位を「クレジットカード」と回答した65人のうち、48人が対馬で最も利用した決済方法は「現金」であると回答している。つまり、韓国クレジットカード派の73％が対馬では現金へシフトしており、決済方法のギャップが確認できる。

②決済方法と消費金額

　次に、韓国と対馬の決済方法と、対馬消費金額をそれぞれクロス集計した。決済方法として「クレジットカード」と「現金」をクロス集計の対象としている。

　韓国で現金決済選好派は、対馬消費金額は、「3万～5万円未満」が37％と最も多く、次いで「1万円未満」が30％、「1万～3万円未満」が22％、「5万円以上」が11％という結果になった。クレジットカード決済利用者の消費金額は「1万～3万円未満」が48％と最も多く、「3万～5万円未満が」19％、「5万円以上」、「1万円未満」がともに17％。対馬で1万円以上消費した割合は、韓国クレジットカード派（83％）が、韓国現金派（70％）を上回っている。

　次に、「対馬で利用した決済方法」と、対馬消費金額をクロス集計する。対馬で現金決済を利用した人の対馬における消費金額は「1万～3万円未満」が46.6％と最も多い。消費金額の単純集計と決済方法の単純集計で最も大きい値となった選択の組み合わせのため、当然の結果ともいえる。消費金額が上昇するにつれて割合が低下している。

　一方、対馬においてクレジットカードを利用した人の対馬での消費金額は、「3万～5万円未満」と「5万円以上」を合わせた3万円以上の金額の割合が53％と過半数を超えている。現金決済の3万円以上の割合は33％にとどまっている。

③対馬に対するキャッシュレス化への要求度

　「対馬において、改善してほしいこと」は9つの設問を用意した[9]。最頻回答は「無料公衆無線Wi-Fi環境」であった[10]。次に、「カード／モバイル決済の利用」へ

の回答(38)が多い。

　そこで、「カード／モバイル決済の利用」を韓国と対馬の決済方法とクロス集計の対象として、韓国人訪日客の決済ギャップに対する要求度合いを分析した[11]。韓国現金決済派が、対馬で「カード／モバイル決済の利用」の改善を求めている割合は22％に対して、韓国クレジットカード派は45％、現金派の2倍にものぼる。キャッシュレス化を求めるインバウンド客のニーズに対応する必要がある。

（3）アンケート調査の考察

　今回のアンケート調査では、対馬における韓国人観光客の消費動向ならびに、韓国との決済ギャップに焦点をあてて調査を実施した。

①韓国においてクレジットカード利用が73％に対し、対馬では、クレジットカードの利用は半数にとどまる。この差が日韓の決済ギャップで、キャッシュレス需要と言える。韓国において一番の決済方法として「現金」を選択した人の割合は25％にとどまる。さらに、普段、韓国でクレジットカードを利用している74％もの人が、対馬では現金決済を利用している。

②対馬における決済方法と消費金額との関係から、クレジットカード利用者ほど消費金額が大きい。これは、「韓国における決済方法」と「対馬における決済方法」のどちらもあてはまる。将来、クレジットカード決済が対馬に浸透することで、韓国人観光客の消費金額を増加させる可能性を示唆する。

③「対馬に対するキャッシュレス化への要望」では、韓国で現金を利用する人は22.2％に対して、クレジットカードを利用する人は44.6％に及んである。韓国で日常的にクレジットカードを利用する人が対馬の現金中心の決済環境に不満をもっている。

越境するヒトを受け入れる準備－おわりに代えて

　本章の第4節で取り上げた対馬市は、東京を中心にすると、国境離島として位置付けられる。視点を変えると、クレジットカード利用などさまざまな変化を続ける

アジアに、最も近いことになる。これは対馬市だけではなく、長崎県に共通する優位性である。

　日本をはじめとする東アジアでは、1970年代のベトナム戦争終結以降、第二次世界大戦や、パレスチナとイスラエルのような長期間にわたる大規模な戦争や紛争は起きていない。戦争がないということ、「平和」であることは、労働者の移動、留学生、観光客など人の移動が促進する必須条件である。ドバイがあるアラブ首長国連邦はイギリスの保護領を経て、1971年に独立した比較的新しい国である。香港は冒頭にも述べたように、アヘン戦争によって、清からイギリスに割譲され、1997年に、中国に返還された。両都市は歴史上、国際航路につながる港湾機能が注目され、世界で初めて産業革命に成功したイギリスの影響を受けながら、現代的な国際的な都市に変貌した。

　日本はユーラシア大陸の東側に浮かぶ島国で、アメリカ・カナダ、オーストラリア・ニュージーランドからも地理的に離れている。この地理的条件は変えられないものの、スマホアプリを使えば、連絡も簡単になっている。航空運賃もLCCなどの普及で格段に安くなってきた。今後、国境を越えた人の往来は日本でも増加し、国境を越えたマネーの動きも活発化する。

　最後に、国際語としての英語の重要性は高い。国際化やグローバル化を求める社会の要請がある。社会の要請には、円相場など経済や、海外進出する企業からの要請も含まれている。

　ただし、英語が必要だという声は21世紀になって始まったわけではない。ビジネス英語の検定試験TOEIC(トイック)が誕生したのは1979年である。ちょうど、国公立大学受験の全国統一テストである「大学共通第1次学力試験」が開始された年でもある。専用の回答用紙はマークシート用紙と呼ばれる。鉛筆で記入した用紙を、大量に短期間で読み取り、採点していく。つまり大型コンピュータがビジネス英語検定や、大学入試にも拡大した時期でもある。大学共通第1次学力試験は、大学入試センター試験と名前を変えながら、利用する大学が増加している。

　TOEICに話を戻すと、このビジネス英語検定試験は、日本の経済界がアメリカ

で留学生向けの英語検定テストTOFEL(トフル)を運営する団体に依頼して、誕生したものである。本田技研工業、トヨタ自動車など日本の自動車がアメリカで工場を建設するのが1980年代初めであるため、日本が本格的に海外に進出する時期に、TOEICが生まれたわけである。

　日本の円は太平洋戦争後、1970年代初めまで、1ドル=360円で固定されていた。日本からアメリカなどへの輸出には有利だった。同時に、日本から海外へ留学したり、海外旅行したりするのは、経済的に非常に難しかった。海外旅行が自由化されたのは、1964年、最初の東京オリンピックが開かれた年である。円相場が変動を始め、TOEICが導入された1979年末では240円だった。最近の円相場は100〜110円前後で動いている。円相場だけで2倍以上、円の価値が上昇したことになる。1970年代と現在の物価水準の違いも考えると、自由化された海外旅行は依然として、多くの日本人にとっては「夢」のような存在だった。円相場が200円を割り込み100円台に突入するのは1986年以降である。日本円の価値が上昇したことで、海外旅行は決して「夢」ではなくなった。

　国際語としての英語の重要性に戻ると、英語学習が小学校から取り入れられたのもその一つである。

　1990年から行われるベネッセ教育総合研究所のアンケート調査を確認すると、小学生男子の人気のおけいこは1990年調査で、スポーツ、習字、ソロバン、英語の順である。英語は1996年調査でソロバン、2005年調査で習字を抜いている。2015年調査で英語をおけいこにあげたのは男子で13.5%、女子で20.3%にのぼっている。学校教育でも1987年からアメリカやイギリスなどから若者を英語教員の補佐として受け入れ、2011年から小学校で英語学習が必須化されるなど、日本人の英語学習環境も変化している。

　ただ、こうした英語学習環境の整備が必ずしも海外留学者数につながっているわけではない。日本人の海外留学者数は2004年の8万2,915人がピークで2012年では6万138人である。アメリカの統計では1999/2000年度、日本からの留学生数は中国に次ぐ2位で5万人近かった。それが2014/15年度では、台湾とベト

ナムの間で8位となり、2万人を割り込み、アメリカの留学生に占める日本人比率は8.5％から2.0％に低下している。

　日本の大きな企業は1980年だから1990年代にかけて、若手男子社員を中心に、全学会社負担で、アメリカをはじめ海外留学に派遣していた。日本の海外留学が伸び悩む一因はこうした企業の支援制度が減少していることとも関係している。

　ところで、国際機関も人の移動に関する統計整備に力を入れ始めている。国際連合・経済社会局の統計では2015年、全世界で移民は2億4,000万人にのぼる。2005年から27％増加した。移民の送り出し国・世界一はインド(1557万人)、4位には中国(954万人)、5位にはバングラデッシュ(720万人)、6位にはパキスタン(593万人)、8位にはフィリピン(531万人)とアジアが主要な送り出し元となっている。インドは2005年比で62％増加し、全体の内訳はアラブ首長国連邦に349万人、サウジアラビアに189万人など西アジアが目立ち、アメリカは196万人、ヨーロッパ123万

写真6　アジア通貨が米ドル、ユーロが並ぶ。関西国際空港内の両替店。2018年6月10日筆者撮影。

人である。他方、中国は同33％の増加で、内訳は香港が230万人、アメリカが210万人、ヨーロッパ104万人である。インドは西アジアへの出稼ぎ者が多いため、原油価格の変動が出稼ぎ受け入れと直結する。欧米など先進国における出稼ぎ需要も、政治情勢・社会情勢のほか、景気、為替相場などの影響も受ける。ヒトの越境はマネーと関わっている。関西国際空港で取り扱う通貨は33通貨に及ぶという。中国元、韓国ウォン、香港ドルやアラブ首長国連邦のディルハムなどが含まれる（写真6）。

　西アジアや中央アジアをも含めると、アジアには45億人が暮らしている。世界人口の6割に及ぶ。今後、日本でも、さらに海外出身の住民（労働者・留学生）やインバウンド観光客が増加していくだろう。その中心は、ヨーロッパ、アメリカ、オセアニアではない。韓国、中国、台湾、香港、シンガポール、マレーシア、フィリピンなど東南アジアなど近隣のアジア諸国からの人々である。

　近隣アジア諸国と言っても、イスラム教、キリスト教、仏教、道教、ヒンドゥー教など宗教も多様である。宗教上、食べてはいけない食物もある。たとえば、イスラム教徒は、豚肉やアルコール、その成分が含まれている食品を口にできない。イスラム教に配慮された食品はハラルと呼ばれ、アラビア語やアルファベットでハラル認証マークが付けられ、マーケットに並べられている。九州など日本から輸出されている食品も少なくない。そして、イスラム教徒は一日5回の礼拝も欠かせない。ラマダンという日中は食事がとれない期間もある。また、ヒンドゥー教では、牛は聖なる動物である。よって、インドや東南アジアなどで暮らすヒンドゥー教徒は牛を食べない。インドに出かければ、ビーフカレーがないということを知ることだろう。

　本章に接した若者は、英語のほかに、ぜひ、最低一つアジア諸語の学習にチャレンジしてほしい。中国語、広東語（香港や広東省）、韓国語、インドネシア語（マレー語）、タイ語、フィリピン語、アラビア語（ドバイなど西アジアやイスラム圏）など言語も多様である。アジアの文化、歴史、社会について、理解を深めてほしい。

参考文献

＜書籍＞

吉川愛子(2016)「老いるアジアと国際労働力移動」平川均・石川幸一・山本博史・矢野修一・小原篤次・小林尚朗(2016)『新・アジア経済論―中国とアジア・コンセンサスの模索―』文眞堂。

＜論文集＞

小原篤次・平良棟子(2018)「インバウンドのキャッシュレス需要に関する研究―韓国訪日客2017年対馬調査―」『東アジア評論』第10号、長崎県立大学東アジア研究所。

＜統計資料＞

小原篤次(2017)「21世紀の地球経済学 第4回：なぜインドは高額紙幣を廃止したのか？」『Int'lecowk』2017年8月号。

小原篤次(2017年11月17日)「クレジットカード統計の日韓比較のための基礎調査」。

観光庁(2017)「訪日外国人の消費動向 平成28年次報告書」。

厚生労働省(2014)『平成24年雇用政策研究会報告書』。

厚生労働省(2015)『社会保障審議会福祉部会福祉人材確保専門委員会 介護人材需給推計(暫定値)の検証結果』。

内閣府(2018年1月26日)「県民経済計算(平成13年度 – 平成26年度)(93SNA、平成17年基準計数)」。

日本クレジット協会クレジット研究所(2017)「日本のクレジット統計 2016(平成28年版)」。

日本貿易振興機構(2018年3月)「2017年度 アジア・オセアニア投資関連コスト比較調査」。

法務省(2018年1月26日)「出入国管理統計統計表」。

United Nations, International Migration Report 2017.

＜新聞・雑誌＞

日本クレジットカード協会(2016年1月14日)「浅草・仲見世商店街における「クレジットカード利用動向」調査結果」。

＜インターネット＞

国土交通省(2018年1月16日)「2017年の訪日クルーズ旅客数とクルーズ船の寄港回数(速報値)」。
http://www.mlit.go.jp/report/press/port04_hh_000189.html

Financial Supervisory Service(2017年11月17日)
http://efisis.fss.or.kr/fss/fsiview/indexw.html

注

＊本章第1節1～3では、平川均・石川幸一・山本博史・矢野修一・小原篤次・小林尚朗(2016)『新・アジア経済論』の吉川愛子「第5章 老いるアジアと国際労働力移動」、第2節、第4節では、小原篤次・平良棟子(2018)『インバウンドのキャッシュレス需要に関する研究―韓国訪日客2017年対馬調査―』『東アジア評論』第10号、長崎県立大学東アジア研究所を、それぞれ抜粋し、加筆修正している。本章への掲載については、吉川、平良両氏の了解を得ている。両氏以外にも、アンケート調査やグラフの

カラー化などで、下木原奈津子、パク・ハンビット、板山ひとみ氏の協力を得ている。以上、5名に深く感謝の意を表したい。なお、本文における分析、あるいは事実関係の誤認があるとすれば、それはすべて筆者（小原篤次）の責任である。

1 厚生労働省（2014）『平成24年雇用政策研究会報告書』。

2 厚生労働省（2015）『社会保障審議会福祉部会福祉人材確保専門委員会　介護人材需給推計（暫定値）の検証結果』。

3 大亜高速、未来高速、JR九州高速船。

4 対馬市の人口30,743人（2016年12月時点）に対し、2016年対馬における厳原港・比田勝港の年間韓国人入国者数の合計は259,363人と、8.4倍の値に達する。2017年は入国者数が30万を超え、10倍に達する見込み。

5 小原篤次（2017）「21世紀の地球経済学 第4回：なぜインドは高額紙幣を廃止したのか？」『Int'lecowk』2017年8月号、2ページ。

6 小原篤次（2017年11月17日）「クレジットカード統計の日韓比較のための基礎調査」は、日本クレジット協会クレジット研究所（2017年）「日本のクレジット統計　2016（平成28年版）」、Financial Supervisory Service（2017年11月17日）をもとに、作成されている。

7 日本クレジットカード協会（2016年1月14日）「浅草・仲見世商店街における「クレジットカード利用動向」調査結果」。

8 各決済方法で1位、2位、3位として選択されたものの合計値。

9 ①無料公衆無線Wi-Fi/LAN環境、②カード/モバイル決済の利用、③両替、④駐車場不足、⑤日本人と異なる対応を受けた、⑥韓国人お断りの店があった、⑦韓国人観光客が多すぎる、⑧日本人お断りのお店があった、⑨宿泊施設の価格が高い。

10 観光庁（2017年）「訪日外国人の消費動向 平成28年次報告書」でも、「日本滞在中にあると便利な情報」として「無料Wi-Fi」が51.1％と最も多かった。本研究もWi-Fi環境について、何が問題なのかまで明らかにしていない。無料か有料か、無料でも登録に時間がかかるのか、それともWi-Fi環境が少ないことが問題なのか、今後、Wi-Fi環境にしぼった調査が必要である。

11 クレジットカード、現金が決済方法の1位として選択された値を利用。

謝辞

本章は、JSPS科研費 JP18K11821の助成や、公益財団法人石井記念証券研究財団の平成30年度研究助成（研究代表者：川野祐司）の支援を受けている。

農民戸籍から都市戸籍への「越境」
——中国社会の変貌

国際社会学科　祁　建民

　1978年度末から始まった経済改革は中国経済に20年にわたる持続的な高度成長をもたらしたが、現在の中度成長になっても、GDPの成長率は6％〜7％を維持している。国民の1人当たりのGDP成長率も4.0％から8.1％へと倍増した。1978年には、1人当たりのGDPが381ドル、2009年には3,259ドル、2017年には8,800ドルに達した（因みにこの年、日本の1人当たりのGDPは38,550ドルである）。2010年に中国のGDP総額は日本を超えて、世界2位になった。しかし、このような高度、中度成長を達成するような光の面がある一方、その影として貧富格差と環境問題が深刻になった。貧富格差の中心的問題は農民所得の成長が長期間にわたり鈍っていることである。

　ルイスの発展経済学によれば、伝統的農業を中心とする農村には過剰な労働力が大量に存在する一方、近代的工業を中心とする都市では、低賃金の労働力が大量に必要である。結局低賃金の農村労働力はどんどん都市部に出稼ぎに向かい、これによって都市部の企業が膨大な利潤を得て投資を拡大し、経済が成長してきた。農村から都市への労働移動が拡大した結果、工業化と都市化が実現する。したがって、労働移動は近代経済の発展に不可欠な要件なのである。改革開放以降の中国もこのようなプロセスで近代化へ進んできた。しかし、中国の社会主義計画経済の遺産としての戸籍制度及び土地制度、社会福祉制度は、農民の農村部から都市部への労働移動に大きな代価を払わせる。都市で働

く農民はさまざまな困難や差別に直面しており、農民戸籍から都市戸籍への「越境」には想像以上の障害がある。

1.経済発展の光と影

　40年間の経済高度成長、そして中度成長に伴い、中国国民の生活は著しく改善された。昔の中国における家の豊かさの象徴とされる「四大件」(4つの主な生活用品)の内容は次々と変わっていった。毛沢東時代の「四大件」は自転車、腕時計、ラジオ、ミシンであったが、改革初期は家電製品の急速な普及によって、テレビ、洗濯機、冷蔵庫、クーラーに変わった。その後、家電製品が農村に普及する一方、都市部ではカラーテレビが普及し、家電製品は大型化した。現在の中国人家庭の「四大件」は、マイホーム、マイカー、子供の教育と旅行に変わった。中国の親は教育熱心で、大金を使って子供を海外留学に行かせる。現在アメリカ国内の海外留学生の3分の1は中国人留学生で、40万人に近い。旅行、特に海外旅行は近年盛んになっている。2015年、中国人海外旅行者は1.2億人に達し、そのうち個人旅行者は8,000万人で、日本を訪れた中国人観光客は499万人に達した。中国のGDPは右肩上がりに伸びており、中国人の消費力は高まっている。ある調査によれば、訪日中国人観光客の1人当たりの平均消費額は28万円(他の外国人観光客の1人当たりの消費額は10万円程度)になっている。

　しかし、世界の工場と呼ばれる中国において、その高度成長を支えるのは、豊富で安価な労働力の大量供給、即ち大量の農民による都市への出稼ぎであり、GDP発展を優先したが環境保護投資を長期削減してきた。そして、その影響は都市市民と農民の貧富格差の拡大と深刻な社会問題に現れている。

　まず、貧富格差問題として、都市部と農村部の貧富格差の拡大は最も注目されている。元々中国人口の8割近くが農村に住んでいる。1980年代、特に90年代後半から、沿海都市部がめざましい経済発展を遂げる一方で、内陸・農村部の停滞は深刻化している。ある調査によれば、2002年以降、都市部住民の年収はずっと農村部住民の3倍以上で、2007年には3.33：1になり、最も高い格差となった。

山東省のある村の様子（筆者撮影。以下同様）。　　河北省村内の露天肉屋

2014年、その格差は初めて3倍以下になったが、その格差は依然として大きい。

　農村部の貧困状況は、ある農村幹部の手紙によって浮き彫りになった。2000年3月2日、湖北省のある郷の共産党書記長李昌平は、朱鎔基総理に宛てた手紙の中で、農村の厳しい状況について、このように述べた。「私は党への無限の忠誠と農民への深い思いを抱き、涙ながらにあなたに手紙を書いております。申し上げたいのは、農民は実に苦しく、農村は実に貧しく、農業は実に危ういということです」。李昌平は、その理由について次のとおり述べている。

（1）「わが郷には4万人がおりますが、そのうち労働力は18,000人です。現在出稼ぎ労働者は25,000人ですが、そのうちの労働力は15,000余人です」「今年の全郷の放棄耕作地面積は、35,000畝（1畝は約6.67アール・筆者）に達する見込みで、全耕作地面積の65％を占めております」。

（2）「田地の請負負担金は畝当たり200元で、そのほか、人頭税があり、1人当たり100〜400元くらいです。これら2つを合わせれば、1人の人間と1畝の田地に対して350元くらいを要する。一家5人で8畝を耕すと、1年の経済負担金は2,500〜3,000元になります。農民は地を耕して1畝あたり穀物1,000斤を得ても、ようやく元が取れるくらいで、80％の農民は損をします」。

（3）「現在では約85％の村が赤字を出し、各村の平均欠損は40万元を下りません」。

（4）「幹部は『イナゴ』の如く、1990年には税金で養っていたこの郷の幹部は

120人に過ぎませんでしたが、現在では340人を超えています」。

(5)「農業を支持し農民を積極的に保護するという中央の政策は、とても実現しているとは言えません」、「国定の保護価格で規定量の穀物を買い上げることもなく、反対に、国の穀物買い付けの際には、農民に出資させて倉庫を作らせています。国が買い付けない穀物を、農民が自分で処分しようとすると罰金を科し、没収されることさえあります」。

(6)「現在、真実はどこにおいても語られません。上級幹部は、農民の収入が増加したと聞くと喜びますが、減収の場合は報告すると批判されます」、「末端幹部は上級幹部の顔色を窺い、好みに迎合して、至る所で増産増収だと言い、情勢はとても良いと言います」。

山西省農家の中庭

黄土高原の農民の家（山西省）

この手紙の公開によって、中国における「三農（農民、農村、農業）問題」の深刻さは大いに注目された。

さらに、環境破壊は経済発展に伴いますます深刻化している。中国の企業は安い生産品を出荷するため、コストを極力引き下げ、環境投資をカット

山西省の都市近郊の村

する。現代中国における環境問題の特徴は「都市部は空気で、農村部は水」と呼ばれる。都市部の大気汚染については、PM2.5の恐怖が日常的に大都市を覆っ

ている。農村部は水質汚染が深刻化しており、筆者の主な調査地域の山西省では、全96の河川の測定断面における水質優良の断面は47.9％しかなく、地域の河川状況は「川があれば必ず涸れ、水があれば必ず汚れる」と言われた。近年は、汚染被害を受けた農民が大規模な集団で抗議し、それを解散させようとした地方政府当局や警官隊との間で衝突が起きる「環境暴動」の多発がよく注目され、政治社会問題になった。

廃墟になった集団化時期の村集会所（山西省）

河北省にある村の龍王廟に建てられた毛沢東像、一部農民は毛沢東を懐かしむ

2.農村戸籍に縛られた農民

　中国農村部に貧しい農民が存在する理由は、中国社会に特有の二元社会問題が存在するからである。それは都市部と農村部の戸籍制度・社会保障制度・教育制度・医療制度などが全て別々に設けられているということであり、これが「二元社会」と呼ばれている。

　戸籍制度については、中国政府は1951年、「都市人口登記条例」を発布し、都市人口戸籍登録を実施し始めた。その後計画経済の導入とともに、労働と人口の自由移動を制限し始めた。1958年には、「中華人民共和国戸籍登記条例」を発布し、全国人口の戸籍を登録して、自由移動を禁止した。戸籍登録の内容は生年月日、死亡、常住、一時在住、戸籍移動状況などである。この条例は「公民の農村から都市部への移住には必ず労働管理官署の採用証明、学校の入学許

可書、あるいは都市戸籍登録部署の戸籍受入れの証明書を持って、所在地における都市の戸籍登録部署に申請し、手続きをとる」と定めた。1963年には、都市部での商品、穀物の配給制度を実施するために「都市人口」と「農村人口」を区分した。1975年に憲法を改正し、「公民の移動の自由」に関する内容が削除された。この戸籍制度の特徴としては、まず、戸籍身分が確定された。戸籍の登録によって、「農民」と「市民」という身分が決められた。出生によってその身分が確定され、戸籍身分の自由変更は不可能になった。次に、戸籍身分は等級性がある。戸籍身分の違いにより、社会の公共資源の占有（例えば都市公営住宅への入居、食糧・生活用品の配給）、社会権利の行使（選挙権の行使）及び社会的チャンスの獲得（国有・公営企業への就職）などは異なる。第3に、戸籍身分の社会福祉・教育利益の相違性である。農民は都市部の養老保険、医療保険などには加入出来ず、都市部の教育機関に入学できない。

毛沢東時代都市市民の食料配給証明書

　改革開放以降、労働移動の制限と戸籍制度は少し緩み始めた。1984年、農村人口が穀物の配給を受けない条件で都市に常住することが認可された。1985年1月1日、中共中央、国務院の第1号文書は「農民が都市で商店と工場を開設することを認める。サービス業を経営し、労働力を提供することができる」と伝達し、農村労働力の都市への移動を許可し始めた。都市部への出稼ぎ労働者は1989年に3,000万人に達した。しかし、1990年に、都市部の若者が一時就職しにくい状況となり、国務院は再び「農村余剰労働力が地元の企業に就職し、農業から離れ、地元の林業、牧畜業、漁業に就職するよう促進する」との政策を打ち出し、労働移動は一時制限された。その後、計画的に農村部労働力を都市部に移動させる政策へと変更され、鄧小平南方談話が発表された1992年から、中国経済が再び高度成長を果たしたことで、都市部の労働力は不足し、農民の都市部への移

動やサービス業の経営を促進することとなった。2001年には、都市と農村戸籍の区別が名目上撤廃された。しかし、登録住所によって都市部と農村部の違いは示されており、依然として農民と市民は区分されていた。2002年、中国政府は、農村余剰労働力の都市部への移動は工業化と近代化の必然的な傾向であると提起した。2003年には、労働力の農村部と都市部間の相互移動は農民の所得拡大と都市化の重要なルートであると指摘し、農村から都市への労働移動を全面的に推進してきた。

　近年、戸籍改革は一部の地域で実験的に実施された。2003年、瀋陽市は臨時戸籍登録制度を導入した。これによって、2011年に13名の優秀農民工が正式に市民戸籍に登録された。2008年、南京市は、市レベルの党組織、政府機関と農民工管理部署により表彰された「優秀」農民工は市民戸籍に登録できると決めた。2011年、国務院の戸籍改革通知は、中小都市（県城レベル以下の町）に安定した職を持ち、3年以上常住し、社会保険に参加する農民工とその家族は市民戸籍に登録できると定めた。2016年、北京市は、市内の都市戸籍と農村戸籍の区分を取り消し、全て北京市民として教育、医療、就職、社会保険、住居、土地及び人口統計を同様に取り扱うこととした。一方、大都市（人口100〜300万人）と特別大都市（500万人以上）の戸籍登録政策はポイント制を導入した。3つの要素を合わせてポイントをつけて、所定の基準を達成すれば市民戸籍に登録できる。その3要素は、第1に、人力資本、例えば学歴、専攻、専門技術、技能資格、技術職階、技術発明、特許、技術革新貢献などである。第2に、物質資本、例えば投資、起業、納税、不動産購入などである。第3に、都市への貢献、例えば在職期間、保健費の納入額、表彰（優秀労働者、先進生産者、労働競争優秀者）などである。広州市は、ある程度のポイントに達すると市民戸籍に登録できる制度を一早く実施した。例えば、学歴のポイントでは、4年制の学部以上60点、短大と高等専門学校は40点、中等専門学校と高校は20点、中学校以下は0点となる。重慶市の戸籍登録は、都市戸籍と農村戸籍の区別を取り消した「重慶市居民戸籍」と呼ばれるが、固定住所が農村部にある者は農村居民、都市にある者は都市居民と呼ばれ、事実上の区分はまだある。

実は、農民が都市居民戸籍に換えるには、まず、都市で固定住所を持つ必要がある。即ち不動産を所有しなければならない。しかし、都市部の不動産価格はかなり高いため、農民の大部分は買うことができない。中国各地の戸籍改革はまだ試行段階なのである。

　一方、農民工は現在、都市での就職・生活が不安定であるため、完全な農村戸籍から都市戸籍への切替えには決心がつかない状態であり、農村戸籍と関連する土地三権を放棄したがらない。土地三権とは、土地の請負経営権、住宅地の使用権、農村集団収益の配分権である。市民になるとこの土地三権は失われ、いったん都市で失業するとその後の活路もなくなることになる。中国政府も農民の土地三権は強制的には放棄させないと定めている。農民の土地請負経営権は自ら有料で貸し出すことも許可される。実は、ある調査によれば、現在農民工の関心度の優先順位の中に、戸籍問題は5番目以後であるということを明らかにした。

図表1　中小都市における農民工の都市化に関する政策面の要望状況

政策内容	第1位	第2位	第3位	第4位	加重総点数	順位
都市戸籍	42	84	141	207	909	6
安定の職	287	238	105	126	2,198	1
子供の教育	174	263	142	92	1,861	3
住　　居	245	176	187	103	1,985	2
社会保障	149	160	246	219	1,787	4
土地問題	98	115	137	199	1,210	5

　その関心の優先順位は、安定の職、都市での住居、子供の教育、社会保障、土地問題、都市戸籍の順となる。現在、農民工にとっては、都市における就労、生活の安定性の保障と比べ、単なる戸籍の切替えというのはそんなに切実なことではない。したがって、戸籍改革は農民工の就労、所得、社会保障、教育などと連動させる必要があり、単純な戸籍登録の切替えでは「二元社会」の問題を完全に解決することはできないのである。

農民戸籍から都市戸籍への「越境」——中国社会の変貌　　237

3.農民工及び新世代農民工

　農民工という言葉は「農業に従事しない農民労働力」を指す。これは中国の戸籍制度下特有の現象である。1983年に張雨林と費孝通が初めてこの言葉を提起した。2006年、国務院の調査報告書において、農民工とは、戸籍身分が農民で、請負土地を持っているが、主に農業以外の仕事に従事し、所得が給料を主とする者であると説明された。中国国家統計局の『2016年農民工観察調査報告書』は、「戸籍登録先が農村にあり、6ヵ月以上にわたり地元で農作業以外の仕事に従事し、あるいは外部で出稼ぎをする労働者である」と定義した。一般的に農村部から都市に働きに行った者、あるいは地元で第2次、第3次産業に従事する人であると考えられている。農民工の特徴は、第1に、農民戸籍を持つことである。都市の市民戸籍と異なり、市民の権益を享受できない。第2に、主な所得が給料で、都市あるいは農村部で製造業、サービス業、建築業、採掘業に従事していることである。第3に、農民工は産業労働者(工人)の一部ということである。厳善平は、「中国政府は、農民工という言葉の使用について、農民出稼ぎ労働者を差別する意味合いはないと強調したが、この用語を使わなければならないのは、都市市民と異なる形で処遇されている農民工が現に存在するからにほかならない」と指摘した。

　国家統計局の調査によれば、2016年には、農民工の人数は2億8,171万人となり、前年度より424万人増加し、成長率は1.5％となった。そのうち都市で就職する

出稼ぎに行く農民工(天津駅)

出稼ぎに行く農民工(山西省霊石駅)

農民工は1億3,585万人、省外に移動する農民工は7,666万人となり、農民工全体では、男性65.5％、女性34.5％、未婚者は19.8％で、配偶者がある者は77.9％と、前年度と比べると1.5％増加した。農民工の平均年齢は39歳で、40歳以下の者は53.9％である。農民工の学歴は前年度より1.2％向上した。

図表2　農民工の年齢構成（％）

年齢層	2012年	2013年	2014年	2015年	2016年
16〜20歳	4.9	4.7	3.5	3.7	3.3
21〜30歳	31.9	30.8	30.2	29.2	28.6
31〜40歳	22.5	22.9	22.8	22.3	22.0
41〜50歳	25.6	26.4	26.4	26.9	27.0
50歳以上	15.1	15.2	17.1	17.9	19.2

図表3　農民工の学歴（％）

学歴	2015年	2016年
学歴なし	1.1	1.0
小学校	14.0	13.2
中学校	59.7	59.4
高校	16.9	17.0
短大以上	8.3	9.4

図表4　農民工の就職状況（％）

職業	2015年	2016年	増減
第　1　次　産　業	0.4	0.4	0.0
第 2 次 産 業 （ 製 造 業 ）	31.1	30.5	−0.6
第 2 次 産 業 （ 建 築 業 ）	21.1	19.7	−1.4
第 3 次 産 業 （ 卸 売 ・ 小 売 ）	11.9	12.3	0.4
第 3 次 産 業（物 流・倉 庫・郵 政）	6.4	6.4	0.0
第 3 次 産 業 （ ホ テ ル ・ 飲 食 ）	5.8	5.9	0.1
第3次産業（住民サービス・修理など）	10.6	11.1	0.5

図表5　農民工の平均月給とその増減

	2015年(元)	2016年(元)	増減(%)
平　　　　　　　均	3,072	3,275	6.6
製　　造　　業	2,970	3,233	8.9
建　　築　　業	3,508	3,687	5.1
卸　売　・　小　売	2,716	2,839	4.5
交通・倉庫・郵政	3,553	3,775	6.2
ホ　テ　ル　・　飲　食	2,723	2,872	5.5
住民サービス・修理など	2,686	2,851	6.1

　現在、農民工は第一世代農民工と新世代農民工という2つの種類に区分されている。第一世代農民工は、80年代の改革開放初頭に現れた農民出稼ぎ労働者を指す。彼らは改革開放初頭に農民身分のまま都市部で働きながらも、完全に農民の考え方を持っており、将来的には農村に戻るつもりがある。彼らが都市に出稼ぎに行く目的は生存のためなのである。ある調査によれば、60年代に生まれた農民工に出稼ぎの目的を聞くと、76.2％の回答が「金を稼ぐため」となる。「金を稼ぎ、家を建て、妻を娶り、子供を生み、いい生活をする」というのが第一世代農民工の考え方である。彼らは都市でどんなにきつい仕事であってもこれに従事し、給料をもらい、最終的に村に戻る。

　しかし、21世紀以降、新世代農民工が登場した。新世代農民工という言葉は王春光が2011年に提起した。新世代農民工は大体25歳以下で、70年代末か80年代初頭に生まれ、90年代から出稼ぎをした。ある調査によれば、第一世代農民工が初めて出稼ぎをした年齢は平均26歳で、80年代生まれの農民工が初めて出稼ぎをした年齢は18歳、90年代生まれの農民工が初めて出稼ぎをした年齢は16歳と、徐々に年齢層が下がっていく。

　新世代農民工の平均年齢は23.7歳で、70％は独身である。男性は46.8％、女性は53.2％となり、女性の方が多い。第一世代農民工の場合は、男性が62.1％を占め、女性は37.9％であった。新世代農民工の人口は約1億人で、就職先は、製造業50.6％、サービス業35％、建築業3.9％である。しかし、第一世代農民工の建

築業への就職率は16.7％に達していた。新世代農民工の民営企業への就職者は多く、48.1％を占めた。次は香港系企業13.7％、国有企業11.4％、台湾系企業10.2％、日本及び韓国系企業4.8％、欧米企業3.8％となる。いくつかの調査によれば、第一世代農民工に比べ、新世代農民工には次のような特徴がある。

第1に、彼らはずっと都市で生活するつもりがあり、都市に対する帰属感を持っている。実は彼らの一部の両親は第一世代農民工で、本人は都市に生まれた。その他にも、農村部で生まれた新世代農民工の74.1％は小学校、中学校を卒業してからすぐ都市に出稼ぎに行き、都市生活に馴染み、農作業の経験がある者はわずか11％しかない。彼らは将来農村に戻って農作業をするつもりがないのである。ある調査によれば、新世代農民工は「自分が農民だ」と考える者は11.3％で、将来農村に戻って農業に従事したいと考える者はわずか1.4％にすぎない。

第2に、人生の目標が第一世代農民工より高い。新世代農民工の学歴としては、高校以上の学歴を持っている者が67.2％を占める。学校教育を受けた期間が平均9.8年の第一世代農民工は、生存のために都市でお金を稼ぎ、最後には村に戻って生活するつもりであるが、新世代農民工は都市を人生の舞台として、ずっとここで活躍し、生活するつもりがある。ある調査によれば、70年代に生まれた人に「出稼ぎの目標は何か」と聞くと、「お金のため」と答えた者はわずか34.9％であった。彼らは都市の若者と同じように高い給料を稼ぎ、体面を保ち、人間の値打ちを認識し、出世を遂げる仕事を求める。多くの新世代農民工は「力仕事をするのはしばらくのことで、将来は起業し、企業主になりたい」という考えを持っている。

第3に、人間の尊厳を重んじる。第一世代農民工は生存のために、都市で白眼視され、怒りを抑え黙って頑張っていた。筆者は何度か北京で掃除あるいは警備をしている農民工らしき人に道を尋ねたことがあるが、かなり冷たい仕打ちを受けた。彼らは日常的に市民からの差別を受けており、市民に報復しようとしているのかもしれない。新世代農民工は人間としての尊厳を大事にして、都市の市民と同じような社会的地位を求める。調査によれば、80％の新世代農民工は「尊厳は

給料より大事だ」、「個人の能力によって生き、人の顔色を伺って生きることはない」と考えている。調査によれば、もし、職場で差別を受けたら、60.8％の者はすぐに辞職を選択する。第一世代農民工は主に製造業と建築業で働き、全体のうちそれぞれ31.5％と27.8％を占める。新世代農民工は製造業では44.4％だが、建築業はわずか9％で、そのほか物流、ホテル、飲食業及び他のサービス業に従事する人が増えている。

　第4に、彼らは時代の流行を追う消費観念を持つ。第一世代農民工は伝統的な消費観を持ち、「勤勉倹約し家を興す」という言葉を信じている。彼らは都市において最低限消費を抑え、こつこつ働き、お金を少しずつ蓄える。しかし、新世代農民工は都市の若者と同じように流行を追い、映画を見て、喫茶店に行き、ネットで消費する。若い女性もブランド志向を持ち、美容室に行き、友人と時々食事する。ある調査によれば、新世代農民工で貯金する者は56.9％で、毎月の平均貯金額は452.5元、貯金の目的は子供の教育費、村での自宅の建築、自分磨きのための費用、買い物という順番である。86.9％の者は家に送金し、年間の平均送金額は4,244.2元に達し、所得の19.2％を占めている。年に1回帰省する者は71％である。また、10.8％の新世代農民工の貯金の目的は兄弟の教育費で、家庭に対して責任を持っている。特に女性は、農村部の「男性を重んじ女性を軽んずる」という習慣に従い、兄や弟の教育費のために貯金する者もいる。

　2016年9月10日、筆者は雲南省楚雄市子午鎮多宝村にて、新世代農民工の

出前持ちの農民工（北京市）

掃除の仕事に従事する農民工（北京市）

農民工の警備員（北京市）

運送業の仕事に従事する農民工（北京市）

宅急便の仕事に従事する農民工（北京市）

農民が都市で経営する自転車修理屋（北京市）

建築現場で働く農民工（北京市）

聶JRさんにインタビューを行った。彼は34歳、未婚で、父母と3人家族である。先祖は四川省から移住してきた。父聶YKは63歳で、母姚GMは60歳である。両親は共にこの村の出身である。父は昔、鎮の人民公社のトラクター運転手として月10数元の収入があった。以下は聶JRさんの話である。

「私は中学卒業後、友人の紹介で広州・深圳・昆明に出稼ぎに出た。大体2年契約で、技術を身につけたらスキル・アップのために他の場所に移った。この村では、行政の紹介で出稼ぎに行く者もいるが、私の場合は全て友人の紹介である。

また、就職先の人に他の場所を紹介されることもある。この村の人から紹介されるとは限らない。

　この村には200世帯の家族がいる。聶姓は20世帯、姚姓が50〜60世帯いる。いずれも漢族。我が家の所有地は3畝、耕作地は出稼ぎ者の土地も併せて5〜6畝。そのうち稲作が1畝、タバコ栽培が4畝で、その他にもトウモロコシを生産している。

　この辺りは1年二期作をやっている。9〜10月に大麦やソラマメを植え付け、4月に収穫している。

　私はここから200キロ離れた磨沙で道路工事の出稼ぎに従事していた。現在は一時的に村に戻って両親の手伝いをしている。農業収入は年間2〜3万元で、出稼ぎで月に3,000元の収入がある。タバコの生産が終了したら、高速道路工事の出稼ぎに行く。以前広州や深圳での出稼ぎでは月4,000元の収入があったが、近年では3,000元に低下している。村外での出稼ぎのほうが楽だ。村にいるのは年寄りと子どもばかりだ」

　しかし、新世代農民工が直面する出稼ぎにおける状況は第一世代農民工と比べても厳しいものがあり、新世代農民工の所得、労働条件、社会保障は、依然都市市民従業員との格差が大きい。

　まず、給料面では、2010年の全国労働組合の調査によれば、新世代農民工の月給は1,747.87元で、都市従業員の平均月給（3,046.61元）の57.4％にすぎず、さらに第一世代農民工の月給よりも167.27元少ない。新世代農民工の方が学歴は高いが、所得は低いのである。その理由は新世代農民工の従業期間が短く、就職先も専門技術性の低い業種だからである。調査によれば、第一世代農民工の同一の就職先における在職期間はより長く、最長就職期間は7年間であるのに対し、新世代農民工は3年間である。新世代農民工の年間転職回数は0.63回で、第一世代農民工は0.26回にすぎない。

　次に、労働条件が良くない。ある調査によれば、新世代農民工は毎月平均26日出勤し、毎日の平均労働時間は9時間で、1日8時間労働する者は52.4％、9〜

10時間労働する者は38.8％、さらに6.4％の新世代農民工の毎日の平均労働時間は11〜12時間に達し、第一世代農民工の労働時間と変わらず、労働条件が悪い。また、36.5％の新世代農民工は高温あるいは低温作業場で働き、41.3％の者は騒音環境下で、36％の者はけがしやすい仕事に従事し、34.7％が粉塵環境下で働いている。粉塵環境下で働く新世代農民工のうち、防護設備を使う者は27.2％しかいないが、第一世代農民工で防護設備を使う者は35.7％である。新世代農民工は生産安全意識が第一世代農民工より低く、19.8％の新世代農民工は会社から労働保護部品を与えられなかった。19.4％の新世代農民工は労働保護部品が不足し、必要な時に配られない。さらに、20.7％の新世代農民工は生産安全訓練を受けたことがない。新世代農民工の生産安全意識が低い理由は、若く、独身で、事故や労災のリスクへの認識が不足しており、彼らは家の大黒柱ではないため、家計への責任感が希薄ということも考えられる。

　新世代農民工の会社側との労働契約率は低い。都市従業員の労働契約率は88.5％である。別の調査によれば、新世代農民工の労働契約率は第一世代農民工より低い。おそらく、労働契約率の低さは、零細第3次産業の従事者が多いことと関係があるとみられる。

　新世代農民工の社会保険参加率も低い。全国労働組合の調査によれば、新世代農民工の養老保険、医療保険、失業保険、労災保険と生産育児保険の参加率はそれぞれ67.7％、77.4％、55.9％、70.3％、30.7％である。都市従業員より、それぞれ23.7、14.6、29.1、9.1、30.8ポイント低い。国家統計局の調査によれば、会社側が新世代農民工の養老保険、労災保険、医療保険、失業保険の保険料を支払う割合は、それぞれわずか7.6％、21.8％、12.9％、4.1％である。

　一方、新世代農民工の抗議行動は第一世代より多発する。報酬や福祉、居住条件などに対する不満の高まりによる集団的な抗議行動やストライキは第一世代より多い。ところが、新世代農民工の労働組合参加率は第一世代農民工より低いのである。第一世代農民工の参加率は56％だが、新世代農民工は44.6％にすぎない。新世代農民工は労働組合に関する認識が第一世代農民工より不足して

いる。第一世代農民工で「労働組合が助けてくれる」と信じる者は66.7％、新世代農民工では57.6％である。労働組合の機能を知らないか、官制労働組合に対する信頼度が低いなどの理由があるとみられる。

4.都市化への挑戦

　2016年、李克強国務院総理は、人間を中心とする都市化を推進し、都市化を加速させる政策を発表した。そして2020年までに都市化率60％、戸籍人口（戸籍は完全な都市戸籍登録者）ベースでの都市化率45％という目標を提起した。実は中国の都市化率は、1949年の建国当初は10.6％、社会主義改造が確立した1957年には15.6％に達したが、その後の計画経済体制の下では、都市化はほとんど進まなかった。1978年には17.9％であったが、その後都市化率は加速し、2013年には53.7％に達した。都市の常住人口は1978年の1億7千万人から2013年の7億3千万人に拡大した。都市の数は193から658に増え、行政町の数は2,173から20,113までに拡大した。しかし、都市常住人口の中には、農村戸籍のままで都市部に生活する農民工とその家族が含まれる。この分の人口を除くと、実は、戸籍人口の都市化率はわずか36％となる。したがって、現在2億人の農民工とその家族は都市部に常住しているが、都市戸籍に登録されておらず、一般の市民とは異なる。中国の都市化率を示す指標は、常住人口の都市化率、戸籍都市化率の2つがあった。現在先進国の都市化率は80％以上で、発展途上国は60％くらいであるため、中国の都市化率はまだ低い水準だと指摘されている。都市化率の拡大は単純な人口移動ではなく、産業構造の再編と関わっている。都市化は農業を中心とする第1次産業の縮小、第2次、特に第3次産業の拡大と繋がっている。実際の都市化は、産業構造の変動に伴って労働移動が発生し、都市人口が増加するというプロセスになる。そして、中国の都市化には地域間の格差もある。現在の地域別の都市化率は、東部62.2％、中部48.5％、西部44.8％であり、膨大な国土を持つ中国では、完全な都市化の実現までに100年間必要であると見込まれる。

図表6　中国第1次産業の労働人口の変遷(1)(確定)

年度	第1次産業労働人口(万人)	前年度比(％)
2001	36,399	0.99
2002	36,640	0.66
2003	36,204	—1.19
2004	34,830	—3.80
2005	33,442	—3.99
2006	31,941	—4.49
2007	30,731	—3.79
2008	29,923	—2.63
2009	28,890	—3.45
2010	27,931	—3.32
2011	26,594	—4.79
2012	25,773	—3.09
2013	24,147	—6.22

図表7　中国第1次産業の労働人口の変遷(2)(推定・見込み)

年度	第1次産業労働人口(万人)	前年度比増減(万人)
2014	23,163	—1008
2015	22,179	—966
2016	21,272	—926
2017	20,385	—887
2018	19,534	—850
2019	18,720	—815
2020	17,939	—781
2021	17,191	—748
2022	16,747	—717
2023	15,787	—687
2024	15,129	—658
2025	14,498	—631

図表8　中国人口の都市化率の変遷

	2000年	2010年	増加
総人口（万人）	124,261	133,277	9,016
都市人口（万人）	45,877	66,572	20,695
都市戸籍人口（万人）	30,735	38,797	8,062
都市化率（％）	36.9	50.0	13.0
都市戸籍の都市化率（％）	24.7	29.1	4.4
都市化率と戸籍都市化率の差（％）	12.2	20.8	

　しかし、中国では、このような労働移転には歴史的、政策的な制限がある。中国の農村労働力4.9億人のうち、すでに2億人が都市に移動した。中国農村部で農業に従事する労働力は最大1.8億人あれば十分であり、今後更に1.1億人が都市に移動する必要がある。3億人の労働力はその家族と合わせると6億人以上となり、この人口が都市に移動することが必要となる。ある調査によれば、農民が農村を離れ、都市市民になりたいと考える者は67.8％に上る。市民になりたい理由は、第1位から順に「都市市民の所得が高い、生活しやすい」(33.7％)、「子供が良い教育を受けられる」(21％)、「農民の税などの負担が重い」(13.9％)、「農民の社会的地位が低い」(10.6％)と続く。しかし、現在都市に移住した農民工とその家族はさまざまな困難と差別に直面している。

　まず、農民工とその家族の都市における住居状況は厳しい。ある調査によれば、都市の不動産価格は高すぎ、農民工が都市で家屋を購入することは極めて困難である。74.1％の農民工が1平方メートル当たり3,000元以下の家屋しか買えない。しかし、現在大都市と中型都市の不動産は大体1平方メートル当たり10,000〜30,000元程度で、農民工は一般的に買うことができない。農民工のうち都市で家屋を買った者は21％しかおらず、それもほとんど県城レベルの小さな都市で購入したものである。76.2％の農民工は月に家賃300元以下の借家しか借りられないが、大都市においてそのような価格の不動産はほとんどない。農民工は仕方なく遠く離れた郊外に住まなければならない。そのほか、農民工は職場から提供される寄宿舎や工事現場の小屋に泊まっている。近年、共同で家屋を借りる

者が増え、都市部の地下室や、古い建物の部屋に大勢で一緒に泊まり、部屋の中に2段ベッドを多数設置して、トイレ、厨房、簡易な風呂を共用している。借家の条件はかなり悪く、下水設備がないためトイレも汚く、日当たりも悪いため湿気が多い。例えば、農民工の郭さん家族3人は、郊外で生活しているが、借家の面積は5平方メートルで、家の壁に割れ目があるため、粘着テープを貼っている。家具はベッドとテーブルしかなく、他の20～30世帯と共同でトイレを使用している。

農民が都市で経営する八百屋（太原市）

農民が都市で経営する安価な食堂（太原市）

単身の新世代農民工の46.8％は職場から提供される寄宿舎に宿泊しているが、1部屋に平均6.4人が収容され、1人当たりの面積は3.7平方メートルにすぎない。一部の会社では寄宿舎が有料で、平均で月80.2元が徴収される。2015年の調査によれば、農民工のうち、会社の寄宿舎に泊まる者は28.7％、工事現場の小屋に泊まる者は11.1％、職場の作業室や食堂に泊まる者は4.8％、他人と共同で借家を借りる者は18.1％、1世帯で借家を借りる者は18.9％、自身で家を購入した者は1.3％、その他3.2％である。

次に、農民工の学歴は市民より低く、養成訓練が不十分で、安定した給料の高い仕事には就職しにくい。2007年のある調査によれば、中国農民が教育を受ける平均期間は7.8年で、中学校、小学校卒業者が70％以上、高校卒業者は僅か16％であった。2014年の調査によれば、新世代農民工は中学校以下の者が6.1％、中学校60.6％、高校20.5％、短大以上は12.8％であり、教育を受ける平均期間は9.8年間となった。国家統計局の2016年『農民工観測調査報告書』によれ

ば、農民工のうち学校教育を全く受けたことがない者は1%、小学校卒業13.2%、中学校卒業59.4%、高校卒業17%、短大以上は9.4%である。

　農村部の義務教育経費の財源は2つある。1つは国家と省の教育資金の交付金で、もう1つは地方政府の予算である。都市部と農村部及び地域間の貧富格差があるため、地域間の教育経費はかなり異なる。農村部の教育経費は都市部の60%しかなく、さらに農民が納税した教育税の17%は都市部で使われている。現在農村部では毎年1千万人の中学校卒業生が出るが、その大半は高校に進学できず、農民工予備軍となる。

　しかし、都市部では、例えば北京市の場合、教育を受ける平均期間は11.1年間で、新入社員の教育を受ける期間は14年間に達する。このように農村部と都市部の教育を受ける期間の格差は拡大しつつある。現在会社は新しい技術の導入に伴い、応募者に高い学歴を求めるため、農民工の雇用は制限された。

　農民工の就職前における技術養成訓練も不十分である。2014年のある調査によれば、農業技術養成訓練を受けた農民工は9.5%、農業以外の技術養成訓練を受けた農民工は32%しかいない。別の調査によれば、508名の農民工のうち、技術資格を持っていない者は300名に達し、資格を持っている者のうち、初級資格は45.1%、中級資格は39.3%、上級資格は15.5%である。農民工は、就職先で大体1週間以内の簡単な訓練を受ける。特に女性は半分以上が技術資格を持たない。農民工の技術素質は低いため、体力を使い、低収入で昇進のない簡単な仕事に従事せざるを得ず、例えば、建築業、鉱山業、有害な産業と職場、飲食業、掃除などの業務に従事している。このような仕事の給料は安いため、勤務時間内だけの報酬は少なく、報酬を増額させるために時間外残業をする農民工が多い。調査によれば、農民工は月に平均26日出勤し、毎週の勤務時間は58.4時間で、89.8%の農民工の勤務時間は中国『労働法』規定の44時間をオーバーしている。勤務時間が最も長い職業は飲食業で、週の平均労働時間は60時間以上である。

図表9　出稼ぎ農民工の労働時間

	2015年	2016年
毎月の平均労働日（日）	25.2	25.2
毎日の平均労働時間（時間）	8.7	8.7
1日労働8時間以上の割合（％）	39.1	37.3
1週間労働44時間以上の割合（％）	85.0	84.4

　都市の出稼ぎ農民工の子供の教育も不十分である。2009年には、農民工の子供の70.2％が親と一緒に移動しているが、農民工の子供で都市の公立学校に入学できる者は、北京63％、上海49％、広州で34.6％しかいない。入学年齢に達した農民工の子供が入学しない割合は北京3.81％、上海3.56％、広州は7.19％に達する。さらに、農民工の子供の半数以上は3回以上転校した経験がある。これは教育不公平の負の連鎖である。

　また、農民工の生産安全も保障されていない。ある調査によれば、農民工を雇用する中小企業の多数は、粉塵と騒音への減少・防護対策が欠如し、労働環境は非常に悪い。建築や鉱山の作業場には、安全保護施設はなく、農民工が就労中に負傷あるいは死亡する事故が多発している。中国では、毎年職業病で約5,000人が亡くなるが、粉塵、毒、騒音被害のある職場で働く従業員は2,500万人以上おり、その大半が農民工なのである。四川省での調査によれば、62.2％の農民工が労働保護用品を持たず、57.75％の農民工が安全教育訓練を受けたことがなく、9.3％の農民工が安全事故に遭遇し、4.23％の農民工が2度も安全事故に遭遇したことがある。さらに、就労中に事故で負傷する農民工のうち、9.3％しか会社側から医療費をもらっていない。2003年には、全国で就労中の事故により亡くなった従業員は13.6万人いるが、そのうち農民工は80％以上を占めている。仕事で塵肺症を患う者は全国で100万人いるが、その3分の2は職業病医療補助を享受できない農民工である。ある調査によれば、10.26％の会社しか塵肺防護設備を提供していない。82％の農民工塵肺症患者は家で亡くなっているが、これは臨終を前に入院費がなくなってしまったからである。農民工塵肺症患者の生活状況の調査によれば、全ての家で貯金がなくなっており、75％の家は借金

があり、28.26％の家は治療のために財産を売り払って治療費に換えている。中国の『労働法』によって、会社側は塵肺症患者の治療費、養老費と扶養費を提供すべきと定められているが、農民工がこの法律により庇護されることはない。その理由は、会社側と労働契約を結ぶ農民工は少なく、労働契約を結ばなければ賠償請求できないからである。2014年には、農民工の62％が労働契約を結んでおらず、臨時労働契約を結ぶ者は13.7％で、1年契約は3.1％、1年以上の契約は21.2％しかない。また、農民工の労災事故は多発するが、労災保険の参加率は低い。

図表10　農民工の会社との労働契約率（％）

	期限なし	1年以内	1年以上	契約なし
2015年	12.9	3.4	19.9	63.8
2016年	12	3.3	19.8	64.9

　農民工の社会保険参加率もかなり低い。2012年のある調査によれば、農民工の社会保険参加率は、養老保険38.91％、医療保険40.23％、失業保険42.52％、労災保険38.12％である。一方、会社側が農民工の保険料を負担するのは更に低い水準で、養老保険は14.3％、労災保険24％、医療保険16.9％、失業保険8.4％に過ぎない。農民工の社会保険参加率は都市市民よりずいぶん低く、例えば、新世代農民工の養老保険参加率は21.3％であるのに対し、市民従業員は73.3％である。医療保険では、新世代農民工が34.8％、市民従業員が81.3％であり、失業保険では新世代農民工は8.5％、市民従業員は47.5％に達する。ある農民工が「私は都市で8年間働き、7つの会社に転勤した。しかし、この7つの会社は全て医療、養老、労災の保険料を払わなかった。会社は都市戸籍を持つ者のみに保険料を払う。私は農村戸籍のせいで害を被っている。仕方がなく自分で民間保険に参加した」と語った。

　職業から見れば、製造業、交通業、卸売業の農民工の社会保険参加率は高いが、建築業、ホテル業、飲食業の参加率は低い。中国の法律によれば、会社側から提供する養老、医療と失業保険の保険料は給料総額の28％であり、個人支払

252

い分は給料総額の11％である。しかし、会社側はこの負担は重いと主張し、農民工に保険料を提供しない場合が多いのである。また、保険制度面では、中国の社会保険は各省ごとに加入する。省外に就職すると、別の省で改めて加入しなければならない。したがって、省内と省外では保険の継続はできない。農民工は頻繁に移動し、省外に就職することが多く、これも参加率が低い理由の1つである。また、農民工が省内で就職しても、よく転職し、収入は不安定であるため、継続して加入する者は少ない。

　労災事故に遭えば多額の治療費が必要であるが、就労中にけがした半数以上の農民工は自らで治療費を払う。2007年の北京、深圳、蘇州、成都でのある調査によれば、49.8％の農民工は労災治療費を自己負担した。中国の法律で労災保険の保険料は会社側が負担すると定められているが、ほとんどの会社は労災保険料を払わない。その理由は、会社側のコスト削減のため、もしくは農民工の流動性の高さが問題となるからである。

　農民工の労災事故は、往々にして個人と会社間での話合いで解決される。公的に法律に照らして解決するのではなく、個人と会社間で「和解」することは中国語で「私了」と呼ばれる。2010年の北京での調査によれば、就労中にけがした38.4％の農民工は「私了」を選び、法的な解決を選ぶ者は37％、黙って故郷に帰る者は10.3％を占める。なぜ「私了」を選ぶかといえば、訴訟を起こせば時間と金銭がかかるからであり、早めにわずかでも賠償金をもらって、家に帰るほうがいいと考える農民工が多いのである。

　農民工の大半は、同一の会社でずっと働くつもりがないため、保険料を払わない。ある調査によれば、一部の会社は、少数の優秀従業員のみに保険料を払う。毎年100元の保険料を提供し、最大の保険額は6,000元である。しかし、優秀従業員は会社の従業員の10％にすぎない。

　農民工は都市で生活するが、その社交範囲は伝統的な地縁と血縁関係の範囲内に限られるため、地元組織や市民との付き合いはほとんどない。ある調査によれば、農民工の都市における就職活動は、その大半がすでに都市で働いてい

る親戚・友人に頼っている。2007年の調査によれば、友人と親戚の紹介で、1週間以内に就職できた者は81.6％に達する。自ら探すか、職業紹介所を通じて、1週間以内に就職できた者は70.4％である。また別の調査によれば、同郷、親戚の紹介による就職者は80％以上で、政府の労働紹介所による就職者は3％しかいない。広東省での調査によれば、親戚、友人を通じて、あるいは自ら探した就職者は68％、政府あるいは民間職業紹介所を通じての就職者は23％である。しかし、職業紹介所を通じて就職する者の平均月給が1,348元であるのに対し、親戚・友人を通じて就職する者の平均月給は1,267元と、81元の差がある。農民工は親戚・友人以外の職業紹介方法を知らないか、不信感を抱いているとも考えられる。

　2010年のある調査によれば、農民工の都市での社交相手の割合は同郷47.7％、同僚40.7％、友達31.9％、親戚31.8％、同窓19.2％であるが、労働組合は2.4％で、都市市民は3％にすぎない。実は中国都市部では、住民の間に日本のような自治会や住民組織、ボランティア活動はなく、住民の間でもあまり付き合いがない。2013年『中国青年報』の調査によれば、4,509名の市民のうち、40.6％が隣人をよく知らず、12.7％は隣人を全く知らない。34.8％は隣人とあまり付き合わない。

　農民工の所得の低さも農民工の都市化が直面した問題である。ある研究者の調査によれば、中国における製造業の従業員の給料は先進国の20分の1で、製造業に就職する農民工の給料は更に低い。2015年の農民工の平均月給は3,072元であるが、市民従業員は平均月給6,070元で、農民工の月給は市民従業員月給の60.4％しかない。農民工1人当たりの都市における1ヵ月の平均生活費は1,012元で、その中には住居費用平均475元が含まれる。

　農民工の会社に対する満足度も低い。あるアンケート調査によれば、とても満足は5.2％、満足は25.3％、普通52.5％、不満足14.6％、とても不満足は2.4％を占める。職場に対する満足度はかなり低く、結果、農民工は都市生活に不安を感じ、将来完全に市民になる自信がなくなる。調査によれば、農民工が市民になりたくない理由は「都市生活のプレッシャーが重い」、「都市の仕事はリスクが高く、も

し失業すれば生活が保障できない」、「都市の家屋の値段は高く、買えない」などである。現在農民工が長期間都市で生活し、あるいは都市に定住するための環境はかなり悪い。

5.二元社会問題

　計画経済、特に戸籍制度による農村と都市の格差は社会的利権や身分上の差別にも繋がり、これによって「二元社会」が形成された。ある調査によれば、都市での生活に不公平を強く実感している農民工は61.7%に達している。一部の研究者は、「農民は実際には社会の二等公民になってしまっている」と指摘し、「農民に国民としての待遇を与え、最低限の基本的権利を与えることが必要である」と主張した。現代中国における農民工への「差別」はいくつかの調査によれば、次のとおりである。

　まず、報酬の面では、農民工と市民戸籍の従業員の給与は違う。都市の労働者募集広告の中には、同じ職、同じ仕事の給与であっても、市民戸籍の従業員の場合、給与は農民工より10%以上高いと大っぴらに掲示している。ある専門家の調査によれば、中国の製造業労働者の給料は先進国の労働者給料よりずいぶん低いが、製造業に就労している農民工の給料は更に低いと指摘した。一方、都市に生活する農民工は市民より子供の教育費と医療費の支出が高く、これは社会の公平原則に反する。近年多数の大型・中型企業は大量の派遣社員を採用しており、特に生産の第一線で働く労働者の人口は最も多く、この派遣社員の大部分は農民工である。これによって労働派遣会社が多く現れ、農民工の利益を一層略奪する。

　次に、社会保険の賠償でも差別がある。「同じ命でも価格が違う」（「同命不同価」）ということがあった。2005年12月15日朝、重慶市で交通事故が起こり、14歳の農民工の娘何さんと都市戸籍の同級生2人の3人が亡くなった。運転手側の責任のため、死者に賠償金を払うことになったが、金額は、都市戸籍の2人は1人20万元（400万円くらい）であったのに対し、農村戸籍の何さんの賠償金は9万元（180万

農民戸籍から都市戸籍への「越境」——中国社会の変貌　　255

円くらい）しかなかった。何さんの両親は「人間はすべて平等ではないのか」と強く申し開きをしたが、結局裁判所から次のような説明があった。中国の法律によれば、死亡賠償金の金額の計算方法は、都市部あるいは農村部の住民の前年度の1人当たりの平均収入の20年分である。当然、都市部の平均収入が多く、賠償金も多いのである。

　第3に、農民工は都市の職場で騙され、差別されている。一部零細企業の企業主はよく「試用期間」を乱用して農民工を騙している。農民工が正式採用される前には「試用期間」があるが、この期間中は給料が発生しない。企業主はよく「試用期間」が満期になると、さまざまな理由をつけて正式採用せずに、辞めさせる。農民工の「試用期間」の労働報酬は搾取されているのである。ある黒龍江省の若い女性には次のような経験がある。彼女はある服飾工場で34日間働いた。労働時間は合わせて459時間で、毎日平均13時間以上に達し、報酬は1,000元くらいもらうべきだが、彼女を企業主に辞めたいと言ったため、全ての報酬はもらえなかった。農民工の給料がピンハネされ、支払いが滞ることも多発している。2009年11月8日の新華社の報道によれば、杭州市の服飾工場で働いていた農民工王さんは、会社から給料がもらえなかったため、何回も社長と交渉したが、結局その社長は手下を使い、王さんとその夫を殴った。社長は「俺には金がある。10万元使ってお前の手を買える（手下を雇い相手の手を切るという意味）。お前は信じるか」と脅した。

　第4に、農民工が法律で自分の権益を守ることは困難である。中国では、『労働法』などの法律があるが、農民工は知識、情報が足りず、経費も制限され、法律に基づいて自分の利権を守ることは難しい。例えば、『労働法』には、「給料は毎月現金で労働者本人に支払うべき」という内容があるが、農民工を雇用する一部の企業、特に建築業、道路工事の会社は、年末に給料を一括決算し、支払うことが普通である。一部の会社は工事が竣工してから支払う。1980年代には、給料をピンハネされた農民工は72.5％に上った。2015年になると少し改善されたが、それでも200万人以上の農民工の給料がピンハネされた。さらに、農民工が会社に訴訟を起こす場合の弁護士費用、交通費、欠勤による給料損などの諸費用が多

いため、訴訟関連費を負担することはできず、結局農民工は法的な解決を選択できない。ある調査によれば、農民工の労災案件における訴訟から判決までの期間は平均462日で、最大2年間が必要である。農民工はピンハネされた1,000元の給料のために訴訟を起こせば、その訴訟費用は総額3,000元が必要である。農民工は堪え忍ぶか、極端な暴力を振るうか、あるいは和解するしか選択肢がない。

　農民工のこのような境遇は「胸部を開いて肺を検証した案件」(「開胸験肺」)によって明らかになった。河南省の農民張さんは、2004年から鄭州市の振東耐摩耗材料会社で働いたが、作業環境が劣悪で粉塵被害を受けた。2007年、複数の病院で検診を受け、職業病の塵肺と診断された。しかし、これらの病院は司法機関が指定する職業病診療病院ではないため、会社側は認めない。一方、司法機関が指定する病院での診察には就労先の会社からの証明書が必要となる。振東耐摩耗材料会社は診察申請証明書の発行は拒否し、張さんは指定病院での診察は受けられなかった。張さんは仕方なくある病院に行って胸部を開いて塵肺を確認するように強く求めた。病院はこれに応じ、手術で胸部を開いて塵肺の事実がやっと確認されたのである。

　農民工はさまざまな差別やいじめに対して、たびたび極端な暴力的抗議行動を起こすことがある。2010年、600名の四川省からの農民工に対し、河南省航天建築会社は500万元の給料の支払いを滞らせた。農民工側が何回交渉しても解決できず、農民工たちは道路を占領し、交通を遮断した。ある農民工は「我々は道路の遮断が違法行為であることは知っている。しかし、この違法行動がなければ給料をもらえない」と語った。

　最後に、政治権利の面では、中国農民は自らの組織、即ち「農会」を持たない。中国の都市労働者には労働組合のような組織があるが、農民が自分で権益を守り、その意思を集約し、政治に反映させる組織はない。また、中国における国会、即ち全国人民代表大会の代表選挙では、都市と農村の代表権格差が異常に大きい。1970年まで、代表の選出は、農村部は80万人に1人、大都市部は10万人に1人となっていた。つまり都市と農村の代表権格差は8：1と極めて大きいのであ

農民戸籍から都市戸籍への「越境」──中国社会の変貌　　257

る。その後改善され、今では4：1となったが、未だ不平等である。

　ある調査によれば、農民工の都市生活に関する体験と感想について、57.2％が「ここは私の家ではなく、私は1人の通りすがりの客にすぎない」と考えている。また、46.3％が「都市の人は農村部の人を排斥し、虐める」と考えている。さらに、37.2％が「都市で尊重されず、社会的地位は低い」と感じている。

　本来ずっと都市で生活したいと考える新世代農民工も、職場に対する満足度はあまり高くない。ある調査によれば、彼らは労働時間が長く、会社の配慮が足りないという理由で不満を抱いている。32.4％の新生代農民工は、会社で管理者との関係がよくない理由について、「会社の管理者は従業員の苦しみに関心がない」と思っている。農民工は仕事に対する満足度も低い。2004年、満足度は3.57点（満点5点）であったが、2011年になると3.11点になり、減少に向かった。2004年、70.6％の農民工は仕事にやや満足と答えたが、2011年になると、40％になってしまう。これによって、農民工の転勤回数は増えた。2011年、農民工の平均転勤回数は1.85回で、若い人は平均2.1回に上り、若ければ若いほど転勤回数は多かった。中国においては、労働組合や法律では農民工の権益を確実に保護することができないので、職場に不満を抱いても、申し立てることができず、黙って転職することしかできない。

　健康、精神面における、農民工の状態も懸念される。農民工の文化・体育活動はほとんどない。ある調査によれば、60.9％の農民工は、職場と寄宿舎で新聞を全く読んだことがない。80％の者が職場と寄宿舎には体育施設が無いと答えた。90％の人は会社が「閲覧室」を設けないと答えた。55.1％の者は自分の余暇時間には不満と答えた。過労や、精神的ストレスで、農民工の心理状態は都市市民より悪い。

　近年、農民工、特に新世代農民工による自殺が多発している。ある台湾系大手加工産業会社では、一時12名の若い農民工が連続で飛び降り自殺をした。世論に注目され、「12回連続飛び降り」と呼ばれた。自殺の理由は、恋愛における挫折感、家族関係、精神的孤独などである。

図表11　農民工と都市市民の心理調査結果

調査項目	農民工	都市市民
他人から理解されない、嫌われていると感じる	30.8	24.7
他人が貴方を見た時、貴方について議論していないか、不安に思う	34.5	26.7
自信を失う	24.5	14.7
よく不安を感じる	21.7	14.3
泣きやすい	20.0	15.5
孤独・苦悶を感じる	38.0	28.8
家族と友人に未練がある	58.0	38.0
生活に将来性がないと感じる	24.9	17.8
他人との親近感を長らく感じていない	30.2	26.3
悩みやすく、癇癪を起こしやすい	34.7	40.0

　結婚した農民工が長期間にわたり1人で出稼ぎをすることも家族関係に悪い影響を及ぼしている。ある調査によれば、単身赴任の農民工の離婚率は50％に達した。江西省宜春市のある裁判所の農民工離婚案件は2007年が298件で、2008年は387件に上り、上昇傾向は明らかである。都市において1人で生活する農民工は、馴れ合い夫婦や、愛人を持っている人が多い。

　一方、農村部では、若い夫婦が一緒に出稼ぎをすると大量の「留守児童」と「留守老人」が現れる。全国婦人連合会の調査によれ

村で働く女性たち（山西省）

親たちが子供と村を離れたために閉鎖された村の幼稚園（山東省）

ば、全国の「留守児童」の人数は6,100万人に達し、「留守児童」は最大8年間にわたり親を見ていない。「留守児童」は親と長期間一緒に生活せず、心理、教育、家族との絆などの面でさまざまな問題が発生した。「留守老人」は、息子あるいは娘からの世話が受けられない。一部の者は高齢になっても農作業を続けなければならない。病気の際には、隣人や役所によって看護されることもあるが、「留守老人」の孤独死や自殺なども起こっている。

　2015年、ある調査員の山西省での調査ノートにはこのように記述されている。現在、この家にはお爺さんと孫娘の2人だけが生活している。お爺さんによれば、息子と嫁は省外に出稼ぎに行った。孫娘は鎮の町にある中学校に通っており、息子はほとんど帰ってこず、年に1回春節の時に帰ってくる。息子の給料はそれほど高くなく、彼らの省外での生活をどうにかこうにか維持できる程度で、送金はわずかである。その送金は孫娘の学費と2人の生活費として使っ

放課後の小学生（山東省）

ているため、余裕がなく、生活は苦しい。

　息子と嫁の仕事状況を聞いたところ、お爺さんは、「2人は出稼ぎに行った。村で一度養成訓練を行ったが、参加者はなかった。若者が出稼ぎをする場合は養成訓練も必要なく、皆で一緒に他の省あるいは直接県城に出稼ぎをしに行く。仕事はすべて肉体労働である。しかし、これも善し悪しで、家の農作業よりはずいぶん良い。孫娘はあまり両親と顔を合わせず、両親に会うと人見知りさえした。これは心配である」と言った。

山西省農村で筆者の聞き取りに応じるお爺さんとその孫

　また、お爺さんは、「自分は小学

校まで学校教育を受けたが、孫娘を教育する能力がない。孫娘は毎日放課後になると遊んでばかりで、どのようにしつけたらよいか分からない。息子の学歴は高くないが、それでも高校を卒業した。もし、息子が家にいたら、孫娘はより良くしつけられる」と言った。

村で2軒目、3軒目を訪ねても、大体同じ状況である。皆息子か娘が省外に出稼ぎに行き、孫や孫娘が残され、祖父母が扶養している。出稼ぎ者はほとんどいい仕事を探せていない。何人かで起業してもお金を多くは稼げない。村の路地で何人かの子供と出会ったが、彼らは清潔でない服を着ており、ひっきりなしに走ったり、騒いだりしている。他の何人かの子供は黙って見ていて、物寂しそうである。都市では、この年齢の子供は毎日親に付きまとって一緒に遊びに行くが、農村部の「留守児童」はこんなに若くして生活の辛さを味わい、この年齢で体験すべきでない苦汁をなめているのであり、彼らにもっと関心を持つことが必要である。農民の出稼ぎ状況は理想的ではなく、「留守児童」の出現は、政府が早めに解決すべきである問題である。

村の路地で賭博する老人と女性たち（山西省）

中国における農村戸籍から都市戸籍への「越境」の最大の壁は、農民たちの経済状況の「貧しさ」と労働能力の「質」及びさまざまな制度面の制限である。その解決策としては、まず、農民の経済状況を改善するため、農民の土地三権を確保した上で、それを農民の財産として自己運用可能とすることが必要である。農民たちが土地三権を個人資産として現金に換え、地元あるいは都市で起業し、都市で不動産を購入して、社会保障諸費用に充てることができたら、その「越境」はある程度スムースになるだろう。法律で土地三権は農民の資産と認められ、農民が自由に土地三権売買や、抵当、貸し付けなどを行い、その所得を活用し、都市での生活状況を改善することができる。元々土地は農民の最大の財産である

が、1950年代の集団化で、土地改革により配られたばかりの農民の土地は無償で集団所有に変わった。改革開放以降、請負制を実施したが、農民に土地の所有権や土地処分の権利は認められない。今後農民が都市に定住するために、その土地の所有・処分権を農民に返還すべきであると考える。それ以外には、農民工の労働力の「質」を向上させることである。国家から農村への教育資金を増額し、農村部での技能・職業教育を拡大して、都市の就職事情に基づく養成訓練を行い、農民工の就職を強く支援する。最後には、さまざまな制度面の改革を遂行し、戸籍、教育、保険の制度を全国で統一して、市民でも、農民でも、皆同じ国民として全ての権益を享受できるようにしなければならない。

(本稿は学術論文ではないので、写真以外の図表及び調査・統計データの具体的出所は引用注を用いない。引用した文献、資料名はすべて文末の「引用文献」のところに明記する)

引用文献

1 （中国）国家統計局農村司『2009年農民工監測調査報告』、2010年3月19日.
2 （中国）国家統計局農村司『2013年農民工監測調査報告』、2014年5月12日.
3 （中国）国家統計局農村司『2016年農民工監測調査報告』、2017年4月28日.
4 李練軍(2016)『中小城鎮新生代農民工市民化問題研究―基於意願与能力的視角』中国農業出版社.
5 馮文華・侯鳳英・馮菲菲・劉建涛(2016)『農民工思想観念変遷研究』大連海事大学出版社.
6 陸自栄・徐金燕(2017)『農民工社区融合与城市公共文化服務体系研究』人民出版社.
7 諶新民・李萍(2017)『人口変化・産業升級与農民工就業問題研究』人民出版社.
8 楊勝慧(2017)『新型城鎮化進程中的人口流動与農村家庭発展』中国工人出版社.
9 李昌平著、吉田富夫監訳、北村稔・周俊訳(2004)『中国農村崩壊』NHK出版.
10 厳善平(2009)『農村から都市へ　1億3000万人の農民大移動』岩波書店.
11 知足章宏(2015)『中国環境汚染の政治経済学』昭和堂.

農民戸籍から都市戸籍への「越境」――中国社会の変貌　　263

EUに越境する難民の現状と課題

国際社会学科　荻野　晃

　西欧諸国は高度成長の時期に労働力として旧植民地など途上国から多くの移民を受け入れてきた。また、現在、ヨーロッパには経済的な豊かさを求めて中東、アフリカ地域から難民が押し寄せている。移民や難民の受け入れは、宗教や生活習慣の違いからさまざまな場所で摩擦を引き起こしている。さらに、移民、難民をめぐる問題は雇用状況や治安の悪化とあいまって、ヨーロッパ社会に亀裂を生じさせている。

　移民や難民の流入は、EU加盟国の政党政治にも影響をおよぼしている。近年、ヨーロッパでは、移民の排斥や難民の受け入れ反対など実現困難で大衆迎合的な主張を展開する政党、政治家の影響力が強まっている。彼らの多くはヨーロッパ連合（EU）や統一通貨ユーロからの離脱を訴えている。移民、難民など域外からの人の移動は各国で排外主義的な政治勢力の台頭を招き、EUの求心力が低下しつつある。さらに、2015年以降の欧州難民危機では、西欧をめざしてエーゲ海を渡りバルカン半島を北上する難民の扱いをめぐって、通過地点に位置するハンガリーをはじめとする中・東欧諸国が受け入れに反対した。とくに、2015年にEUが加盟国に課した難民の受け入れ割り当てに対して、中・東欧は激しく反発した。西欧と異なり、2004年以降にEUに加盟した中・東欧は大規模な人の移動を経験してこなかった。難民危機に際しての大量の難民の流入は、中・東欧の人々に治安の悪化やテロへの恐怖をいだかせた。

本章では、大量の難民流入に直面したEUの現状を、中・東欧の視点から分析する。とくに、2015年に南部国境を閉鎖して、かたくなに難民の受け入れを拒んだハンガリーの対応に焦点をあてる。そして、難民をめぐって生じたEU内部の不協和音について論じる。最後に、日本にとって、ヨーロッパが対応に苦慮する移民や難民などの人の移動がいかなる意味を持つのか、さらに今後の課題を考察する。

1.欧州難民危機の発生

　2010年から2012年にかけて、北アフリカから中東におよぶイスラム世界で「アラブの春」とよばれる民主化を求める動きが起った。人々は街頭に出て長期にわたって強権的な統治を行ってきた指導者の退陣を要求した。本来、イスラム教の信仰が盛んなアラブ地域では、政治と宗教を分離することが難しかった。欧米型の民主主義制度の定着には、政治の世界に宗教を介在させないことが不可欠である。アラブ地域では、イスラム教が政治と結びつくことを抑えるために軍が政治に関与する余地が大きかった。2003年3月にアメリカのブッシュ政権がフセイン大統領のイラクへの武力行使に踏み切る前に、イラクを起点にして中東地域の民主化を進めると説いていた。だが、アメリカは3週間という短い期間でフセイン政権の打倒には成功したものの、イラクに民主的な政権を打ち立てることなどできなかった。むしろ、フセイン政権の崩壊後のイラクは、宗派対立、民族対立で不安定化して、後の難民危機につながるイスラム過激派やテロリストの温床となった。にもかかわらず、2010年代初頭にはツイッターやフェースブックに代表されるソーシャル・ネットワーク・サービス(SNS)の普及が、アラブ地域の政治をも動かすことになった。

　2010年に北アフリカのチュニジアで起こったベン＝アリー大統領の退陣を求める下からの民主化運動(ジャスミン革命)は、まもなくムバラク大統領の長期政権下にあったエジプトをはじめ他のアラブ諸国にも波及した。しかしながら、強権的な指導者を退陣させた後のアラブ諸国では、受け皿となる安定した政権が樹立されなかった。エジプトのムルシ大統領をはじめ、選挙で選ばれた新たな指導者たち

EUに越境する難民の現状と課題　　265

は例外なく実務能力を欠いていた。さらに、全国を統治していた強い権力が消滅すると、国内の各地に「権力の真空」ともいえる状況が出現した。

さらに、シリアではアサド大統領が民主化運動に対して武力弾圧を伴う厳しい姿勢でのぞんだ。ロシアとイランがアサド政権を、欧米諸国とペルシャ湾岸諸国が反政府勢力をそれぞれ支援した結果、2011年以降に政府軍と反政府軍との間で内戦状態に陥った。「権力の真空」で生じた政治的な混乱や内戦状態の中で、イスラム世界の各地で武力行使やテロによって国際社会の現状打破をめざすイスラム過激派が台頭した。過激派には、2001年9月11日の同時多発テロを引き起こしたアルカイダに忠誠を誓うグループ、後述するイスラム国（IS）に忠誠を誓うグループ、双方に忠誠を誓うグループなど、さまざまな組織が存在する。

シリアでアサド政権と反政府勢力との内戦が長期化する中で、過激派組織のISが台頭した。シリアで活動を始めたISは次第に勢力を伸ばし、民族、宗派の対立で政治的に不安定な状態のイラクに侵攻した。まもなくISはモスルをはじめ複数の都市を制圧した。一時、ISはシリア、イラク両国にまたがる広大な地域を実効支配した。また、イスラム過激派はカダフィ大佐の政権崩壊後の政治的な混乱に乗じてリビアでも勢力を拡大した。さらに、カダフィ政権が保有していた兵器が国境を越えて拡散し過激派組織の手に渡った。その結果、アフリカ大陸各地で治安が悪化した。スーダンでは、チャドなど周辺国の民兵も加わったボコ・ハラムが勢力を伸ばした。

戦闘や治安の悪化によって、住む土地を追われた多くの人々が避難民となった。とくに、祖国を追われて国外に逃れた難民には、シリア、イラク、リビアのみならずアフガニスタン、サハラ以南のアフリカ諸国の出身者も含まれていた。やがて、難民の多くは経済的な豊かさを求めて地中海を渡ってヨーロッパをめざすようになった。

2.難民を拒むハンガリー

　当初、ヨーロッパへ向かう難民にとって、北アフリカからイタリア半島に上陸する地中海ルートが主流であった。多くの難民が悪質な密航業者の用意した粗末な船にすし詰め状態で乗りこみ、地中海を越えようと試みた。難民の中には、悪天候で船が転覆して命を落とす者も少なくなかった。2015年になると、危険な地中海ルートに代わり、トルコからエーゲ海を渡りギリシャのレスボス島に上陸して、その後、ギリシャ本土に入り西バルカンから中・東欧を経由してドイツ、スウェーデンなど難民の受け入れに積極的な西欧諸国をめざして北上するバルカン・ルートが注目されるようになった。

　難民がバルカン・ルートで最初に足を踏み入れるEU加盟国はギリシャであった。だが、ギリシャはEU加盟国だがEU未加盟の西バルカン諸国を挟んで他のEU加盟国から地理的に隔離していた。西欧をめざす難民が最初に到達する実質的なEU加盟国、正確には後述するシェンゲン加盟国こそがハンガリーだった。

　難民危機へのハンガリーの対応について論じる前に、ハンガリーの現代史と人の移動について簡単に述べておこう。第一次世界大戦の講和のために1919年に締結されたトリアノン条約により、ハンガリーは歴史的領土の3分の2を失い、近隣諸国に多くの同胞が少数民族として残されることになった。トリアノン条約による国境画定の後、近隣諸国から土地を失ったハンガリー人が本国へと逃れてきた。その後、1930年代後半のナチス・ドイツの台頭、第二次世界大戦後にソ連の勢力圏へ組み込まれる中で、多くのハンガリー人が欧米諸国へ亡命した。とくに、1956年のソ連の軍事介入による民主化を求める蜂起の鎮圧後には、全人口の2%にのぼる約20万のハンガリー人が難民となって国外へ脱出した。1951年に「難民の地位に関する条約」（難民条約）が成立した後、最初に大量の難民が発生した事例がハンガリーであった。1957年5月、難民が脱出したオーストリア国境は高圧電流の流れる鉄条網で閉鎖された。

　オーストリア国境の閉鎖から約30年が経過した1980年代の後半、経済不振で国内政治が硬直化した隣国ルーマニアからハンガリー系少数民族が難民となっ

てハンガリー国内に流入した。1989年3月、ハンガリーはルーマニアからの難民の保護で国際社会からの支援を得るために東欧で初めて難民条約に調印した。1987年に国民の国外旅行の自由を保証したハンガリーは、同年5月に32年ぶりにオーストリア国境の鉄条網を撤去した。すると、今度は西ドイツへの亡命を希望する東ドイツ人がハンガリー国内に流入した。東ドイツの送還要求にもかかわらず、ハンガリーは難民条約を根拠に東ドイツ人の引き渡しを拒否した。同年9月にハンガリーが国内に残る東ドイツ人のオーストリア経由での西ドイツへの出国を認めると、まもなく東ドイツの社会主義体制が崩壊した。

　2015年の春以降、ギリシャからバルカン・ルートを北上してきた多くの難民がハンガリー国内に流入した。その多くは、セルビア国境に位置するレスケ付近からハンガリーに入国した。難民の大半はハンガリーに留まるのでなく、ドイツでの難民申請を希望していた。ハンガリーに入国した難民の中には、中東やアフリカだけではなかった。バルカン半島出身者までが、大量の難民に便乗する形で西欧への移住を試みたのである。

　政治的な迫害で祖国を追われた「難民」がハンガリーにたどり着いた時点で、すでに経済的な動機で西欧をめざす「移民」へと性格を変えていたことは否定できない。難民にとって粗末なボートでエーゲ海を渡る際の命綱であり、いつ生き別れになるかわからない家族との唯一の連絡手段であったアイフォーン6など高価なスマートフォンが、多くのハンガリー人からみれば仕事を探すための必需品のように受けとめられた。同様の難民に対する印象は、オーストリアなど西欧でもみられた。

　難民の大量流入により、ハンガリー国内に4ヵ所の収容施設が設置された。増加する難民への支援が、ハンガリーにとって経済的な負担となったことはいうまでもない。まもなく、ハンガリー国内では、経済的な負担だけでなく治安の悪化などを懸念して難民に対する風当たりが強まった。2015年の夏、オルバーン首相は非合法的な越境行為を阻止するために、セルビアとの国境に全長約175km、高さ4mのフェンスを設置した。自国民の国外流出を阻止するためのオーストリア国境

の鉄条網の撤去から四半世紀余りが経過した後、ハンガリーはイスラム教徒の難民の流入を阻止するためにセルビア国境にフェンスを設置したのである。

　ここで、難民の流入を阻止しようとしたオルバーン首相と彼の与党フィデスについて述べる。オルバーンは1963年にハンガリー西部の都市セーケシュフェヘールヴァールで生まれ、首都ブダペストの国立大学エトヴェシュ・ロラーンド大学（ブダペスト大学）法学部を卒業して弁護士の資格を取った。1988年5月に30年以上にわたってハンガリーの最高指導者だったカーダール社会主義労働者党書記長が辞任すると、民主化へ向けた動きが加速した。当時、オルバーンは法学部時代の仲間とともにフィデスを結成した。フィデスという党名は、青年民主連合（Fiatal Demokraták Szövetsége）の頭2文字による略称（Fidesz）に由来する。ちなみに、ハンガリー語では、szが一つの文字として英語のsと同じ「エス」と発音される。

　オルバーンをはじめとするフィデス結成当時のメンバーは、学生時代に反体制知識人の指導を受けて政治活動を始めた。フィデスの結成と同じ時期に、反体制知識人たちはリベラル派の政党である自由民主連合を結成した。結成当初、フィデスは自由民主連合の姉妹政党ともいえる存在だった。1989年6月、1956年のソ連の軍事介入当時の首相で1958年に処刑されたナジの名誉回復に伴う再埋葬式が行われた。式における演説で、オルバーンは当時まだ誰も口にできなかったソ連軍のハンガリーからの撤退を要求して知名度を上げた。

　1990年に行われた最初の自由な総選挙で自由民主連合は第二党になり、フィデスも少数ながら国会に議席を得た。その後、党首であるオルバーンはリベラルなスタンスから少しずつ右旋回を始めた。フィデスが自由民主連合とリベラルな有権者の票を取りあうよりも、右にウイングを伸ばすことで幅広い支持を得て政権を取れるとオルバーンは考えた。その結果、結成当時からのメンバーだったフォドルは、1993年にオルバーンと対立してフィデスを離党した。

　1998年の総選挙でフィデスは保守票を取り込むことに成功して第一党になった。そして、オルバーを首班とする中道右派の連立政権が成立した。ハンガリーがキリスト教を受け入れて王国となってから1000周年にあたる2000年頃から、フィデ

EU に越境する難民の現状と課題　　269

スはナショナリズムに傾斜していった。2002年の総選挙で、フィデスは社会党に敗れて下野した。2006年の総選挙でもフィデスは政権を奪回できなかった。しかし、2008年のリーマンショックを契機とする経済危機によって、ハンガリー国内で社会党、自由民主連合が主導してきたヨーロッパ（西欧）・モデルの国家建設への幻滅が広がると、反対にフィデスへの支持率が上昇した。2010年の総選挙では、フィデスが3分の2を優に越える議席を得て、オルバーンは8年ぶりに首相となった。

　オルバーンは圧倒的な与党の議席を背景に2011年に同性婚の禁止などカトリックの伝統的な価値観を反映した新憲法（基本法）の制定、フィデスに有利な区割りによる小選挙制度の導入を強行した。また、オルバーンは2011年のメディア法によって、マスコミによる政権への批判的な報道に規制を加えようと試みた。さらに、オルバーン政権は裁判官、検察官の退職年齢の引き下げと年金受給年齢の引き上げ、社会党政権下で任命された中央銀行総裁の権限を弱めるための副総裁ポストの増加などを通して、司法や中央銀行への介入を強めた。オルバーンが推進してきた行政府の権限の強化は、人権や法の支配などEU共通の価値への挑戦であった。オルバーンはEUからの批判に対して、自国の主権の優位を主張した。2010年以降、オルバーンは国内向けに自国に理不尽な要求を繰り返すEUに立ち向かう強い指導者を演じてきた。2011年の演説において、オルバーンはブリュッセル（EU本部）を冷戦期のクレムリン（ソ連共産党本部）にたとえていた。

　オルバーンの強権的な政治手法への国内外の反発にもかかわらず、フィデスは高い支持率を維持し、2014年の総選挙でもかろうじて3分の2の議席を確保した。2010年に下野して以降、社会党など左翼・リベラル派の野党は分裂状態に陥り、フィデス一強ともいえる状態が続いている。オルバーンによる制度の上では民主主義であるが自由が十分に保証されていない非リベラル・デモクラシーともいえる統治が続く中で、ハンガリーは2015年の難民危機を迎えることになった。

　先述のように1980年代後半にルーマニア、東ドイツからハンガリーに流入した難民と比較した場合、2015年にイスラム世界から流入した難民は数もさることながら文化や習慣の違いが大きかった。ハンガリーをはじめとする冷戦期に東側陣

営に属していた中・東欧では、西欧と比較しても、労働力として途上国からの移民や戦火を逃れて国外に出た難民を受け入れた経験が乏しかった。ハンガリーが大量のイスラム教徒の自国への流入に過剰反応したという見方もある。しかしながら、ある国の領土を通過する難民が無害だと言い切れない。大量の難民の長期にわたる領内通過に際して、治安や衛生環境の悪化が懸念された。実際に、地域住民からは、難民にブドウ畑を荒らされたなどの苦情が聞かれた。同様の通過する難民への脅威や反発は、後述するハンガリーによる国境閉鎖の後にオーストリア、ドイツへの通過点となったスロヴェニアでも繰り返された。短期間で大量に流入した難民と現地とくに国境付近の小さな農村や集落の住民との間で摩擦が生ずることは避けられなかった。

　南部国境のフェンスを設置して難民の越境を阻止しようとするハンガリーの対応には、西欧から非難の声が挙がった。とりわけ、ナチスによるホロコーストに至るユダヤ人迫害の経験から難民の受け入れに寛容なドイツからの批判が強かった。人道的な動機が強く反映されたとはいえ、ドイツのメルケル政権の難民への姿勢が従来のEUの国境管理や難民申請のあり方に反していたことは否定できない。イギリス、アイルランド、キプロス、ルーマニア、ブルガリア、クロアチアを除くEU加盟国およびEU非加盟のノルウェー、スイス、アイスランド、リヒテンシュタインの域内では、「シェンゲン協定」により人の移動の自由が保証されていた。しかし、その一方で、同協定の加盟国には協定域外からの出入国管理を厳格に行う責任があった。バルカン・ルートでドイツをめざす難民にとって、シェンゲン域内への事実上の玄関口がハンガリーであった。域内の治安や安全保障の観点から、ハンガリーにとって増加し続ける難民を無原則に入国させることは不可能であった。

　さらに、域外からの難民に関して、EU加盟国は「ダブリン規則」によって、難民の申請手続きを最初に入国した国で行うと取り決めていた。ダブリン規則の目的は、EU域内での二重の難民申請を防ぐことだった。ダブリン規則が厳格に適用されれば、イスラム世界からの難民はハンガリーで申請手続きを行わねばならなかった。本来なら、ダブリン規則にもとづいての難民申請はギリシャでなされるべ

きだった。だが、深刻な経済危機にあえぐギリシャはダブリン規則を遵守せずに、難民をなし崩し的にマケドニアへと出国させてしまった。ハンガリーは難民申請手続きをしない状態の越境者を、無原則にオーストリアへ出国させるわけにはいかなかった。少なくとも、2015年の時点でのハンガリーの対応を、難民条約などの国際条約違反だとする根拠はない。

　2015年8月下旬、早急にドイツへの出国を希望する難民の間でハンガリー政府への不満が高まった。2015年9月5日、ドイツのメルケル首相はハンガリーにいる難民を受け入れると表明した。メルケルのいわばダブリン規則を形骸化させる表明にもかかわらず、ハンガリーに滞在していた難民が一斉にドイツへ向かうことなど不可能であった。そのため、難民の多くは出国許可が下りるまで引き続きハンガリー国内での待機を余儀なくされた。オーストリア、ドイツ方面への国際列車が発着するブダペスト東駅前の地下のコンコースは、難民キャンプ同然の状況だった。出国の許可を待つ多くの難民が、ミグラント・エイドなどのNGOによる食糧や医療の支援を受けながらテントで生活していた。

写真1-1

写真1-2

　写真1－1、1－2は、2015年9月のブダペスト東駅前の地下コンコースである。多くの難民が支援団体の用意したテントで寝泊まりしていた。

　写真2は、出国を許可された難民が地上のプラットホームへ向かう直前に、座って警察の説明を聞いている場面である。ハンドマイクを持って話している男性がアラビア語の通訳をしている。

9月上旬には、ハンガリーからオーストリアを経由してドイツへ向かう国際列車が運休した。その結果、東駅前で待機する難民はハンガリーの国内列車でオーストリア国境に位置するヘジェシュハロム（Hegyeshalom）ないしショプロン（Sopron）へ向かい、徒歩で国境を越えることになった。

写真2

　写真3は、警官に誘導されてプラットホームまで来た難民が列車に乗り込もうとしている場面である。

　写真4は、難民危機当時、ブダペスト東駅のプラットホームの案内板の下にかけてあった張り紙である。ドイツ方面に向かう国際列車が運休した後、支援団体が難民にブダペストからジェール（Győr）を経由してウィーンまでのルートを簡単な地図で示したものである。

写真3

　写真にある駅のプラットホームの張り紙に書かれたオーストリア国境に位置する都市ショプロンでは、1989年8月に「ヨーロッパ・ピクニック」というイベントが開催された。同年にハンガリーがオーストリアとの国境に張りめぐらされた鉄条網を撤去すると、西ドイツへの亡命を希望する東ドイツ人がハンガリーに流入したのは先述のとおりである。かつて、オーストリア、ハンガリー、チェコ、スロヴァキア、スロヴェニア、クロアチアなど中欧一帯を支配していたハプスブルク家の当主オットーがショプロン近郊で国境をはさんでの交流イベントを企画し、8月19日に東ドイツ人約450名を一時的に開放された国境からオーストリアへ出国させた。

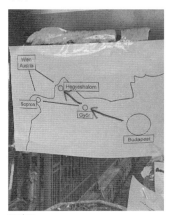
写真4

EUに越境する難民の現状と課題　　273

写真5

オットーはオーストリア＝ハンガリー帝国最後の皇帝カールの嫡子であり、当時、欧州議会の議員であった。

写真5も、東駅ホームの案内板の下にあった支援団体による張り紙である。ブダペストから電車に乗り、ジェールで乗り換えてヘジェシュハロムまで行き、5km先のオーストリアとの国境へ向かうよう書かれている。

話を難民問題へのハンガリーの対応に戻そう。ハンガリー政府は自国内に留まる難民を段階的にオーストリアへ出国させる一方で、さらなる難民の流入に歯止めをかけるためにセルビアとの国境を閉鎖した。レスケ近郊では、フェンスや鉄条網で閉鎖された国境を越えようとする難民とそれを阻止しようとする警察や軍との衝突が起こった。2015年10月以降、難民は閉鎖されたセルビア国境でなく、西に位置するクロアチアからハンガリーへの越境を試みた。クロアチアは2013年7月にEUに加盟していたが、まだシェンゲン協定に未加盟だった。ハンガリー政府はクロアチアとの国境から入国してきた難民をオーストリア国境に列車やバスで移送させながら、セルビア国境に続きクロアチア国境にもフェンスを構築した。

ハンガリーのクロアチア国境閉鎖の後、バルカン・ルートでドイツをめざす難民の多くはセルビア、クロアチアを経由してスロヴェニアからシェンゲン協定の域内への入国を試みるようになった。ハンガリー国内に残っていた難民は、オーストリア経由でドイツへ向かった。国際世論の批判やセルビア、クロアチア、スロヴェニアからの反発にもかかわらず、当面、ハンガリーにとっての難民危機はひとまず収束に向かった。

2015年当時のハンガリーの難民への対応に関して、冷蔵トラックに乗り込んで越境した末に凍死した難民のニュース、全長数百kmに達したフェンスや鉄条網、国境での難民と警察、軍との衝突の画像、さらに極右政党ヨビック系のケーブル

テレビの関係者が難民の子どもに危害を加える動画がユーチューブ等で世界中に拡散された影響から、人道的な側面での批判が根強い。しかしながら、ハンガリーがシェンゲン域外からの大量の難民流入を前に、非合法的な越境の阻止を試みたのはやむを得ない措置だった。現実には、2015年の時点では、ハンガリーが人口10万人あたり最も多くの難民を受け入れていた。難民問題での欧米メディアによるハンガリーへの厳しい報道姿勢が、2010年以降のオルバーン首相の強引な政治手法への批判の延長線上にあったことは間違いない。

3.EUとの対立

　2015年5月に欧州委員会はEU域内へ流入する難民対策の指針「人口移動に関するヨーロッパのアジェンダ」を打ち出した。EUはこの指針にもとづいて、加盟国に人口や経済規模に応じて一定の難民の受け入れ割り当てを定めた。当初、EU加盟国が受け入れる難民の合計は4万人であった。だが、2015年9月には、全体の受け入れ数が16万人に増加した。EUによる難民の受け入れ割り当てによれば、ハンガリーは2015年9月から2017年9月までに1,294人を受け入れることになっていた。かりに、同様の難民の受け入れの割り当てを日本に適用すれば、13,000人以上にのぼる。

　EUの難民の受け入れ割り当てに対して、ポーランド、チェコ、スロヴァキア、ハンガリーの4ヵ国による地域協力ヴィシェグラード・グループ(V4)は激しく反発した。V4は難民の受け入れによる経済的な負担よりも、過剰なまでに治安の悪化を警戒していた。2015年12月2日にスロヴァキアとハンガリーは、EUによる受け入れ割り当ての無効を求める訴えをEU司法裁判所に起こした。

　2016年2月15日のプラハにおけるV4首脳会談では、ギリシャに上陸した難民が再度EU加盟国に入るのを阻止する案が検討された。V4首脳は難民流入を阻止するためのシェンゲン協定加盟国と域外との国境管理の強化を主張した。1991年に発足したV4は、2015年の難民危機をきっかけにかつてないほど結束している。後述するが、当初は難民の受け入れに前向きだったドイツなど西欧でも、

テロや治安の悪化が懸念されるようになった。V4の国境管理の強化の主張は、すでにEU内部でも無視しえないものとなっていた。2016年4月、EUはギリシャ国内に不法滞在する難民のトルコへの送還に踏み切った。さらに、マケドニアが隣国ギリシャとの国境を閉鎖したことで、難民にとってのバルカン・ルートによるEUへの道は閉ざされてしまった。

　2016年7月5日、ハンガリーでEUによる加盟国への難民受け入れ割り当ての是非を問う国民投票を10月2日に実施することになった。オルバーン首相が国民投票の実施に踏み切った背景として、同年6月のイギリスの国民投票でのEU離脱派の勝利が挙げられる。オルバーンは離脱を要求するようなEU懐疑主義者ではない。実際、オルバーンと彼の与党フィデスはEUの域内で自国の国益や主権の尊重を主張する立場である。何よりもハンガリーはEUから多額の公共投資を得ているのだ。イギリスの国民投票の結果から、EUが決めた難民の受け入れ分担を拒否するには直接有権者に信を問うことが正統な手段だとオルバーンは捉えたのである。

　社会党をはじめとする左派の野党は、オルバーン政権の難民への強硬姿勢に批判的だった。しかし、野党は難民問題で有権者の反発を恐れて曖昧な態度を取っていた。野党支持者の多くも難民の受け入れに反対だった。野党は国民投票に際して、投票へのボイコットを呼びかけるにとどまった。1993年にオルバーンと袂を分かつことになったフォドルのリベラル党だけが賛成票をよびかけた。

　10月2日の国民投票は、投票率43.9%で不成立となった。2011年に制定された基本法によれば、国民投票の成立に有効投票率50%が必要であった。しかし、有権者の難民への反発が根強く、有効票のうちEUによる難民の受け入れ分担への反対が98%を占めた。他方、6.33%が反対、賛成双方にチェックを入れた無効票であった。心情的には難民の受け入れに反対だが、オルバーンの強引なやり方に反発する有権者は意図的に無効票を選択したと考えられる。

　1989年憲法の下で実施された1997年の北大西洋条約機構（NATO）加盟、2003年のEU加盟の是非を問う国民投票は、いずれも賛成票が80%を越えてい

た。にもかかわらず、投票率はいずれも50％を下回っていた。とくに、EU加盟に関する国民投票での投票率が40％以下であったことを根拠に、オルバーンは投票結果について敗北だと捉えなかった。2016年10月の国民投票では、全有権者の43％が難民の受け入れ割り当てに反対票を投じており、EU加盟に賛成票を投じた有権者の比率より高かったとオルバーンは強弁した。

　国民投票が不成立に終わった後、オルバーンは基本法の改正を意図した。11月8日、ハンガリー政府はEUの難民受け入れ政策を拒否するため、EU加盟国の国民を除く外国人の居住にハンガリー政府の承認を義務付けるための基本法の改正を試みた。しかし、極右政党ヨビックが棄権したため、改正に必要な3分の2の賛成票が得られなかった。

　2017年3月7日、ハンガリー国会で難民申請中の入国者を拘束するための法案が可決された。法案が可決されると、国連難民高等弁務官事務所（UNHCR）などの国際機関から、国際法やEU法に反しているとの非難の声が挙がった。難民の拘束を可能にした法案の成立は、域外からの国境管理を義務づけたシェンゲン協定、最初に入国したEU加盟国での難民申請を義務づけたダブリン規則にもとづくこれまでのハンガリーの難民への対応とは明らかに一線を画すものだった。

　EUによる難民の受け入れ割り当てを拒否するための国民投票、基本法の改正はともに失敗に終わった。だが、ハンガリー政府はあくまで受け入れ割り当てを拒否する姿勢を崩していない。受け入れ割り当ての履行期限をむかえた2017年9月下旬の時点で、難民の受け入れが全加盟国で全体の27％しか進んでいなかった。また、地中海ルートで流入した難民への対応に苦慮するイタリアでも、EUへの不満が強まっている。そのような状況において、今後、ハンガリー政府が難民の受け入れの責務を履行するとは考えられない。

4. 難民問題とヨーロッパ

　本節では、2015年以降の難民問題がハンガリー以外の中・東欧、さらに西欧におよぼした影響について述べる。バルカン・ルートを北上する難民が急増した

2015年の9月までの時点で、ドイツは受け入れに前向きな姿勢を取っていた。しかし、まもなく増加する難民を前に、国内で難民支援にかかる経済的な負担や治安の悪化に対する懸念が強まった。また、バルカン・ルートを北上した難民の多くは、ハンガリーから出国した後でオーストリアに入った。オーストリア政府はオルバーン政権の難民に対する姿勢に批判的であったが、同時に流入する難民への対応に苦慮していた。2015年9月にはシェンゲン協定の成立以降に廃止されていた国際列車内でのパスポート・コントロールがドイツ・オーストリア間で一時的に復活するなど、難民の移動に際して国境管理を強化する措置が取られた。

　他方、オーストリア経由のルートが飽和状態になれば、難民がスロヴァキアからチェコを通ってドイツをめざすことは明らかだった。そのため、チェコ、スロヴァキア両国はハンガリーの難民への対応に高い関心を示していた。現在のチェコでは、ハンガリーやスロヴァキアと異なり、偏狭な民族主義を煽る極右政党が国政レベルで議席を有していない。だが、チェコ国内では、大量の難民が流入することへの不安が広がっていた。極右とはいえないが、チェコでも難民の受け入れに批判的なバビシュが率いる政党ANOが支持を伸ばしつつあった。2015年の9月には、一部の市民が首都プラハの街頭でオルバーンの難民への対応を評価、期待する動きをみせていた。さらに、2015年12月には、チェコのゼマン大統領がヨーロッパへの難民流入を「組織的な侵略」と発言した。

　スロヴァキアでも、隣国ハンガリーへの難民の大量流入が深刻な事態と受けとめられていた。2016年3月に総選挙をひかえたフィツォ首相は、EUとくにドイツの難民受け入れ姿勢に不満を募らせていた。当時、難民の脅威を訴える極右政党がスロヴァキア国内で支持を伸ばしていた。フィツォは総選挙の直前にイスラム教徒の難民を受け入れない方針を示した。にもかかわらず、フィツォ政権の与党スメル（指針）は連立によって政権にとどまったものの大幅に議席を減らした。総選挙の結果、難民の受け入れに賛同した政党は議席を失うことになったのである。他方、民族主義的な色彩の濃い国民党が議席を回復したのに加え、さらに難民に強硬な姿勢を取る極右政党「人民党、われわれのスロヴァキア」が初めて議席を

獲得した。

　「人民党、われわれのスロヴァキア」はスロヴァキアのEUからの離脱を主張している。ヨーロッパの極右政党がEUからの離脱を訴える場合、EUの寛容な移民・難民政策を激しく攻撃することは常套手段である。しかし、後述するような国内に多くの途上国からの移民をかかえるフランスやオランダなどの西欧とは異なり、途上国からの移住人口の少ない中・東欧では、現段階において移民政策への批判がEU離脱の主張の核にはなっていない。スロヴァキアの場合、隣国ハンガリーに流入した難民の脅威、V4で唯一導入された統一通貨ユーロへの不満がEU離脱を主張する極右躍進の原動力になったと考えられる。過去にスロヴァキアでは、ユーロ導入国によるギリシャへの経済支援に対して、何故、自国よりも生活水準の高い国を支援しなければならないのかと国内で激しい反発が起きていた。

　さらに、ハンガリー、チェコ、スロヴァキアともにV4の一角を占めるポーランドでも、難民流入への懸念が強まっていた。難民危機の発生当初、ポーランドでは、リベラル派政党の市民プラットホームの政権がハンガリーの難民への強硬措置に批判的でさえあった。だが、2007年以来、首相の地位にあったトゥスクが2014年9月にEU大統領（欧州理事会議長）に就任するために首相を辞任すると、国内政治の状況に変化が生じた。翌年10月の総選挙では、カチンスキ元首相が率いる保守政党「法と正義」が勝利して8年ぶりに政権に返り咲いた。首相に就任したシドゥウォは、まもなく難民の受け入れ割り当てに対する姿勢を転換した。その後、2017年12月にモラヴィエツキへの首相の交代があったが、ポーランドはEUの難民の受け入れ割り当てに反対して、EUへの強硬姿勢を取っている。

　中・東欧で難民流入を危惧する声が高まる中で、西欧でも、難民への風当たりが強まりつつあった。すでに、西欧では、2015年1月にパリで起こった『シャルリー・エブド』紙襲撃事件など、イスラム過激派による悲惨なテロが起こっていた。同年11月13日のパリでの同時多発テロでは、テロの実行犯のうちの2名が、シリアからバルカン・ルートで難民にまぎれてEU域内に入っていた。12月31日には、ドイツ西部の都市ケルンで、中東出身とみられる多くの難民申請者中の男たちが

暴徒化して現地の女性に性的暴行を加える事件が起こった。さらに、2016年3月22日にもベルギーの首都ブリュッセルの国際空港で大規模な爆弾テロが発生した。前年11月のパリの同時多発テロの実行犯は、ブリュッセルで組織されていた。皮肉なことに、オルバーンが煽った難民の流入による治安の悪化が現実のものとなった。その後も、西欧では、さまざまな手段での無差別テロが起こっている。

　難民危機はV4と歴史的にも関係の深いオーストリアの国内情勢にも深刻な影響をおよぼしつつあった。2015年の秋以降、オーストリア国内では、一人当たりの人口比でドイツを上回る難民を受け入れたファイマン首相への批判が強まっていた。オーストリアでは、難民の大量流入が始まって以降、難民の受け入れに反対する自由党が支持を伸ばしていた。詳細は後述するが、自由党は1980年代後半以降に移民の排斥を訴えて勢力を拡大してきた。2015年10月のウィーン市長選挙において、戦後一貫して市政を担ってきたファイマンの与党・社会民主党は苦戦を強いられた。

　2016年になると、オーストリア政府は翌年4月の大統領選挙を直前にひかえ、国内世論に押される形で、一方的に難民の受け入れの制限を発表した。4月24日に第1回投票が行われた大統領選挙では、難民に強硬な姿勢を取る自由党の候補ホーファーが2位以下に大差をつけて、第2回（決戦）投票へ進んだ。4月24日の第1回投票の後、与党内での批判を受けて5月9日にファイマンが首相を辞任した。オーストリアの大統領は儀礼的な役割で、大きな政治的権限を有していない。だが、自党の候補者が第1回投票で敗退したことは、危機的な状況だと社会民主党内部では受けとめられた。5月23日の大統領選第2回投票では、難民の保護を主張する緑の党の候補者ベレンが僅かな差で勝利した。しかし、2016年7月にオーストリア憲法裁判所が僅差の大統領選挙の結果を無効と判断した。最終的に、同年12月のやり直し大統領選でベレンが当選した。にもかかわらず、連立与党とくに社会民主党が受けたダメージは極めて大きかった。

　シリア内戦の勃発後に発生した難民のみならず、すでに西欧は旧植民地などからの大規模な人の移動を経験していた。高い経済成長が続いた1960年代、西

欧は途上国から労働力を受け入れた。その結果、多くの人々が家族を呼びよせて移民となって定住した。だが、1970年代以降、低成長期に入り失業者が増加すると、現地の労働者と途上国からの移民との間で雇用をめぐる軋轢が生じた。その後、EU内部でグローバル化が進行して産業構造が変化すると、失業がさらに深刻な問題となった。とくに、斜陽産業をかかえる地域では、貧困層向けの社会政策に消極的な既成政党への失望とあいまって、移民が現地の人々の不満のはけ口となった。

さらに、移民の多くはイスラム教徒であり、イスラム教の信仰をめぐる文化、宗教の摩擦も起きていた。典型的な事例が、フランスにおける教育の場でのイスラム女性の着用するブルカの禁止である。イスラム系の移民たちは信教や表現の自由に違反するとブルカ禁止措置に反発している。

1980年代以降、西欧諸国では、移民の排斥を訴える政治家、政党が次第に勢力を伸ばしてきた。その多くは、極右政党ないし近年では大衆迎合主義（ポピュリズム）と分類される。彼らに共通する考え方は、以下の3点である。

1. EUや統一通貨ユーロからの離脱を唱えるEU懐疑主義
2. 自らが国内の既成政党やブリュッセルのEU官僚と対峙するという反エリート主義
3. 移民排斥により雇用の確保や社会保障の充実をはかろうとする福祉ショーヴィニズム

3点に共通するのは、国民国家（nation-state）を至上の存在だとする考え方である。国民国家とは、18〜19世紀のヨーロッパで成立した、主権のおよぶ領域（領土）内に住む言語や文化を共有する人々を「国民」として統合した国家である。国民の代表である政府が自らの判断で自国民の利益のみを追求すべきだと彼らは主張しているのである。具体的には、EUおよびユーロは自国の主権や経済的利益を侵害している、既成政党の政治家は選挙の洗礼を受けることもないEU官僚の言いなりである、移民に寛容なEUが国民の税負担にもとづく社会保障を破壊しているなど、あくまで自国第一の姿勢である。

さらに、2015年の難民危機と治安の悪化、その後にあいついだテロがポピュリスト政党にとって追い風となった。以下、EUからの離脱（Brexit）をめぐる交渉やその方法が総選挙の争点となったイギリスを除く、2017年に総選挙や大統領選挙が行われた西欧の状況について述べる。

　2017年3月15日に実施されたオランダの総選挙では、直前の世論調査でウィルデルスの率いる自由党の優勢が伝えられた。自由党が台頭した背景には、イスラム系移民への反発が挙げられる。本来、オランダは移民や難民の受け入れに寛容な国であった。しかし、増加するイスラム教徒との文化的な摩擦は、排外主義的な主張を展開する2002年5月の選挙戦の最中に射殺されたフォルタインやウィルデルスなどの政治家への有権者の支持拡大につながった。フォルタインやウィルデルスの場合、本来の主張は個人の自由や権利を重視するリベラル派に近く、イスラム教の非寛容性、非民主性、後進性を批判する中で排外的な立場を強めるようになった。また、強固な党組織を持たないウィルデルスの支持の拡大に、インターネットの果たした役割が大きい。3月15日の総選挙で、自由党は政権奪取には至らなかったが第二党となった。

　4月23日のフランス大統領選挙の第1回投票では、社会党のオランド大統領の下で閣僚を歴任したマクロンが1位、極右政党・国民戦線の党首ルペンが2位となり、両者は5月7日の第2回投票へ進んだ。同時に、これまで二大政党ともいえる立場だった共和党、社会党の候補者が第1回投票で敗れ去った。マクロンは第2回投票で圧勝した。だが、国民戦線による反グローバル化、反EU、反移民・難民などの主張が、これまで以上に多くの有権者の支持を集めたことは明らかだった。

　1972年に結成された国民戦線は、1980年代からフランスの国政選挙で無視しえない勢力を維持してきた。国民戦線は移民に反発したり、既成政党に失望したりした有権者からの支持を集めた。フランス国民議会の選挙は小選挙区制であり、さらに2回投票制を取るため、国民戦線が議席を得ることは非常に難しい。しかしながら、2002年の大統領選挙では、初代党首ルペン（現党首ルペンの父親）は第1回投票で当時の首相ジョスパンを上回る票を得て、決選投票に進出していた。

2011年に娘のマリーヌが党首となって以降、国民戦線はさらに幅広い支持を得て党勢を拡大した。そして、2014年の欧州議会選挙で、国民戦線は既成政党を抑え第一党に躍進していた。

　2017年9月24日のドイツの総選挙では、2005年から12年にわたるメルケル首相への評価が問われることになった。とくに、寛容な難民政策の是非が重要な争点となった。2013年9月の総選挙の後、ドイツではキリスト教民主・社会同盟と社会民主党との大連立政権が成立した。寛容な難民政策をはじめとするメルケルの政策の多くは、連立パートナーである社会民主党に近いものだった。大連立政権の下で左傾化したキリスト教民主同盟に失望した有権者の多くが、2013年に結成された「ドイツのための選択肢」の支持に回った。とくに、自治体の経済負担、テロや治安の悪化など難民の受け入れによって、ドイツ社会に不安が広がる中で、移民・難民への強硬な措置を主張する「ドイツのための選択肢」の支持率が上昇した。

　西ドイツ時代を含めた戦後のドイツでは、ヴァイマール共和国時代の小党分立による不安定な政治状況下でのナチスの権力掌握を教訓に、国政選挙での議席獲得には5%の得票率が必要だった。そのため、これまでネオナチといわれたさまざまな極右政党が州や地方議会で議席を得ても、連邦議会で議席を得ることはなかった。結成当初からさまざまな主張や立場を内包した「ドイツのための選択肢」を単純に極右やネオナチと決めつけてよいかどうかには議論の余地がある。だが、「ドイツのための選択肢」が従来どおりの通貨ユーロやギリシャへの財政支援に対する批判に加え、急増する難民の問題を背景に、排外主義的な主張へと傾斜していったことは否定できない。

　2017年9月24日に行われた連邦議会選挙で、「ドイツのための選択肢」は得票率12.6%で94議席を獲得した。他方で、与党のキリスト教民主・社会同盟、社会民主党は大きく議席を減らした。総選挙の結果、メルケルへの求心力の低下が明らかとなった。今後、メルケル政権は難民の受け入れに慎重にならざるをえないだろう。実際に、総選挙から半年近くが経過してようやく成立した4期目のメルケ

ル政権には、バイエルン州首相時代に国境管理の強化を主張していたキリスト教社会同盟党首ゼーホーファーが内相として入閣した。キリスト教社会同盟は南部のバイエルン州を拠点とする地域政党であり、姉妹政党のキリスト教民主同盟より保守色が強い。

　先述のように、2016年のオーストリアの大統領選挙では、難民の受け入れに反対する自由党の候補が予想以上に善戦した。オーストリアでは、1980年代後半以降、増加した移民の排斥を唱える自由党が勢力を拡大させていた。自由党はドイツ民族主義者が結成した政党で、社会党（現社会民主党）、国民党の二大政党の陰で長年野党だった。1980年代半ばに自由党は一時的に社会党と連立して政権与党だった。その後、党首ハイダーの下で自由党は右旋回した。自由党の躍進の要因として、移民排斥の主張に加え、長期化する二大政党による大連立への批判票を吸収したことが挙げられる。1999年の総選挙の後、自由党は国民党と連立して政権与党となった。連立政権が成立した直後、EU加盟国は制裁措置として半年にわたり駐オーストリア大使を帰国させた。2005年に自由党はハイダーの離党を機に分裂した。2007年には大連立政権が復活した。ハイダー自身、2008年に交通事故で死亡した。その後、自由党は難民危機を契機に再び支持を伸ばした。

　難民の受け入れをめぐって国内で不満が強まる中で、連立与党の内部に変化が生じた。社会民主党の連立相手である国民党の党首であり外相のクルツが難民に強硬な姿勢を取るようになり、2017年秋の総選挙を前にして国民の間で人気を得ていた。いわば政権与党の党首自らが極右政党の支持層の取り込みをはかったといえる。国民党は10月の総選挙で第一党になり、クルツを首班とする自由党との連立政権を樹立した。2017年のオランダ、フランス、ドイツおける一連の選挙で、極右やポピュリズムの政党は躍進したが政権を取るには至らなかった。だが、オーストリアでは、2000年についで自由党が連立与党の一角を占めた。クルツ政権の成立によって、難民問題でのオーストリアの立場はこれまでよりも中・東欧に近いものとなった。

284

5. ストップ・ソロス

　ハンガリー出身でアメリカ人の投資家ソロスは、自身の設立したオープン・ソサエティ財団を通じて難民支援のために多額の資金を提供していた。また、ソロスは南部国境をフェンスや鉄条網で閉鎖して難民の入国を阻むハンガリー政府を厳しく非難した。オルバーン政権もEUによる積極的な難民の受け入れを主張して自国への批判を強めるソロスの動向を警戒した。国民議会の任期満了まで1年を切った2017年4月以降、オルバーン政権は難民問題を次の総選挙の争点とすることを意図して、自国民に難民の受け入れに積極的なソロスの危険性を煽った。

　1930年にユダヤ系ハンガリー人としてブダペストで生まれたソロスは、祖国が共産化する直前の1947年にイギリスに渡り、後にアメリカに移住した。アメリカで投資家として成功して財をなしたソロスは、日本では1997年のアジア通貨危機での投機やヘッジファンドなどのイメージから否定的に評価されることが多い。とくに、インターネット上では、ソロスが巨額の資金を使って世界経済を意のままに動かしているような指摘すらある。しかしながら、ソロスは投資家としてばかりでなく、慈善事業や人権擁護の活動に巨額な資金をつぎ込むなど、自由主義的な政治活動を行ってきた。ソロス自身、少年時代にファシズムや反ユダヤ主義の脅威にさらされながら育った経緯があった。紛争やイスラム過激派の迫害を逃れて国外へ出た難民は、ソロスにとって、手を差しのべなくてはならない対象であった。

　冷戦時代、ソロスはポーランドの自由労組「連帯」やチェコスロヴァキアの憲章77など、東欧での反体制派による民主化運動を支援してきた。1989年のハンガリーの体制転換でも、フィデスなど新たに結成された在野の政党に資金やコピー機など政治活動に不可欠な支援を行った。また、ソロスは人材の育成のための教育の役割を重視し、奨学金を与え多くの東欧の若者を米英の大学に留学させた。オルバーン自身、短期間ながらソロスの資金援助でイギリスに留学していた。

　体制転換後、ソロスは自身の財団をつうじてハンガリーの研究者の現代史の見直し作業などの学術活動を支援していた。さらに、ソロスは1991年に創設者の

一人として中央ヨーロッパ大学(CEU)に4億2千万ユーロを出資した。スロヴァキアでスタートしたCEUは、まもなくソロスの故郷ブダペストに移ってきた。CEUは英語による講義を行う大学院大学であり、国際的にも高い評価を得ている。旧体制下のハンガリーをはじめ東欧の国立大学は、社会主義国家の途上国の発展のために果たす役割として途上国から留学生を受け入れてきた。他方、CEUは中・東欧の国立大学では考えられないヨーロッパでも有数の豊富な資金力を背景にして、さまざまな多くの国からの研究者、留学生を受け入れている。ハンガリーにとって、CEUが政治や経済の人材を育てる上で貴重な教育・研究機関であるのはいうまでもない。

　オルバーンは自身への批判を強めるソロスに関連する財団、財団から資金援助を受ける非政府組織(NGO)などのハンガリー国内での活動に制限を加えようと試みた。2017年4月、ハンガリー政府は手始めにCEUを閉鎖に追い込むための法案を国会で通した。法案によれば、EU圏以外の大学は教育機関として登録している国に最低一つのキャンパスを有することが義務づけられた。CEUはアメリカで教育機関として登録されているが、教育をブダペストのキャンパスで行っている。CEUはアメリカにキャンパスを設置しないかぎり、ハンガリー国内で活動を継続できない状況に追い込まれた。4月10日にアーデル大統領が法案に署名した直後、ブダペスト中心部ではCEUの閉鎖に反対する7万人ともいわれる規模のデモが行われた。国内外の激しい批判を前に、ハンガリー政府はCEUの閉鎖を思いとどまっている。だが、今後の状況次第では、CEUがオーストリアなどハンガリー以外への移転を余儀なくされる可能性も十分ある。

　CEUを閉鎖に追い込むための法案の成立以降、ハンガリー政府とソロスとの対立はさらに激しくなった。ソロスはオルバーンとフィデスを「マフィア国家」と非難していた。2017年7月には、ハンガリー政府がソロスを中傷するポスターを市街地に掲示した。

　反ソロスのポスター、写真6には、ソロスの顔写真の横に「ソロスが最後に笑うのを許すな!」と書かれていた。

オルバーンはソロスの財団の支援する難民支援のためのNGOの活動に規制を加え始めた。ソロスを中傷するポスターは反ユダヤ主義を彷彿させるなどの国外からの批判によって、2週間余りで撤去された。

写真6（電子版のThe Guardian, 12.07.2017から）

2017年9月6日、EU司法裁判所がEUによる難民の受け入れ割り当てを不当だとするスロヴァキア、ハンガリーの訴えを退けた。オルバーンは同裁判所の判決に先立ち、欧州委員長ユンケルに対して、自国の国境管理のコストの半額をEUに支払うよう求めた。ユンケルがオルバーンの要求を拒否したことはいうまでもない。

EU司法裁判所での敗訴の後、ハンガリー政府は再び大規模な反ソロス・キャンペーンを始めた。すでに欧州委員会ではダブリン規則の見直しが検討されており、オルバーンは今後もEUの難民の受け入れ割り当てを拒否し続けるために、半年後に行われる総選挙で基本法の改正に必要な3分の2の議席を確保して国内で幅広い支持を得ていることを国外に示そうと考えたのである。そのため、ソロスが大量の難民のヨーロッパへの定住を計画していると、ハンガリー政府は有権者に訴えた。

10月以降、ハンガリーの全国紙『マジャル・ネムゼット』（電子版）に7月と同様のソロスの顔写真に「ソロス計画について声を挙げねば！」と書かれた広告が掲載された。

写真7は、広告の最初のページである。

ハンガリー政府が取りあげた「ソロス計画」とは、以下の7点である。

1. ソロスはアフリカや中東から年間最低100万人の難民を、ハンガリーを含めたEU域内に入れるようブリュッセルに求めている。
2. ソロスはブリュッセルの指導者たちと一緒に、ハンガリーを含むEU加盟国に国

写真7

境防衛のフェンスを撤去して難民を前に国境を開放させようと計画している。

3. 西欧諸国で集めた難民をブリュッセルが強制的に東欧諸国に割り当てるのがソロス計画の一部である。

4. ソロス計画にもとづき、ブリュッセルはハンガリーを含む全加盟国にすべての難民のために一人あたり9百万フォリント(28,000ユーロ)の国家補助を義務づけさせる。

5. ソロスは難民の犯罪行為に寛容な刑罰を科すことをのぞんでいる。

6. ソロス計画の目的は、不法難民の統合を早期にはかるため、ヨーロッパ諸国の言語や文化を隅に追いやることである。

7. 難民の受け入れに反対する国家への攻撃を始めて厳しい罰を科すことが、ソロス計画の一部である。

　先述の広告では、読者に「ソロス計画」の7点についての賛否をクリックして問うようになっていた。ハンガリーに残存する全国紙は、オルバーン政権やフィデス寄りの論調である。かつて社会主義労働者党(共産党)の機関紙だった全国紙『ネープサバッチャーグ』は、オルバーン政権に批判的だった。2016年10月の難民の受け入れ割り当ての是非を問う国民投票が不成立に終わった直後、同紙は地方紙を傘下におさめる企業メディアワークに買収されて休刊した。オルバーン政権は有力な全国紙を事実上の廃刊に追い込んだのである。

　ソロスは世界屈指の富豪といえども、一民間人である。ソロスが難民支援でEU本部に提言したとしても、強制などできないことは明らかである。ハンガリー政府のキャンペーンの内容そのものが誇張であり、常軌を逸した個人への誹謗中傷

であることはいうまでもない。ソロスは11月20日に自身の個人ホームページで上記のハンガリー政府によるキャンペーンの内容を否定した。先述の「ソロス計画」1〜7への反論は、以下のとおりである。

1. 当初、EUは年間100万の難民を受け入れるべきと述べた。その後、状況が変化して、年間30万人だけ受け入れを認めるべきと提案した。

2. EUは国境管理強化のため共通の国境防衛のメカニズムを構築すべきと述べた。

3. EUが加盟国にのぞまない難民の受け入れを強制せず、難民をのぞまない場所へ行かせてはならないと述べた。

4. ハンガリーに難民1人当たり9百万フォリントを負担させるなどと述べていない。EUが年に難民1人当たりの住居、医療、教育のコストとして15,000ユーロを2年に限り支払うべきと主張した。この費用はEUからハンガリーに補助金として支給される。さらに、ソロス自身が個人として5億ドルを難民支援のために負担した。

5. 記述は事実無根である。

6. 記述は事実無根である。

7. 記述は事実無根である。

　2017年9月の欧州司法裁判所の判決後、欧州議会では難民の受け入れ割り当ての履行を促すため、拒否する加盟国に罰則を科すことが審議された。当然ながら、ハンガリーは国家主権の侵害だと激しく反発した。

　2018年に入ると、ハンガリー国内では4月8日の投票へ向けた選挙戦が事実上、始まった。2月には、ハンガリー政府が「ストップ・ソロス」と称するキャンペーンを開始した。具体的には、新たに2種類のポスターを市街地に掲示した。二つのポスターは、それぞれ写真8および9である。

　「ストップ・ソロス」というステッカーが貼られたポスター、写真8には「ソロスが何百万もの難民をアフリカや中東から定住させる」と書かれている。

　もう一つのポスター、写真9では、南部国境のフェンスや鉄条網を切断するための道具を持ったハンガリーの野党の党首、首相候補がソロスを囲む合成写真の

写真8

写真9

写真10

下に「一緒に国境閉鎖を打ち破る」と書かれている。左上から、民主連合党首ジュルチャーニ（元首相）、社会党－対話の首相候補カラーチョニ、左下から「政治のもう一つの可能性」の共同党首セール、ソロス、ヨビック党首ヴォナ。

ポスターには、フィデスが難民問題でつねに批判の矛先を向けてきた左派の野党指導者ばかりでなく、近年、穏健化しつつあった極右政党ヨビックの党首ヴォナまでが描かれている。選挙戦の間、フィデスは野党を「難民の党」、野党の候補者を「ソロスの候補者」と呼び、メディアを通じて有権者に「ハンガリーを移民の国にするな」と訴えた。

さらに、投票日が近づくと、ハンガリー政府は新聞（電子版）の広告で、国連が難民の受け入れを要求していることを取りあげて、難民流入への危機感を煽った。以下の写真10は、全国紙『マジャル・ヒールラップ』（電子版）に掲載された広告（動画）の写真である。動画では、難民の受け入れについて「決めるのはハンガリーだ、国連ではない！」というメッセージが発せられた。

2018年4月の総選挙で、フィデスは3分の2の議席（66.83％）を得た。フィデスの圧勝は野党の分裂によるところが大きい。フィデスは全国リスト（比例代

290

表)92議席のうち49.60％の得票率で42議席にとどまりながら、全国106の小選挙区で91議席を獲得した。しかし、選挙結果から、ハンガリー国内で難民受け入れに対する反対意見が根強いことも明らかとなった。オルバーンは3分の2の議席獲得の結果をもとに、難民問題でEUへの強硬姿勢を崩していない。

　先述のように4期目のメルケル政権ではキリスト教社会同盟党首ゼーホーファーが内相に就任した。7月にゼーホーファーは連立解消の可能性を示唆しながら、メルケルにオーストリア国境付近での収容施設の設置、難民の送還強化などを認めさせた。オーストリアのクルツ政権はイタリア、スロヴェニアとの国境管理の強化を表明した。さらに、6月にイタリアでポピュリスト政党「五つ星運動」と右派政党「同盟」の連立政権が成立すると、内相サルビーニは地中海ルートでの難民の入国を阻止、オーストリアとの国境管理の強化の意思を表明した。EU域内での国境管理強化の動きは、まさにドミノ状態である。フィデスの総選挙での圧勝のみならず、難民にとって西欧への道はさらに険しくなりつつある。

おわりに

　本章では、ヨーロッパの難民問題を、難民の受け入れを拒む立場のハンガリーの動向を中心に論じてきた。2015年の難民危機に際して、ハンガリーは難民の流入を阻止するためにセルビア、クロアチア国境をフェンスや鉄条網で閉鎖した。また、オルバーンはEUによる加盟国への難民の受け入れ割り当てに激しく反発した。オルバーンは難民問題を利用して2018年の総選挙で大勝し、非リベラル・デモクラシーの動きをさらに強めている。総選挙後の5月には、ソロスのオープン・ソサイエティ財団がブダペストからベルリンに移転した。さらに、人権や法の支配の観点から欧州評議会ヴェニス委員会などの国際機関が問題視しているにもかかわらず、ハンガリー政府は6月20日にソロスが資金援助しているNGOの国内での活動を妨害するための「ストップ・ソロス法」を成立させた。同法では、違法移民への支援を行った個人、団体関係者に12ヵ月以下の禁固刑を科すことができる。人の移動は西欧で排外主義的な主張を掲げるポピュリスト政党の台頭のみなら

ず、難民の受け入れ割り当てをめぐってEUの域内での東西対立を生じさせたのである。

　最後に、わが国とグローバルな人の移動について述べる。戦後、日本は一貫して難民の受け入れに慎重な姿勢であり、国内で難民認定を受けることは難しい。シリア内戦の勃発以降、中東やアフリカからの難民は日本を含む東アジアにはあまり流入していない。また、イスラム教徒の定住者人口が少ない日本では、今のところ西欧のような大規模なテロが起きていない。日本国内では、中東やアフリカでの紛争や難民の大量発生に関心が高いとはいえない。にもかかわらず、日本企業の駐在員や紛争地域を取材した日本人ジャーナリストがイスラム過激派に捕らえられて殺害される事件がすでに起きており、わが国はテロと無縁だと言えない。日本国内には、政府（首相）が難民への経済支援を表明したために、イスラム過激派を敵にまわしたという意見すらあった。食糧や医療など人道的な見地から難民を支援することすら、自国の安全のためには認められないと言いたいのだろうか。グローバルな視野を欠いて世界の現実から目を背けたまま平和を語り、自国と関係ない国際問題や安全保障に無関心でいる自己中心的とさえいえる姿勢こそが、わが国の国際社会における立場を悪くすることになるのである。

　近年、人口減少、少子高齢化による人手不足から、日本でも海外からの流入者が急増している。2018年5月30日の『西日本新聞』（電子版）の報道によれば、2015年に日本への流入した外国人は39万人で、日本は世界第4位の受け入れ国となった。今後、日本は外国からの労働力を生活者として受け入れる必要に迫られるだろう。多文化の共生する社会への移行は、将来において避けられない。その際、移民を受け入れてきた西欧の教訓から学ぶべきことは多いだろう。また、今後のわが国をとりまく国際情勢の変化次第で、大量の難民が発生するかもしれない。その場合、長崎県の国境離島がレスボス島と化す可能性もある。何故、ハンガリーや中・東欧の政治家や市民が難民を頑なに拒んだのか、今一度、問い直すべきではないだろうか。

EU に越境する難民の現状と課題　293

イギリスはなぜEU離脱を決めたのか

国際社会学科　笠原　敏彦

　ヨーロッパは20世紀に2つの世界大戦の舞台となった。その反省に立ち、第二次大戦後のヨーロッパでは「二度と戦争を起こさない」という不戦の誓いの下、地域統合が進められてきた。いわゆる欧州統合プロジェクトと呼ばれるものだ。統合は経済、政治、社会などの各分野で段階的に深まり、現在の欧州連合（European Union、EU）は1993年11月に発足した。EUは域内における人、モノ、金、サービスの「四つの移動の自由」を原則にして単一市場を形成し、加盟国が一体となって平和と繁栄を目指すことを特徴とする。グローバル化が進み、国境の垣根がますます低くなる現代世界において、EUは加盟国が協力し合うことで国際社会での影響力、存在感を強める地域統合のモデルとして海外からも注目されてきた。2012年にはノーベル平和賞を受賞し、「欧州の平和と調和、民主主義と人権の向上に60年以上に渡って貢献した」と称賛されている。

　このEUが21世紀の初頭に創設以来初の脱落国を生むことになりそうだ。2016年の国民投票でEUからの離脱を決めたイギリスである。加盟国の拡大と統合の深化を続けてきたEUにとって衝撃的であり、一つの時代を画する出来事となる。

　イギリス国民はなぜ、離脱という重い選択をしたのか。これが本稿のテーマである。そして、その理由を探るとき背景に大きく浮かび上がるのは、グローバル化世界における「主権国家」と「国境管理」という多くの国に共通する悩ましい問題で

ある。グローバル化の最先端を走ってきたイギリスで起こったことは、他国にとって
も教訓となるものだろう。

　イギリスの正式な国名は、「グレートブリテン及び北アイルランド連合王国」と
いうものだ。イングランド、スコットランド、ウェールズ、北アイルランドという4つの
「ネーション（民族的特質を持つ地域）」で構成されるこの国は、スコットランドの独立
問題や、EU離脱後の北アイルランドとアイルランド共和国（EU加盟国）の国境問題
など、国家の枠組みに関わる問題に直面してもいる。

　本稿では、イギリスのEU離脱問題を中心に据えながら、この国の現状から見
えてくる統合ヨーロッパ、グローバル化世界の在り方について考えてみたい。

国民投票の結果と世界の反応

　イギリスがEUへの残留か離脱かを問う国民投票を行ったのは2016年6月23
日だった。投票用紙の質問は「イギリスはEUのメンバーとして残るべきか、それと
も離脱すべきか」というもので、「残留」か「離脱」かどちらのボックスに「×」をつ
けるものだった。投票率は72.2％。その直近の2015年総選挙の投票率は66.4％
だった。有権者の国民投票への関心は高く、キャンペーンは盛り上がりを見せた
と言えるだろう。

　即日開票の結果、翌24日未明（日本では同日昼ごろ）には離脱派勝利の大勢が判
明する。最終結果は、離脱支持が1,741万742票（得票率51.9％）、残留支持が1,614
万1,241票（同48.1％）で、離脱支持が票数で約127万票、得票率で3.8％上回っ
た。大方の予想では残留支持が優勢と見られていただけに、イギリス国内に止ま
らず、国際社会にも強い衝撃が走り、事態は「イギリス・ショック」と呼ばれた。

　イギリス国内では、離脱派がまさかの結果に歓喜する一方で、残留派は経済へ
の打撃、統合欧州から取り残されることへの不安から茫然自失とする光景が各
地に広がった。国際的には、ドイツに次ぎヨーロッパ第2位の経済規模を誇るイギ
リスのEU離脱が世界経済、金融市場に及ぼす悪影響への懸念から株式、金融
市場がパニック状態になったのである。

イギリスはなぜEU離脱を決めたのか　　295

また、ヨーロッパで最強の軍事力と外交力を誇るイギリスのEU離脱は、アメリカとともに第二次大戦後のリベラルな国際秩序の形成に大きな役割を果たしてきたEUを弱体化させ、国際政治を不安定化させるとの見方も広がった。世界を見渡すと、共産党独裁体制の中国が国際社会での存在感を急速に強め、権威主義的なロシアがウクライナのクリミア半島を力づくで併合（2014年）するなど、アメリカ中心の国際秩序の在り方に反発する「リビジョニスト（現状変革）国家」の勢いは増すばかりだ。イギリスのEU離脱は、世界を一層混迷させる新たな不安材料と映ったのである。

　国民投票のキャンペーン中、アメリカのバラク・オバマ米大統領やドイツのアンゲラ・メルケル首相ら各国の政治指導者らは直接的、間接的にイギリスの有権者に対し残留を働きかけていた。また、国際通貨基金（IMF）や世界銀行などの国際機関は、EUを離脱した場合に想定される多大な経済的損失を警告することで、残留派のキャンペーンを側面支援していた。その様子はまさに、国際的なエスタブリシュメント（既存体制を支えるエリート）層が総がかりでイギリスのEU離脱を食い止めようとするものだった。

　しかし、イギリス国民の選択は、EUからの離脱だった。

　世界の多くの目には、イギリス国民の選択は政治的、経済的合理性を無視した「崖から暗闇へ飛び降りる行為」に映り、その投票行動に首を傾げたのである。

　ここで一つの問題提起を行いたい。

　考えてみたいのは、国際社会はなぜ一様にイギリスのEU離脱という投票結果に否定的な反応を示したのだろうか、ということである。こうした反応は、「残留＝正解」「離脱＝誤り」という評価を前提にするものだろう。しかし、果たしてそう言い切れるのだろうか。

　筆者には、イギリスのEU離脱は21世紀初頭の国家統治と国際秩序、グローバリゼーションの「歪み」を反映した結果にほかならないように思える。市場が政治を動かし、短期的な経済的利益の観点から価値判断がなされる傾向が強まる中で、イギリス国民はより本質的な政治的決断をしたのではないかということである。

こう問題提起をした上で、イギリスが国民投票を行うことになった経緯からみていきたい。

国民投票への経緯

イギリスのデービッド・キャメロン首相が国民投票の実施を約束したのは2013年1月のことだった。当時のイギリスは、大陸欧州からの二つの脅威に直面していた。

一つは、欧州債務危機である。これは、ギリシャ政府の財政粉飾決算に端を発したものだ。2008年9月にアメリカの大手投資銀行「リーマン・ブラザース」が経営破綻したことに伴う世界金融危機（リーマン・ショック）とも絡み合って深刻化し、単一通貨ユーロの信用低下を招いた複合的な経済危機である。通称、ユーロ危機とも呼ばれる。

ギリシャの粉飾決算は政権交代に伴い表面化したものだった。パパンドレゥ新政権は発足直後の09年10月、前政権が財政赤字を大幅に誤魔化していたことを公表する。これを受け、格付け会社がギリシャ国債の信用度の格付けを引き下げた。ギリシャはユーロ加盟国であることから、ユーロの価値が急落して危機の連鎖が広がり、ヨーロッパの金融システムを揺るがすことになった。

ギリシャの問題は、ドイツなどの経済強国に支えられたユーロの高い信用力を利用して自国の経済力に見合わない借金をし、放漫財政を続けてきたことだった。ユーロ危機は2010年以降、ギリシャを震源にポルトガル、アイルランド、スペイン（4ヵ国の頭文字をとってPIGSと呼ばれる）などへ波及していた。イギリスはユーロには参加していないが、ユーロ危機をめぐるEUの対応の混乱ぶりは欧州懐疑派を勢いづかせていく。欧州懐疑派とは、EUと距離を置こうとする人々である

もう一つは、EU域内からイギリスへ仕事などを求めて流入する移民の急増である。移民問題は後に詳述するが、当時はEUに新規加盟を果たした東欧諸国から高賃金、手厚い社会保障給付などを求めて大量の労働移民がイギリスへ流れ込んでいた。東欧諸国のEU加盟により、加盟国間の経済格差が大きく拡大し

イギリスはなぜEU離脱を決めたのか　　297

たことに伴う新たな現象である。それまでは問題にならなかったEU域内の自由移動の原則が大きくクローズアップされることになる。

イギリスでは、ユーロ危機と労働移民急増という二つの問題を前に反EU感情に火がついていく。そして、そのことが政治にも重大な影響を及ぼし始めるのである。

イギリス下院では与党・保守党の欧州懐疑派が2011年11月にEU離脱の是非を問う国民投票の実施を求める動議を提出し、キャメロン政権に揺さぶりをかけていた。保守党内には、政治、社会統合を深化させるEUに反発する欧州懐疑派と親EU派の対立があり、欧州懐疑派が勢いを増していく。保守党にとって、欧州統合プロジェクトは党内分裂をもたらすアキレス腱であり続けてきた。その象徴的な出来事がマーガレット・サッチャー首相の1990年11月の辞任劇であり、これも欧州統合問題をめぐる党内対立が大きな要因だった。

また、EU離脱を掲げる右翼政党「英国独立党(UKIP)」が国民の反移民、反EU感情を煽って党勢を急速に伸ばし、保守党の支持基盤を大きく浸食し始めていた。

UKIPは1993年に創設された新興政党だ。このころ、欧州統合プロジェクトは従来の経済中心路線から、政治・通貨・社会統合へ向けて大きく舵を切り、EU創設を決めたマーストリヒト条約が1992年に締結されている。UKIPはこの動きに反発して生まれた政党である。カリスマ性を持つナイジェル・ファラージ党首の下で、反移民を前面に押し出してEU離脱を訴え、党勢を拡大。2014年の欧州議会選挙では27.5％の得票率を得て二大政党の保守党と労働党を押さえ、第1党の座を占めるに及んだ。欧州議会は、加盟国から議員が選出されるEUの議会である。有権者の欧州議会選挙への関心は高くないが、いわゆるポピュリズム政党であるUKIPの躍進ぶりは既成政党にとって脅威となっていく。

こうした情勢に危機感を強めたキャメロン首相が打ち出したのが、EU離脱の是非を問う国民投票を実施するという約束である。事態がコントロール不能になる前に反EU感情のガス抜きを図り、保守党内の欧州懐疑論とポピュリズムの増殖の芽を摘む狙いがあった。また、EU加盟の是非というような一大政治課題は、

国民投票のような形で明確に決着をつけなければ問題が尾を引き続け、イギリスを不安定化させるという懸念もあった。

キャメロン首相は離脱決定後、「後悔はしていない。ギリスの政治が先延ばししてきたEUとの関係をはっきりさせる必要があった」と語り、国民投票を実施したことを正当化している。

イギリスにとって国民投票とは

イギリスにおいて国民投票は「裏技」的な政治手法である。法的な位置づけがあいまいであり、キャメロン首相は必ずしもやる必要のない国民投票を実施したのである。どういうことか。

議会制民主主義を育んだイギリスは議会主権の国である。立憲君主制ではあっても、国民から選出された議会が最高位の統治権限たる主権を有する。「主権在民」を基本とする近代民主主義国家では異例の制度だろう。この国で直接民主主義的な手法である国民投票を実施する際は個別に法律を制定することになるが、その結果は諮問的な位置づけとなり、法的拘束力は持たないとされる。厳密な法律論争を行えば、国民投票の結果と議会の判断のどちらが優先されるかは微妙な問題なのである。しかし、一端国民投票を行ってしまえば、「常識」としてその結果は尊重されなければならない。このことが、国民投票で結果が出た後に議会で再び争点化することになる。

それはさておき、イギリスが国民投票を行ったのは今回で3度目である。1回目はウィルソン労働党政権下の1975年に実施されたＥＣ（欧州共同体、EUの前身）残留の是非を問う国民投票であり、2度目はキャメロン連立政権下の2011年に実施された議会下院の選挙制度（小選挙区制）改革の是非を問う国民投票である。

そして、過去3回の国民投票には特異な共通点がある。いずれも、当時の首相が改革ではなく、現状維持への国民のお墨付きを得るために実施したものであることだ。

2011年の国民投票は、選挙制度改革に断固反対するキャメロン首相の与党・

イギリスはなぜＥＵ離脱を決めたのか　299

保守党が連立政権のパートナーである自由民主党の強い要望を受けて実施したもので、投票キャンペーンでは保守党が改革反対、自由民主党が改革支持を訴えるという異例の展開になった。

結果を見ると、75年の国民投票ではEC残留支持が64.5％、選挙制度改革の国民投票では反対が67.9％に及び、いずれも首相側の狙いが達成された形になっている。

日本では、自由民主党が憲法改正に向けて憲法改正案をまとめ、その是非を問う国民投票の実施を目指す。これに対し、イギリスの国民投票は、一般にイメージされる制度・現状の変更を目的とした国民投票とはベクトルが逆なのである。大きな問題が浮上したとき、時の政権が現状維持で論争に終止符を打つために国民投票を利用することが繰り返されてきたのである。保守的なイギリスらしい、国民投票の活用と言えるかもしれない。

そして、こうした国民投票の在り方が、EU離脱国民投票で後に大きな問題を引き起こすことになる。なぜなら、国民投票を発議したキャメロン首相はEU残留を目指しただけに、イギリスがいかにEUを離脱し、新たなEUとの関係をどう築くのか、その「青写真」が存在しなかったのである。本来なら離脱派が提示すべきものだが、離脱派は寄せ集めの勢力に過ぎず、責任を持ってEU離脱計画を提示する基盤も、義務もなかったからだ。

だから、国民投票で問われたのは残留か離脱かという点だけであり、このことが国民投票での離脱決定後にイギリスに大きな混乱と、新たな対立を引き起こすことになるのである。

イギリスの国内事情

ここで、キャメロン首相が国民投票の実施を約束した政治的打算についても触れておきたい。国民投票の実施には、「2015年の次期総選挙で保守党が勝利した場合」という前提が付けられていた。すなわち、保守党に票を呼び込むための選挙戦略でもあったのである。

イギリスでは、1997年の総選挙でトニー・ブレア党首率いる労働党が「ニュー・レーバー（新しい労働党）」を掲げて地滑り的勝利を収めて以降、保守党は長期に渡って野党の立場に甘んじてきた。保守党は2010年総選挙で13年ぶりに政権に返り咲く。しかし、選挙の結果は、下院定数650のうち、第1党となった保守党307、労働党258、自由民主党57などと続き、どの政党も単独過半数に届かない、いわゆる「ハング・パーラメント（宙づり議会）」の状態だった。完全小選挙区制に基づく二大政党制のイギリスでは1974年以来、36年ぶりという珍しい結果だった。

政権樹立に向けた連立交渉は、保守党、労働党、自由民主党が入り乱れる形となり、難産の末に誕生したのが、保守党とリベラル色の強い自由民主党という政治路線の異なる政党による連立政権だった。イギリスで連立政権が誕生したのは戦後初めてである。

この際、保守党と自由民主党の連立合意で導入されたのが議会の任期を5年間に固定する「議会任期固定法」（2011年9月成立）である。連立政権のジュニア・パートナーとして弱い立場にある自由民主党が、首相の政治的思惑による解散権の行使を防ぐ狙いもあり導入されたもので、これにより、次の総選挙は2015年5月7日と早々と決まっていた。

国民投票の実施が約束されたのはこうした政治状況下においてであった。キャメロン首相は、EU移民問題やユーロ危機を受けて過熱し始めていたEU離脱問題を先送りすることで、保守党内の対立悪化とUKIPの党勢拡大を抑止し、次期総選挙で保守党の単独政権を実現することを狙ったのである。

キャメロン氏には当然、国民投票を無難に乗り切れるという皮算用があった。当時の世論調査では、EU離脱を望む声はまだ強くなかった。また、1975年のEC離脱国民投票では残留支持が67％にも及んだという経緯もあった。

しかし、キャメロン首相が描いた楽観的なシナリオはその後、大きく狂うことになるのである。

イギリスはなぜEU離脱を決めたのか　301

狂ったキャメロン首相のシナリオ

　キャメロン首相が国民投票を約束して以降、ヨーロッパは新たに2つの大きな危機に見舞われる。EU域外からの大量の難民流入と大規模なテロの続発である。そして、一部のテロリストが難民に紛れてEU域内に密入国していたことが判明し、難民とテロの問題は一体化、EUの域外との国境管理問題がクローズアップされることになる。

　ヨーロッパには2015年に100万人を超える難民・移民が奔流となって押し寄せ、世界を驚かせた。ヨーロッパにとって、難民・移民の流入問題はここに始まった話ではない。冷戦終結後、より豊かな生活を求めてアフリカ大陸などから地中海を越えて密航を図る移民の問題は大きな社会問題化していた。しかし、2015年の事態では、内戦が激化していたシリアからの難民が約半数を占め、アフガニスタンやイラクなどからの人々も多かった。

　保護すべき難民と豊かさを求める経済移民（不法移民）を区別することは容易ではなく、特に人道主義を重んじるヨーロッパの自由民主主義国では頭の痛い問題となっている。難民とは、戦争や弾圧、迫害の恐れなどから母国を追われ、国際法で保護が義務付けられている人々である。そして、こうした難民と不法移民がヨーロッパを目指す大動脈となったのが、トルコから海を渡ってギリシャに入る「バルカン・ルート」である。

　ギリシャは国境審査なしでEU域内を自由に移動できる「シェンゲン協定」の加盟国であり、難民らはバルカン・ルートで一端ギリシャに入り、より豊かなドイツなどヨーロッパ北部の国々を目指したのである。こうした状況下、EU内では難民受け入れをめぐり大きな対立が生じる。ドイツのメルケル首相が積極的な受け入れを示す一方で、バルカン・ルート沿いのハンガリーなど東欧諸国は難民受け入れを断固拒否する姿勢を見せ、難民の押し付け合いのような状況が生まれる。難民危機はまさに、難民を受け入れるヨーロッパ側の結束を揺るがす危機へ発展していくのである。

　難民危機に続いて2015年のヨーロッパを震撼させた出来事が、11月13日に起

きたパリ同時多発テロだ。この事件は、過激組織「イスラム国(IS)」の影響を受けた若者らが武装してパリの劇場やカフェ、スタジアムなどを襲い、130人もの犠牲者を出した。これはヨーロッパにとって二つの点で衝撃を与えた。一つは、テロ実行犯の中にシリア難民に紛れてEU域内に密入国した者が含まれていたことだ。シェンゲン協定が悪用されたのである。もう一つは、実行犯には、ヨーロッパで生まれ育った移民の子どもたちのテロリスト、いわゆる「ホームグローン(欧州育ち)・テロリスト」が多かったことである。　こうしたテロは翌16年3月には死者35名を出すブリュッセル同時多発テロなどでも繰り返され、難民・移民問題に対するEUの人々の危機認識を深刻化させていくのである。

　一連の出来事は、EUが域外との国境管理を疎かにしたまま、域内での「開かれた国境」という理想に突っ走った結果生じたものだ。そこに浮かび上がるのは、欧州統合プロジェクトの理想の追求にばかり目を奪われ、危機対処、管理能力が欠如したEUの姿だった。事態は、ヨーロッパ各国で反EU・移民を掲げるポピュリスト政党の台頭に拍車をかけ、イギリスでも国民の間にEU懐疑論を強めていく結果を招くのである。

EUの現状と課題

　EUは当時、創設以来、最大の危機にあった。ユーロ危機の発生以降、経済はほぼゼロ成長が続き、域内の失業率は10％近くまで上昇し、ギリシャ債務危機という爆弾も抱え込んだままだった。そこに追い打ちをかえるように起きた未曽有の難民危機と大規模なテロの続発。調査機関「ピュー・リサーチ・センター」が2016年春に英仏独など欧州の主要10ヵ国で行った世論調査では、EUに好意的な意見を持つ人は51％しかいなかった。

　EUはまさに漂流する超国家組織だった。さらに深刻なことは、EUを蝕む要因は「外からの危機」だけではなかったことだ。むしろ、内部に蓄積され、放置されてきた矛盾の拡大こそが、ヨーロッパの人々のEU懐疑論の基底をなしているのである。それは、民主主義の原則に反する形で権限を拡大してきたEUの統治制度

の在り方であり、いわゆる「民主主義の赤字」と呼ばれる問題である。

　欧州統合プロジェクトを簡単に振り返っておこう。第二次大戦後の欧州統合はフランスと西ドイツを軸に進められ、1952年の「欧州石炭鉄鋼共同体（ECSC）」でスタートした。これは、戦争の主な原因が石炭や鉄鉱石などの資源をめぐる争いにあるとの認識に立ち、資源を共同管理することで紛争の種を断つこと狙ったものだ。その後、1957年のローマ条約で欧州経済共同体（EEC）が設立され、1967年にはEECやECSCなどが統合され、共通市場を形成する「欧州共同体（EC）」が発足。冷戦終結後の1992年に締結されたマーストリヒト条約で、政治、通貨、社会の統合を一層推進する現在のEUが設立された。統合推進派は、EUをアメリカのような連邦制に近い「ヨーロッパ合衆国」へ導くことを構想していた。

　この流れの中で、EUは超国家組織として、行政・司法・立法の三権から成る主権国家に似た統治構造の構築を目指していく。統治の基本構造としては、加盟国の首脳が参加するEU理事会を最高意思決定機関とし、行政府に相当する執行機関・欧州委員会と立法府に相当する欧州議会、司法府に相当する欧州司法裁判所を置く仕組みになっている。統治構造は徐々に機能強化が図られ、理事会の常任議長を選出して「EU大統領」と位置づけ、EUの共通外交・安保政策の調整を担う「EU外相」のポストも設けている。言うまでもなく、EUの統治機能の強化とは、加盟国が主権の一部をEUに移譲することで成り立っているものである。

　しかし、その実態は、選挙の洗礼を経ていないEU本部（ベルギーの首都ブリュッセル）のエリート官僚らが巨大な権限を握って政策や規則を決め、加盟国はそれに従わなければならない、というものである。欧州議会は加盟各国の選挙で選ばれるものの、独立した立法権はなく、その権限は限定的である。また、期待感の薄さを反映して各国の投票率は極めて低いのが現状である。ちなみに2014年の欧州議会選挙の投票率はわずか43％に止まっている。

　EUが取り決めた規則は2万にも上るとされる。以前は加盟国の国民にとってEUは遠い存在だったが、マーストリヒト条約後は統合が社会生活面にも及び、そ

304

の規則は庶民の日常生活にも影響を与えるようになる。こうして、EUが市民に身近な存在となった分、難民危機やユーロ危機などの問題が起こると、「権限を握る官僚」「現場を知らないエリート官僚」「高給で特権を享受する官僚」への市民の反発が高まるのである。

EUの統治制度の問題点を突き詰めれば、民主主義を担保するための「説明責任」がどこにあるのか、その所在があいまいであることだ。例えば、主権国家においては有権者が政権に不満を持てば、投票行動で示せる。しかし、EUの統治システムでは欧州議会の選挙結果は政策を決める執行機関に直接的な影響は与えないのである。また、EUの法律や規則に関わる事柄につては、加盟国の最高裁判所よりも上位に欧州司法裁判所が位置付けられていることも欧州懐疑派の不満の原因となっている。

イギリスでは、議会制民主主義を育んできたという自負もあり、EUの非民主主義的な在り方への批判が特に強いようである。成文憲法を持たず、慣習法を尊重するイギリスは、法制度的にも大陸欧州諸国とは異なる。こうしたことから、国民投票のキャンペーンでは、離脱派から、EUによる「法的植民地化」（ボリス・ジョンソン氏）だという反発さえ出ることになるのである。

「改革したEU」に留まるというキャメロンの選択

EUへの逆風が強まる中、キャメロン首相も漫然と国民投票に臨んだ訳ではない。キャメロン首相の対EU姿勢は「イギリスは『改革したEU』に留まる方がより強く、安全で、豊かになれる」というものだった。EUの現状を決して肯定していた訳ではなかった。

キャメロン首相は2013年1月23日の演説で、国民投票の実施前に改革を求めてEUとの交渉を行うと表明し、一部の権限をEUから取り戻すことを約束していた。キャメロン首相は、交渉によりEU改革を実現した上で国民投票に臨み、その成果を前面に掲げてEU残留を国民投票に呼びかけるという明確な戦略を描いていたのである。EUの現状を否定する姿勢は、EUとの交渉が満足いく結果に

イギリスはなぜEU離脱を決めたのか　305

ならなかった場合、離脱派に勢いを与えかねないリスクを伴うものだった。

　キャメロン首相が目指したEU改革の主なポイントは次のようなものだ。EUの規制を緩和して経済競争力を強化する▽官僚主義的体制が批判されるEUの説明責任を高める▽EU域内の移民規制を厳しくする▽イギリスをEUの目標である「より緊密な連合」(ever closer union)から除外する▽ユーロ加盟国の意思決定により非ユーロ国に不利益が及ばない仕組みを作る。

　キャメロン首相の保守党は2015年5月の総選挙に勝利し、単独政権を成立させた。国民投票実施の約束が功を奏した形である。この選挙での勝利を受け、キャメロン首相は同年6月のEU首脳会議で具体的なEU改革案を提示し、交渉が始まった。その中で、キャメロン首相は国民に対し、EU改革で合意が達成されれば、国民投票のキャンペーンではイギリスのEU加盟継続に向けて全力を尽くす姿勢を繰り返し強調していた。

　交渉がまとまったのは2016年2月のEU首脳会議だった。同18日から19日にかけて30時間にも及んだ最終交渉の末、主に以下の4点で合意した。「より緊密な連合」の原則はイギリスには適用されない▽緊急時にはEU域内からの移民への社会保障給付を4年間制限できる▽EUは規制緩和へ努力する▽ユーロ圏の意思決定によりユーロ非加盟国が経済的な不利益を被らないことを保障する。キャメロン首相は、EU改革で大きな譲歩を引き出したとアピールした。焦点は、イギリス国民やメディア、議会がこのEU改革案をどう受け止めるかであった。そして、改革案への全体的な評価は「実態は何も変わらない」などと芳しいものではなかった。

　調査会社「YouGov(ユーガブ)」が実施した世論調査の結果では、合意内容について「改革は十分ではない」が思う層が56%を占め、「良い内容」だと思うのは22%に止まった。また、キャメロン首相は「悪い合意をした」と思う層が46%、移民問題では「何も変わらない」が54%、「移民は減少する」と回答したのは31%に止まった。

　さんざんな評価だろう。EU改革での合意を御旗に与党・保守党の結束を図

り、EU残留への国民の支持を得ることを狙ったキャメロン首相の思惑は外れたのである。

　EU改革案での合意を受け、議会下院の動きも活発化する。国民投票までに、下院(定数650)議員のうち479人が残留支持を表明した。

　しかし、焦点の保守党議員を見ると、329人中185人が残留を支持する一方、138人もの議員がキャメロン党首の意思に反して離脱支持を表明したのである。保守党議員の残留支持と離脱支持の割合はほぼ6対4となり、この数字だけを見てもEU問題をめぐる保守党の亀裂の深さは明らかである。

　一方、労働党議員では232人中222人が残留を支持し、離脱支持を表明したのは10人に止まった。

　国民投票はある意味で、保守党による保守党のための国民投票だったのである。

　保守党議員の離脱派には、ロンドン市長のボリス・ジョンソン氏(下院議員を兼務)やイアン・ダンカンスミス元同党党首らのほか、マイケル・ゴーブ司法相ら現役閣僚6人が含まれた。キャメロン内閣の閣僚からも離脱支持者が出たのは、首相が国民投票キャンペーンにおける「内閣連帯責任」の拘束を解き、自由意思に任せたからである。

　こうして離脱派の勢いは、キャメロン氏の予想を越えるものとなっていった。特に、アピール力と高い人気を誇るジョンソン氏や参謀的能力に長けたゴーブ氏が離脱キャンペーンの中核的存在となったことは、キャメロン首相にとって大きな打撃だった。残留支持か、離脱支持か。その動向が注目されていた政界の二人の大物がキャメロン氏と袂を分かち離脱派に回ったことは、投票の行方に大きな影響を及ぼすことになるのである。

キャンペーンでは何が争われたか

　EU改革案での合意を受け、イギリス政府は2月20日、国民投票を6月23日に実施することを正式に発表した。これを以って、事実上のキャンペーンが始まり、

イギリスはなぜEU離脱を決めたのか　　307

キャメロン首相を中心とする残留派は主にEUの単一市場を失うことによる「経済的な損失」の深刻さを訴え、ジョンソン氏らを中心にした離脱派は主に「EU移民問題の悪影響」を強調する展開になっていく。

キャンペーンでは選挙管理委員会が両派の各一団体を公認組織に指定した。残留派の公認組織「Britain Stronger in Europe（ヨーロッパの中でより強くなるイギリス）」と離脱派の公認組織「Vote Leave（離脱に投票しよう）」はともに党派横断的な組織となった。これに加え、離脱派では右翼政党UKIPのファラージュ党首が率いる組織「Leave.EU」が「Vote Leave」とは一線を画した運動を行う。

島国であるイギリスにとって、大陸欧州との距離感の保ち方は歴史を通した課題であり続けてきた。かつて世界の四分の一を支配した大英帝国への誇りから、イギリス人は国家意識が強く、欧州問題は感情的なレベルへ昇華しやすい。こうした事情を背景に、国民投票は残留派と離脱派が相互に非難合戦を強めるネガティブ・キャンペーンの色を濃くしていくのである。

離脱派は「権限を取り戻そう（Let's take back control）」をスローガンに掲げた。最大の焦点に据えた移民問題では、人の自由な移動を原則とするEUから離脱し、「国境管理」の権限を取り戻そうという意味になる。離脱派の運動で大きな論争を引き起こしたのが、「イギリスはEUに毎週3億5,000万ポンド（約525億円）の拠出金を支払っている」という主張だ。離脱派はこのお金を取り戻して「国民医療サービス（NHS）」の改善に使うことを訴え、このメッセージをでかでかと記した赤いキャンペーンバスをイギリス各地へ巡回させた。

NHSは「揺りかごから墓場まで」で知られる戦後イギリスの福祉制度の根幹をなす無料の医療制度で国民が誇りとしてきたものだ。しかし、近年は財源不足からサービス低下への国民の不満が高まっており、離脱派は国民心理を巧みに利用するキャンペーンを展開したのである。

残留派はこの主張を意図的なデマ、大ウソだと厳しく非難した。なぜなら、イギリス政府はこの拠出金からリベート（払い戻し）や補助金を受けているからだ。残留派は実際の拠出金は「毎週1億5,000万ポンド程度だ」と主張していたが、UKIPの

ファラージュ党首は投票後に事実上、残留派の主張を認めることになる。

　離脱派は他にも、トルコなど5ヵ国が2020年にもEUに新規加盟して500万人の移民がイギリスに押し寄せてくる可能性があるという根拠の薄い主張を行い、反移民感情を煽った。

　離脱派が移民問題に焦点を当てたのは、世論調査が示す国民の懸念に沿うものだった。YouGov社の2015年12月の調査では、イギリスが直面する課題として、63％が移民問題を挙げ、医療の39％、経済の33％を大きく引き離していた。移民問題は最大の国民的関心事だったのである。

　一方で、残留派は共通市場という経済的メリットを持つEUからの離脱は「暗闇でジャンプするようなものだ」と訴え、離脱に伴う経済的リスクに焦点を当てた運動を繰り広げた。キャメロン首相の盟友であるオズボーン氏が率いるイギリス財務省は「EUを離脱すれば各家庭は毎年4,300ポンド（約64万5,000円）の損失を被り、2年で50万人が職を失う」という予測を発表した。

　また、世界の経済秩序維持に関わる国際機関も次々と離脱に伴う「巨大な損失」を警告し、残留派を援護した。経済協力開発機構（OECD）は「イギリスの2020年のGDPは3.3％減少する」「労働者は2020年までに1ヵ月分の給与を失う」とし、IMFは「投票から1年以内にイギリスの平均的な家庭は暮らし向きが少なくとも240ポンド（約3万6,000円）悪くなる」「離脱はヨーロッパと世界の経済に深刻なダメージを与える」などと主張した。

　また、オバマ米大統領が投票約2ヵ月前の4月下旬に訪英し、キャメロン首相の残留キャンペーンを援護する場面もあった。オバマ大統領は、離脱派がEU離脱後にアメリカと自由貿易協定（FTA）を結ぶと訴えていたのに対し、イギリスは交渉順番で「列の最後尾に並ぶことになる」と突き放したのだった。

　残留派が経済リスクを前面に押し出したのは、キャンペーンのターゲットに絞った態度未定の有権者には「心では離脱支持だが、頭では残留支持」という層が多いとする調査結果に基づくものだった。そして、こうした経済リスクを警告するキャンペーンに対し、離脱派は有権者を脅す「恐怖プロジェクト」だと反撃を強めた。

イギリスはなぜEU離脱を決めたのか　　309

興味深いのは、残留派と離脱派のどちらのキャンペーンを有権者はよりネガティブだと受け止めたかという世論調査の結果だ。「YouGov」社が投票日の迫る6月第1週に行った調査では、「より恐怖を煽っているのはどちらか」という問いに対し、41％が残留派、28％が離脱派と回答。「どちらが庶民の関心をより良く理解しているか」の問いでは、46％が離脱派、30％が残留派と答え、さらに41％が「残留派はエスタブリシュメント（体制派）を代表している」との認識を示している。

　残留派キャンペーンによる経済リスクの警告が、エスタブリシュメント層からの「脅し」と受け止められ、逆効果となった面も否定できないようである。

　離脱支持の保守系デーリー・テレグラフ紙に掲載された読者の次のような声がその国民感情の一部を代弁している。

　「離脱がそれほど重大な結果を生むなら、キャメロン首相はそもそもなぜ国民投票をするのか」「有権者はバカではない。離脱に伴うリスクは理解している。しかし、我々は脅されて残留に投票したりはしない」

　一方で、移民問題にフォーカスした離脱派のキャンペーンにとって、欧州難民危機やパリやブリュッセルでの大規模なテロが追い風になったことは言うまでもないだろう。

焦点となった移民問題

　ここで改めて説明しておきたいのは、イギリスにとっての移民問題とは、シリアなどからの難民危機とは別次元の問題だということだ。反EU派が問題視しているのは、EUが2000年代中盤に東欧諸国へ拡大したことにより急増したEU域内からの移民である。

　これは、域内自由移動の原則に基づき、より良い労働条件を求める「労働移民」と捉えればよりイメージし易いだろう。ポーランドやバルト諸国などEU加盟国からのイギリスへのこうした移民は、2004年〜2015年までの11年間で100万人から300万人へと3倍に増えている。

　背景には、イギリスが移民に対して相対的に寛容であったという逆説的な事情

がある。EUが2004年に東欧など10ヵ国を新規加盟させた際、既存の加盟国は新規加盟国からの移民に対し最長7年間の就労制限を認められた。ほとんどの加盟国がこの権利を行使する中、イギリスのブレア労働党政権は新規加盟国からの移民に門戸を開放する政策を取ったのである。

　キャメロン首相は2010年の連立政権発足時に移民の規模を「年間数万人」に抑えると公約したが、2015年のイギリス（人口約6,500万人）における移入数から移出数を差し引いた純移民増は36万人にも及んだ。うち、EU域内からの移民は18万4,000人。その規模は、大学都市として知られる英南部オックスフォードを優に超えるものである。留意すべきはEU域外からの移民・難民とEU移民では、受け入れ国の負担が大きく異なるということである。

　EUは、域内移民への社会保障給付などについて、受け入れ国が自国民と同等に扱うことを定めている。移民の視点で見れば、EU内で経済発展が遅れている東欧諸国からイギリスなど先進国へ移動すれば経済的な恩恵が大きいということである。自国民と同等に扱うべき移民が1年間で18万人も増えることのインパクトは想像に難くないだろう。イギリスでは、大陸欧州諸国とは異なり、EU域外からの難民・不法移民の問題はEU移民ほど大きな論争となってこなかったが、その理由がここにある。

　そして、この欧州移民を賃金が安くても働く「都合の良い労働力」としてメリットと見るか、それとも社会的緊張を高める「招かざる客」と見るかは、それぞれの国民が置かれた立場によって異なる。言うまでもなく、経営者や雇用主、EU移民を消費者として見るビジネスサイド、日常的に接触のない富裕層にとっては、メリットではあっても問題とはならない。一方で、欧州移民と雇用や公共住宅の確保などで競合する労働者や低所得者層、移民の子どもを多く受け入れる学校教育現場、同化が進まない移民層を抱え込む地方のコミュニティなどでは、反移民、反EU感情が高まることになるのである。

　反EUの国民の目には、自らが直面する問題はEUに加盟していることが引き起こしているのだと映るのだろう。EU移民の急増は、国境管理という主権をEU

イギリスはなぜEU離脱を決めたのか　311

に移譲したことに伴う「国家の無力さ」「将来への不安」を身近に感じさせるのである。こうした国民の不満、不安を前に、離脱派は不安を煽るキャンペーンを展開した。一方で、キャメロン首相ら残留派は、EUを離脱することのリスクを訴えながらも、国民の関心事である移民問題にどう対処するのかという具体策を示すことができなかった。

残留派キャンペーンは、EU移民問題の現状認識と戦略策定において失敗したのである。

ちなみに、ブレア労働党政権は2007年1月にEUに新規加盟したルーマニアとブルガリアに対しては7年間の移民制限措置を行っている。2004年にEUが東欧へ拡大した際の門戸開放政策が「失敗」だったと暗に認めた形である。

歴史に「イフ」はないが、イギリスが2004年に他のEU加盟国と同様に新規加盟国からの移民制限を行っていれば、イギリス国民のEU離脱という選択はなかったかもしれない。イギリスは基本的に「開かれた国」である。しかし、行き過ぎた開国が結果的にイギリスのEU離脱を導いたのなら、何という皮肉であろうか。

英国と大陸欧州の心理的な溝の深さ

国民投票のキャンペーンではEU移民問題がクローズアップされた。しかし、イギリスがEU離脱を決めた要因を検討する際、より広い文脈で捉える必要がある。イギリスと大陸欧州の間に走る、歴史的に蓄積されてきた心理的なフォルトライン（分断線）である。それはイギリスでよく知られた次のエピソードが象徴する。20世紀前半に英仏海峡に濃霧が発生した際、イギリスの大手紙が「海峡に霧。大陸が孤立」と報じたというものだ。真偽は別にして、この倒錯的感覚はイギリス人の大陸欧州への心情を表すものだ。

やや誇張すれば、イギリス人にとって大陸欧州とは歴史的に悪いニュースがやってくる震源であり続けてきた。過去100年を振り返れば、近年のユーロ危機や難民危機は言うに及ばず、共産主義やファシズム、二つの世界大戦、東西間に「鉄のカーテン」（ウィンストン・チャーチル首相）が降ろされた冷戦などと続く。

そもそも、欧州統合プロジェクトに向き合う姿勢自体がイギリスと大陸欧州諸国では大きく異なる。このプロジェクトは二度の世界大戦の反省から、ヨーロッパを再び戦争の舞台としないという不戦の誓いに基づきスタートしたことは先に述べた。欧州統合は欧州石炭鉄鋼共同体（ECSC）という経済プロジェクトとして始まったが、政治的色彩が濃いものであり、その根幹にあるのは「主権国家は諸問題の解決に失敗した」という大陸欧州諸国の反省である。一方で、イギリス国民にとって世界大戦の記憶とは、戦争を引き起こしたドイツなどにイギリスが立ち向かった「正しい戦争」であり、その戦争に勝利してヨーロッパと民主主義を救ったというプライドはあっても、負い目はない。まさに、チャーチル首相が第二次世界大戦でナチス・ドイツの侵攻を前に国民の戦意を鼓舞した名演説「ファイネスト・アワー（最良の時）」として記憶されるものなのである。

　だから、イギリスはECSCへの参加は拒否している。その後、統合プロジェクト参加へ姿勢を転換することになったのは、大英帝国が落日を迎え、経済的に疲弊する現実を前に新たな成長戦略を必要としたからである。イギリスは1961年にマクミラン保守党政権下で初めてEECに加盟申請するが交渉は決裂し、3度目となったヒース保守党政権下での申請で1973年にECへの加盟を果たした。イギリスにとって統合プロジェクト参加はあくまで共通市場のメリットを得るためだったわけである。

　だから、イギリスは欧州統合の二大偉業とされる単一通貨ユーロにも、国境審査を廃止するシェンゲン協定にも参加することを拒否し、「特別な地位」を享受してきたのである。

不穏なムードに包まれた投票前のイギリス

　EU離脱国民投票は、世論調査の結果が接戦を示す中、ネガティブ・キャンペーンの色合いを一層濃くしていく。残留派は「離脱に伴う経済的リスク」を、離脱派は「移民増大の悪影響」などの主張を強め、双方が「でたらめを言うな」と非難合戦をエスカレートさせていた。

イギリスはなぜEU離脱を決めたのか　　313

エスカレートするキャンペーンはイギリス社会の分断を深めていくが、投票まで残り1週間に迫った6月16日、衝撃的な出来事が起こる。残留派の活動をしていた女性国会議員、ジョー・コックスさん（労働党、当時41歳）がイギリス中部の主要都市リーズ郊外で銃撃された後で刺殺されるという残忍な事件が起きたのである。現場で逮捕された白人至上主義者のトーマス・メア容疑者（後に終身刑）は、過去に海外の極右団体の機関紙などを購入していたとされる。また、コックスさんを襲った際、“イギリス第一（Britain　First）”と叫び、裁判所での人定尋問では「私の名前は、『裏切者に死を、イギリスに自由を』です」と述べたことなどがメディアで広く報じられた。

　この事件の前、イギリスにはすでに不穏なムードが漂っていた。5月30日付日曜紙サンデー・タイムズには、保守党内の対立激化を伝える記事中に、離脱派議員の次のようなコメントが載っていた。「首相（キャメロン氏）を背後からではなく、正面から刺したい。顔の表情を見ることができるからだ。そして、そのナイフをえぐって抜く。次にオズボーン（財務相）に使うためだ」。発言は残留派キャンペーンの顔であるキャメロン首相とオズボーン財務相をその座から引きずり下ろすことの比喩だと見られるが、キャンペーンがいかに感情的な敵対心を強めていたかを物語るエピソードだろう。

　英紙フィナンシャル・タイムズはキャンペーン期間中、各社が行う7つの世論調査の平均値を定期的に発表していたが、コックス氏殺害事件当日の16日に発表された結果は、残留支持43％、離脱支持48％で離脱支持が5％ポイントもリードするものだった。

　コックス氏殺害事件は投票結果に影響を及ぼすのか。最終盤では、事件が残留支持への同情票を生むという見方も出ていた。

　筆者の取材では、このころ、複数のイギリス政府関係者が「有権者は感情的にはEUを離脱すべきだと思っても、実際の投票では現実主義的になり残留を選ぶだろう」という見方をしていたことも付記しておきたい。世論調査の結果に関わらず、イギリス社会には漠然と残留という結果が出るとの見方が強かったのである。

314

国民投票の結果分析

　イギリスのEU離脱国民投票は、国際社会が注視する中で行われた。そして冒頭で紹介した通り、事前の予想を覆し、離脱支持51.9％、残留支持48.1％で離脱支持が残留支持を4％弱上回る結果となったのである。結果を受け、イギリスの通貨ポンドは将来への懸念から1985年以来の最低水準まで下落した。

　ここで、離脱という国民投票の結果を2つのレベルで分析してみたい。有権者のレベルと、キャンペーンのレベルにおける分析である。

　まずは有権者のレベルからだ。

　イギリスを構成する4つの地域ごとの投票結果をみると、離脱が多数派となったのはイングランド（53.4％）とウェールズ（52.5％）で、残留が多数派となったのはスコットランド（62％）と北アイルランド（55.8％）だった。

　イギリス総人口の8割超を占めるイングランドでは離脱支持が残留支持を7％近く引き離し、大勢を決する要因となった。しかし、イングランドでも多民族化が進むコスモポリタン都市ロンドンでは逆に6割近くが残留を支持するというコントラストを示した。

　イングランドの投票動向で注目したいのは、日本の日産自動車がイギリス最大の自動車工場を構える北部サンダーランドで離脱支持が約6割に及んだことだ。残留派はキャンペーンで、離脱により単一市場を失えば製造業には多大な悪影響が及ぶことを警告していたが、こうしたメッセージが有権者に響かなかったことを裏付けるものである。労働者層にはより重要な問題があったということだ。

　一方、スコットランドでは残留支持が6割を超し、イングランドの結果と鮮明な違いを見せた。スコットランドでは2014年にイギリスからの独立の是非を問う住民投票が行われ、否決されている。しかし、欧州社民主義的な政治潮流が強いスコットランドでは親EU感情が強く、改めてイングランドとの溝の深さを露呈した形だ。スコットランドでは住民投票後も独立機運がくすぶっており、イングランド主導の意思決定によりEU離脱を強いられることへの不満は強い。この事実が、スコットランドの独立問題にいかなる影響を与えるのか。国民投票はイギリスとEUの関係を

イギリスはなぜEU離脱を決めたのか　　315

問うものだったが、その結果は、連合王国の在り方に新たな一石を投じるという思わぬ影響をもたらしたのである。

米テキサス大学のハロルド・クラーク教授らの著書「BREXIT WHY BRITAIN VOTED TO LEAVE THE EUROPEAN UNION」によると、完全小選挙区制を敷く下院（定数650）の選挙区の中で離脱票が過半数を超えた推定されるのは全体の6割を超える401選挙区だった。投票前には下院全体の4分の3に当たる議員479人が残留支持を表明していた事実に照らせば、残留か離脱かをめぐり、有権者と下院議員の間で大きなねじれが起きたことが分かる。イギリスは議会主権の国だが、議会が有権者の意思に従わざるを得ないという状況が生まれたのである。

有権者各層の投票行動を知るには、元上院議員（保守党）のアッシュクロフト卿が主宰した調査が広く引用されている。調査は、投票日に1万2,369人を対象に実施された。その調査結果から特徴的なポイントを以下に記す。

残留か離脱かをめぐる投票行動で大きな差が出たのは、年齢や社会階層においてだった。年齢別では、若年層ほど残留（18〜24歳で7割超）を、高齢層ほど離脱（65歳以上で6割）を支持した傾向が出た。若者層に残留支持が強いのは、EU域内での自由な旅行や大学の選択、働く場所を選ぶ権利のメリットを実感しているためだろう。社会階層別では、中流上層以上で57％が残留を支持し、労働者・低所得者層では64％が離脱を支持している。

2015年総選挙で支持した政党別の分類では、保守党支持者の58％が離脱に、労働党支持者の63％が残留にそれぞれ票を投じている。

投票で重視した点については、離脱支持者は「イギリスに関する決定はイギリスが行うべきだ」という主権の問題を第一に挙げ、移民・国境を管理する権限を取り戻すことが続いた。残留支持者は、離脱することの経済的リスクを第一に、次いで現在のEUとの関係（ユーロやシェンゲン協定に不参加のまま単一市場にアクセスできる）を最善だと考える、ことを挙げた。

また、定期的に世論の動向を調査している「Essex Continuous Monitoring

Survey（ECMS）」の調査結果では、人種、学歴でも顕著な差異が出ている。人種別では、離脱に投票したのは白人が53％だったのに対し、少数派（非白人）では23％に止まった。学歴別では、離脱に投票したのは大卒では37％に止まったが、非大卒では60％に達している。

　以上の結果をまとめれば、国民投票は「若者層vs高齢者層」「中産・富裕層 vs 労働者・低所得者層」「都市的リベラリズムvs地方的ナショナリズム」という対立の構図だったと描けるだろう。

　アッシュクロフト卿の調査結果で興味深いのは、離脱を支持した有権者が最大の理由として「国家主権」の問題を、2番目の理由として「移民・国境管理」の問題を挙げていることである。この2つは表裏一体のものである。移民という現象面の問題と、この問題に有効に対応できない理由としてのEUへの主権の移譲という問題である。そして、いずれもが離脱派キャンペーンが掲げた「権限を取り戻そう」という主張に合致する。

　次いで、キャンペーンレベルの分析に移る。結論を先に言うと、離脱派キャンペーンが残留派キャンペーンより有効に機能したということである。その最大の理由として指摘されるのが、離脱派キャンペーンはボリス・ジョンソン氏らが主導した公認組織「Vote Leave」と、右派ポピュリストのナイジェル・ファラージュ氏が率いた非公認組織「Leave.EU」の2派に割れ、反EU票を最大限に掘り起こしたということである。「Vote Leave」は、EU離脱を目指す理由として移民問題だけでなく、「規制の多いEU」から解き放たれてより多くの国々と自由な貿易関係を築くことを訴え、中間的浮動層の取り込みも図った。一方、「Leave.EU」は移民問題にフォーカスしてポピュリズム的主張を続け、反EUの中核的な支持層を固めたとみられる。

　筆者は2017年9月に「Vote Leave」の事務局長を務めたマシュー・エリオット氏を取材した。その際、エリオット氏は「Leave.EUは極右でポピュリスト的な立場であり、移民問題に特化した。我々のVote Leaveは彼らとは意図的に距離を置き、より主権問題に比重を置いて浮動層の獲得を狙った。これがうまくいった」と語って

イギリスはなぜEU離脱を決めたのか　317

いる。

　国民投票の結果を振り返えれば、「主権」と「移民」が離脱の結果を導いた要因であることは明らかだ。その根底には、EU移民急増に対する国民の不安があった。

　それでは、この移民問題が有権者に離脱を選択させるほど悪化した理由はどこにあるのだろうか。果たして、イギリスへのEU移民が短期間に3倍に増えたという規模の問題なのだろうか。筆者には、この問題の本質は、イギリスの政府、政治が移民に門戸を開きながらも、移民を単なる労働力とみなし、決して歓迎することなく、その一方で移民問題での国民の不満の声を放置してきたことにあるように思えてならない。

　イギリス政府は、移民の低賃金労働（搾取）を看過し、「移民に仕事を奪われている」という労働者層の声や、医療や教育、公共住宅など公共サービスの低下で不満を強める国民の声と真剣に向き合ってこなかった。このことは、移民に矛先が向かう労働者・低所得者層らの不満が実態として根拠があるのかどうかとは別問題である。「自分たちの声は無視されている」と受け止める有権者の増殖を放置してきたことが問題なのである。

　また、移民を受け入れることの経済、財政、文化的なメリットや、EU加盟国であることのメリットも十分に説明されてこなかった。政治家の重要な役割である「国民への教育」が欠如していたのである。

　キャメロン首相の特別顧問として広報責任者を務めたクレイグ・オリヴァー氏は、国民投票キャンペーンを回顧した自著「ブレグジット秘録」（江口泰子訳）でこう反省している。

　　EUが何であり、それが自分たちの生活にどんな影響をもたらしているのかを、ほとんどの有権者は理解していないのだ。…この四〇年というもの、誰一人として国民にEUのよさをまともにPRしてこなかったことである。…EUの役割や価値について国民にPRする活動を、首相が国民投票の実施を表明し

た、二〇一三年の時点で始めておくべきだったのではないか。

オリヴァー氏は同著の別の個所ではこうも述べている。

　　自分も含めてみなが、何年も欧州を厳しく非難してきた。「国内で困難が起き、国民の怒りが増すたびに、その怒りを逸らすために欧州を利用してきたんだ」

　こうした事情が、反EUを訴えるポピュリズム政治が台頭する社会的土壌を生んだのである。移民急増に対する不満は、分かり易い「犯人」を求めて反EU感情へと容易に転化する。そして、反EU感情の高まりは、大英帝国を築いた歴史への自負を背景にしたイングランドのナショナリズムを呼び覚まし、国民の「主権意識」に火をつけてEU離脱への機運を高めていった。これが、EU離脱という結果を導いた大きな構図だろう。
　ここで見落としてはならないのは、国民投票の投票率はその直近の総選挙（66.4％）よりもなぜ5.8％も高くなったのかということだ。国会議員を選ぶ選挙には関心がなかった有権者がなぜ、国民投票ではわざわざ投票所へ足を運んだのか。筆者には、主流派政治から見放されたと感じている有権者が、その不満を国民投票にぶつけることで既存の政治へのリベンジを図った面もあるように思える。
　ロンドンのPR会社「ブランズウィック」のアンドリュー・ポーター氏（元デーリー・テレグラフ紙の政治部記者）は筆者の取材でこう指摘している。「格差拡大は大きな政治的な不満を生む。労働者層は自分たちの声が政治に届いていないと不満を持っている。そこにEU離脱問題というような選択肢が与えられると、自分たちが重要な問題で意見を言える機会だと考える。メインストリームから切り離された人々が、この国がいかにあるべきかで発言権を行使したのである」
　イギリスのEU離脱の引き金がいかに引かれたかを見極めるとき、そこに浮かび上がるのは、移民問題をタブー視してきた労働党や保守党など大政党の姿勢である。イギリス政府が門戸開放の一方で、それに見合うだけ、国民の不満にもっ

と声を傾けていれば、投票結果は違っていたかもしれない。

イギリスは元々、相対的に移民には寛容な国だった。第二次大戦後、労働者不足を補う目的もあって旧植民地からの移民を積極的に受け入れ、イギリス国籍を与えてきた。「イギリス国民とは誰か」と問うとき、「国王の下に集う人々」との答えが返ってくるほど「開かれた国」であり続けてきた。

そのイギリスが短期間に不寛容な国へと変質し、経済的な損失を覚悟の上でEU離脱という「自傷行為」に走ったことは、世界への大きな警告として受け止めるべきである。

イギリスのEU離脱が発する警告

国民投票でEU離脱を決めたイギリスは、欧州統合プロジェクトの初の脱落国家となる。イギリス人は本来、保守的な国民である。急激な改革ではなく、漸進的な進歩を求める人たちだ。それだけに、多くの予測に反してEU離脱という過激な民意が示されたことは一層衝撃的である。このことは国際秩序の視点から見て何を意味し、どのようなインパクトを与えるのだろうか。

筆者がまず強調したいのは、グローバリゼーションという大状況の下で、エリート層と庶民層では社会、世界の現状が異なる「プリズム」を通して見えているということだ。だから、オバマ米大統領やIMF、世銀といったエスタブリシュメント層がいくら離脱に伴う「経済的損失」や「国際的な地位の低下」を強調しても、功を奏さなかったのではないだろうか。

結果をめぐっては、「EU離脱の意味を十分に考えずに感情的に投票して後悔しているイギリス国民」「離脱派の扇動にだまされたイギリス国民」というステレオタイプがメディアで広く流布された。確かにそういう人たちもいたのだろうが、多数派だということでなかったようである。

YouGov社の国民投票2ヵ月後の世論調査でも、離脱という結果を「正しい」と受け止めているのが46％、「間違い」だったと思っているのは43％という結果が出ている。有権者の多くが投票後、離脱という結果に後悔したという主張を裏付

ける根拠は見たらない。

　現状の経済的立場に不満を持ち、将来展望を失っている人々にとって、EU離脱に伴う経済リスクの警告がどれほど意味を持ち、残留という現状維持がどれほど説得力を持ち得るだろうか。

　留意すべきは、経済のグローバル化による恩恵を受け得るエリート層と、国際競争により雇用喪失や賃金低下の脅威にさらされる庶民層の間のパーセプション・ギャップ（認識の違い）が拡大しているということだ。それは、例えば、離脱に伴う「ＧＤＰ3.3％の低下」の意味を想像できるかどうか、移民増加の具体的な影響を実感できるかどうか、といった違いである。

　中産層の縮小と格差拡大は先進国に共通するトレンドであり、2016年アメリカ大統領選で「怒れるアメリカ人」がドナルド・トランプ氏を大統領に押し上げた「トランプ現象」よろしく、どこの国でも反エスタブリシュメントの流れが加速している。こうした動きは、表面的には感情的な行動と映るかもしれないが、根底には世界の在り方、問題の原因がエリート層とグローバル化の波に乗り損ねた低所得者層では違って見えているという、より深刻な問題が潜んでいるのではないだろうか。

　国民投票の結果を、「理性的なエリート層」と「感情的な庶民層」の対立で捉えるだけでは十分ではない。イギリスの国民投票が発した警告の一つは、グローバル化やデジタル化など急速な変化がもたらすさまざまな危機に対応する上で、まず考慮されるべきは、こうしたパーセプション・ギャップをしっかりと把握する必要があるということではないだろうか。

　次に指摘したいのは、イギリスのEU離脱決定は、欧州統合プロジェクトにおける「エリート主義の敗北」であるということだ。

　欧州統合プロジェクトは冷戦終結後、政治統合へ大きく舵を切った。しかしその内実は、器は立派にしても、各国国民に「EU市民」のアイデンティティを芽生えさせることのない、民意を置き去りにしたものとなっている。

　EUの創設を定めたマーストリヒト条約はそもそも、フランスでの承認を求める国民投票でわずか51％の支持しか得ていない。統合の旗振り役であるフランス

においてでさえ国民の半数しか支持していないにも関わらず、エリート層が強引に推進してきたのが近年の統合プロジェクトの実態である。

　その典型は、1999年の単一通貨ユーロの導入だろう。金融政策は加盟国で統一しながら、財政政策は各国でバラバラという構造的な大欠陥は、ユーロ危機の発生後、厳しく批判される。しかし、エスタブリシュメント層はそれまで、ユーロを欧州統合の理想の輝かしい象徴としてアピールしていたのである。

　イギリスの国民投票は、EUの政治家、エリート層への強烈なウェイクアップ・コールになった。EUのドナルド・トゥスク大統領（欧州理事会常任議長）はイギリスでの国民投票の結果を受け、こう語っている。

　　完全な統合を急ぐという観念に取り憑かれ、我々は庶民、EU市民が我々と（統合への）情熱を共有していないということに気付かなかった

　EU首脳がここまで率直に反省の弁を述べたのは初めてだろう。

色褪せるヨーロピアン・ドリーム

　イギリスのEU離脱決定で、相互依存を深める世界で国境のない新たな統治モデルを築くという「ヨーロピアン・ドリーム」は輝きを失った。EUは「より緊密な統合」を目標に掲げているが、当面は大胆な統合深化の推進は難しいだろう。なぜなら、統合深化のイニシアチブには加盟国の政治的安定が必要だが、多くの加盟国で反移民、反EU感情の盛り上がりなどを背景にポピュリスト政党が台頭し、EUの統合深化を進めるという政治環境にはないからだ。

　一方で、イギリスのEU離脱は加盟国の離脱の「ドミノ現象」を引き起こし、EUは解体に向かうというシナリオも語られたが、そこまでの連鎖反応が起きることもなさそうだ。しかし、世界5位の経済力とEU最大の軍事力を持つイギリスの離脱がEUの国際的影響力を低下させ、今後の欧州統合の方向性に大きなインパクトを与えることは間違いないだろう。

欧州統合は、フランスが戦争責任のトラウマから脇役に徹しようとするドイツの経済力を利用して牽引してきたプロジェクトだという側面もある。そこに現実主義、合理主義を信条とするイギリスが途中参加し、EUの市場経済化や外交・安全保障面で影響力を発揮してきた。EUの方向性は「ベルリン＝パリ＝ロンドン」のトライアングルの微妙なパワーバランスの上で決められてきたとも言えるのである。

しかし、ユーロ危機を契機にEU最大の経済大国であるドイツは名実共に欧州の指導的地位に置かれるようになった。その上、イギリスが離脱するのだから、EUの指導体制は求心力を一層低下させていくと予想される。

ヴォルフガング・ショイブレ独財務相はイギリスでの国民投票後、独誌シュピーゲル（6月10日号）のインタビューでドイツの苦悩を次のように語っている。

　人々はいつもドイツにリーダーシップを求める。しかし、ドイツが指導力を行使した途端に我々は批判されるのである。EUはイギリスがいることによってバランスがとれていた。イギリスが関与すればするほど、欧州はうまく機能してきた

EUには、2度の大戦を引き起こしたドイツを押さえ込むことという狙いもあった。欧州各国の「ドイツ恐怖症」は今も完全には払拭されていない。そのドイツの影響力が強くなり過ぎると、EUの存在意義がパラドックス化しかねない危うさもある。

メルケル独首相はイギリスの離脱決定を受けた記者会見で「イギリス国民の決定を残念に思う。欧州と欧州統合プロジェクトにとって今日は分水嶺となるだろう」と悲壮な表情で語っていた。

イギリスのEU離脱が、統合プロジェクトの一時的な揺り戻しで終わるのか、それとも逆行の始まりになるのか。戦後70年近くに渡って進められてきた歴史的な実験は分岐点にあると言えるだろう。

イギリスは新たなモデルを示せるか

最後に、イギリスの将来について触れておきたい。

イギリスでは国民投票の結果を受けてキャメロン首相が辞任し、テリーザ・メイ前内相が2016年7月13日に新首相に就任した。メイ首相は翌2017年3月29日、EUの基本条約であるリスボン条約の50条に基づき、EUに正式に離脱を通告した。これにより、イギリスは原則2年間の交渉期間を経て2019年3月29日に離脱するスケジュールが決まった。

イギリスは離脱後にEUとの新たな関係をどう構築していくのか。筆者は、イギリスに課せられた使命は、経済のボーダレス化と国民の福祉・幸福のバランスを図り、EUとの互恵的な関係を築くことだと考える。その意味で、イギリスの模索は、理想の実現を急ぎすぎた欧州統合プロジェクトの失敗の経験からも学び、より現実主義的な「開かれた国家」を目指すことであってほしいと思う。

現代の世界では、どこの国にとっても対外関係の在り方は大きな課題である。イギリスの進路が、グローバル化する世界における国家主権、対外関係の在り方に一つのモデルを示すことを期待したい。

参考文献

オリヴァー、クレイグ(2017)『ブレグジット秘録』江口泰子訳、光文社

D. Clarke, Harold and Goodwin, Matthew and Whiteley, Paul（2017）『Brexit ― Why Britain voted to leave the European Union』

遠藤乾(2016)『欧州複合危機』中公新書

細谷雄一編(2016)『イギリスとヨーロッパ―孤立と統合の二百年』勁草書房

笠原敏彦(2015)『ふしぎなイギリス』講談社現代新書

ロンドンの新金融街カナリーワーフの高層ビル群

2011年4月の結婚式後、バッキンガム宮殿のバルコニーから手を振るキャサリン妃とウィリアム王子（写真中央）

ビッグベンの愛称で知られる時計台を持つイギリスの国会議事堂（ウェストミンスター・パレス）

シリーズ「大学と地域」刊行にあたって

プロジェクトチーム

古河　幹夫　　三戸　　浩　　綱　　辰幸

村上　雅通　　永野　哲也　　田中　一成

　かつて地方の若者が都市部に職と希望を求めて引き寄せられていった時代があった。明治時代から日本が近代国家をめざして権限と資金と人材を東京に集中させ、全国がその方向に従ってきた。だが、経済発展を遂げモノが溢れる時代を迎えて、人々は経済よりも文化や人とのつながりに、開発よりも馴染んできた生活様式への回帰に、スピードと競争よりも緩やかに流れる自然のリズムに心を惹かれつつあるのではないか。地域創成には各地方の切実な願いが込められているが、時代の底流での変化をも見る必要があるだろう。

　地方に存在する大学には地域創成にさいして「知」の中心になることが期待されている。大学はユニバーシティと称されるが、ユニバースは「世界」を意味する。その世界とは広くは宇宙のことであり、ビッグバンによる宇宙の始まりから生命の誕生、ヒトが出現し幾多の工夫・発明、争いと社会統合を経てこの地球で繁栄するにいたり、さまざまな宗教と言語をもった地域・国々を擁する現在の世界である。異なる文化間の相互理解は進みつつあるとはいえ、文明的な収斂の方向とアイデンティティへの固執との相克に世界は苦悶しているかに見える。大学とはこのユニバースの秘密、人間にかかわるすべてのことを考察・究明し、より良い社会のありようを議論する場であった。

　今日、大学は必ずしも学問・研究だけの場所ではない。18歳人口の過半数が大学に進学する時代において、職業につながる知識・技能、思考力やコミュニケーション力などを養う場所でもある。しかし、何らかの専門領域に関する基礎的知識を習

得することで、知の領域の宏大さと深さへの関心を培ってほしいと大学教員は願っている。

　長崎県立大学は学部学科改組を行い、今や5学部9学科を擁する九州でも有数の公立大学である。「大学と地域」と題するシリーズにおいて5つの学部がそれぞれ書籍を刊行することになった。各学部の研究内容をわかりやすく紹介している。長崎の地に根差した知の創造を志向するものも、また大都市の大学に負けない普遍的な研究を志向するものも含まれている。高校生や大学生の知的好奇心を喚起し、県立大学で皆さんと共に知を探究する議論ができることを期待している。

長崎県立大学 国際社会学部『“越境”するヒト・モノ・メディア』執筆者紹介

(職位、五十音順)

森田　均（長崎県立大学 国際社会学部 国際社会学科 教授）
　　　　国際社会学部長 兼 国際社会学科長。メディア論と交通工学を専門とし、主にITS（高度交通システム）関連の研究と実践を行う。「ネットワーク社会論」「メディア表現論」を担当。長崎市LRTナビゲーション推進協議会（ITS Japan地域ITS活動優秀事例表彰）会長。

井上　佳子（長崎県立大学　国際社会学部　国際社会学科　教授）
　　　　「映像ジャーナリズム論」「時事問題研究」などの科目を担当。2019年3月まで熊本放送でハンセン病、水俣病、戦争などのテレビドキュメンタリーを制作。「孤高の桜〜ハンセン病を生きた人たち」（葦書房）、「戦地巡歴〜我が祖父の声を聴く〜」（弦書房）などの著書がある。

荻野　晃（長崎県立大学　国際社会学部　国際社会学科　教授）
　　　　国際政治学、国際関係史を専門とし、主にハンガリーをはじめとする中・東欧の国際関係を研究対象としている。大学では、「国際政治学」「安全保障論」「地域研究：ヨーロッパ」を担当。主要業績に『冷戦期のハンガリー外交　―ソ連・ユーゴスラヴィア間での自律性の模索』、『NATOの東方拡大　―中・東欧の平和と民主主義』（いずれも単著）がある。

笠原　敏彦（長崎県立大学 国際社会学部 国際社会学科　教授）
　　　　専門は国際政治。1985年に毎日新聞に入社し、ロンドン、ワシントン特派員、欧州総局長を歴任。2017年から現職。主な著書に「ふしぎなイギリス」（講談社現代新書）。「地域研究（アメリカ）」などを担当。

祁　建民（長崎県立大学　国際社会学部　国際社会学科　教授）
　　　　近現代中国政治社会史を専門とし、近年は水利社会史の研究に取り組んでいる。大学では「地域研究　中国」を担当。主要業績に『中国における社会結合と国家権力―近現代華北農村の政治社会構造』がある。

鈴木　暁彦（長崎県立大学　国際社会学部　国際社会学科　教授）
　　　　マスコミュニケーション論、現代中国論を専門とし、報道の自由と中国の言論統制を研究している。大学では「ジャーナリズム論」「報道研究（中国）」「長崎と東アジア」などを担当。共著に『奔流中国』（朝日新聞社）など。

小原　篤次（長崎県立大学　国際社会学部　国際社会学科　准教授）
　　　　専門は経済学。教育は「国際経済学」「国際金融論」「アジア経済論」「地域研究」等を
　　　担当してきた。アジア、欧米でも研究教育を続ける。近刊は『中国の金融経済を学ぶ:加速
　　　するモバイル決済と国際化する人民元』（共著）ミネルヴァ書房。

金村　公一（長崎県立大学　国際社会学部 国際社会学科 准教授）
　　　　政策・メディア分野で学際的研究と実践。大学で「デジタルメディア論」「映像制作演習」
　　　他担当。著書著作は『21世紀に展開するデジタルメディア』（単著）、『黒澤明デジタル
　　　ミュージアム』（アーカイブ）、連載論考「デジタルコミュニケーションの可能性と課題」他多
　　　数。

賈　　曦（長崎県立大学　国際社会学部　国際社会学科　准教授）
　　　　国際コミュニケーション論、メディア論を専門とし、近年はSDGsに関わる問題の研究に取
　　　り組んでいる。大学では「開発援助論」、「国際社会と環境保全」を担当。主要業績に『グ
　　　ローバル・コミュニケーション論』(共著)がある。

吉光　正絵（長崎県立大学　国際社会学部　国際社会学科　准教授）
　　　　社会学を専門とし、主に女性とポピュラー文化に関連する研究に取り組んでいる。大学
　　　では、「ジェンダー論」「文化社会学」「社会調査入門」「国際社会学入門」を担当。主要
　　　業績に『ポスト〈カワイイ〉の文化社会学―女子たちの「新たな楽しみ」を探る』（共編著）、
　　　『「女子」の時代!』（共著）がある。

　　　　編集委員会
　　　　国際社会学部編集委員会　代表　森田　均

シリーズ「大学と地域」4

"越境"するヒト・モノ・メディア
―国際社会学部―

発　行　日	初版　2019 年 12 月 25 日	
著　　　者	長崎県立大学国際社会学部編集委員会	
発　行　人	片山 仁志	
編　集　人	堀 憲昭　　川良 真理	
発　行　所	株式会社 長崎文献社 〒 850-0057 長崎市大黒町3－1　長崎交通産業ビル 5 階 TEL. 095-823-5247　FAX. 095-823-5252 ホームページ http://www.e-bunken.com	
印　刷　所	オムロプリント株式会社	

©2019 Nagasaki Bunkensha, Printed in Japan
ISBN978-4-88851-333-3　C0037

◇無断転載、複写を禁じます。
◇定価は表紙に掲載しています。
◇乱丁、落丁本は発行所宛てにお送りください。送料当方負担でお取り換えします。